호감이 가는
웹 사이트 색상 만들기

사카모토 구니오 지음 · **박경란** 옮김

INFINITYBOOKS

PREFACE

지은이의 말

흔히 색으로 이미지를 표현하거나, 웹 디자인 및 배색은 디자이너의 몫이라고만 생각하는 경우가 많다. 하지만 유능한 디자이너도 한정된 정보만으로 클라이언트가 원하는 배색을 완성하기란 어렵다.

색은 기호에 따라 달라지기 쉽고, 대다수의 사람이 괜찮다고 생각하는 색이라도 클라이언트가 승인하지 않으면 그 색을 사용하지 못하기도 한다. 주관적인 색 결정에 관한 문제는 흔하지만 대부분의 경우, 작업 전 클라이언트와의 소통 부족이 원인이다. 예를 들어, 웹 사이트에서 '멋진 스타일'을 디자인 목표로 삼는다면 운동선수처럼 멋있어야 한다는 것인지, 아이폰처럼 좋은 모양새를 갖춰야 한다는 것인지 알 수 없다. 추상적인 이미지를 주고받는 것만으로는 클라이언트가 요구하는 이미지를 끌어낼 수 없으므로 결국 디자이너는 감각에만 의존하여 디자인하게 된다.

원활한 소통 끝에 명확한 이미지를 공유한 후에도 각 페이지에 어떤 목적을 가지고 어떤 것을 보여주기 위해 어떤 색을 쓸 것인가는, 감각이 아닌 색채 이론에 의해 해결할 수 있는 문제다. 색에 관한 지식 없이 감각만으로 디자인하는 디자이너도 있지만, 대부분의 클라이언트가 디자인이나 색채 전문가가 아니기 때문에 좋은 게 좋은 거라는 식으로 무조건 받아들일 것이라고 단정 지을 수 없기 때문이다.

이 책은 색에 관한 올바른 지식과 원활한 소통으로, 클라이언트와 디자인 회사 혹은 사내의 디렉터나 디자이너의 이미지 차이를 줄여 불필요한 수고나 손실을 막는 것을 목표로 한다. 이로써 전체적인 수정 단계가 줄어들고, 세부 디자인 작업 시간을 줄여 디자인의 완성도도 높아질 것이다.

색채에 관해 어느 정도 배우고 공부하더라도 색에 관련된 문제가 완전히 없어지지는 않겠지만, 이 책이 그 예방책으로 혹은 해결책으로 조금이라도 도움이 되었으면 하는 바람이다.

사카모토 구니오(坂本邦夫)

PREFACE

옮긴이의 말

인터넷은 역사상 단기간에 가장 많은 변화를 가져다준 커뮤니케이션 도구일 것이다. 기업, 관공서는 물론 협회나 단체 등 홍보, 광고를 위한 마케팅 전략에서 인터넷을 제외하고는 전략을 세울 수 없는 환경이 구축되었다. 이제는 개인의 개성과 독창성을 전문학적인 광고비를 들이지 않더라도 소셜 네트워크 서비스(SNS) 등을 이용하여 얼마든지 어필할 수 있는 시대가 되었다.

웹 디자인은 말 그대로 특정한 목적을 가진 집단이 고객에게 인터넷의 웹(Web)이라는 매체를 통해 전달하려는 내용을 보다 효율적으로 전달하기 위해 계획하고 의도하는 형태의 결과물이다.

여기서 특정한 목적을 가진 집단은 관공서, 기업체, 협회나 조직 등 영리, 혹은 비영리의 단체나 조직으로 웹 디자인을 의뢰하는 클라이언트(Client)라 할 수 있다. 특정한 고객층은 클라이언트의 고객이라 할 수 있는 세대별, 성별, 직업별로 세분된 고객 즉 사용자(User)라 할 수 있다.

웹 디자이너가 클라이언트에게 의뢰를 받아 배색 및 디자인을 하는 데 있어 클라이언트가 만족한다고 하여 반드시 사용자에게도 의도하고자 하는 내용이 정확히 전달되어 웹을 이용한 소통이 성공했다고는 할 수 없다. 사용자와의 명확한 소통을 위해서 때로는 클라이언트를 설득해야 하는 경우도 있어야 한다.

이 책은 다양한 분야의 경험에서 나온 저자의 많은 실무 사례를 중심으로 웹 상에서의 배색을 구체적인 레이아웃까지 예로 들어 설명했다. 번역서이지만 색을 인지하고 느끼는 점이 비슷한 동양인으로서 참고한다면 좋을 것이다. 또한 웹 디자이너의 의도대로 사용자와의 원활한 소통과 함께 프로젝트를 성공적으로 수행하기 위해서는 적절히 클라이언트를 설득해야만 하는데, 그런 면에서도 좋은 참고 서적이 될 것이다.

웹 디자이너를 지망하거나 실무 디자이너뿐만 아니라 웹을 기획, 운영하는 마케터나 기획자에게도 다양한 분야에 관한 웹 디자인 등을 참고할 수 있을 것이다.

박경란

PREVIEW

이 책을 보는 방법

웹 사이트 배색 기법이나 클라이언트와의 소통에 대해 크게 세 부분으로 나눠 구성한다. 색채 이론, 배색 결정 및 응용 등에 대해 풍부한 실무 경험을 기초로 정리했다.

지식편

웹 사이트 배색 계획 시 클라이언트와의 원활한 소통을 위해서는 색채 용어나 지식이 필요하다. 여기서는 색채의 기본을 익히고, 웹 디자인에서 배색의 역할 등에 대해 배운다.

실천편

배색이란 수많은 색 중 최적의 색을 찾아내는 것이다. 여기서는 클라이언트의 이해를 돕는 소통 방법과 어느 정도의 분량을 어디에 배치하여 효율적인 웹 사이트 배색으로 완성시킬 수 있는지에 관해 배운다.

응용편

적절한 배색에는 합리적인 이유가 포함되어야 한다. 여기서는 배색에 관한 문제의 대처 방법과 웹 사이트의 종류별, 목적별로 주의해야 하는 부분 등을 논리적으로 서술했다.

컬러 차트

색은 전달하려는 이미지를 보다 효과적으로 표현할 수 있다. 여기서는 주제별 주요색을 제시하며, 실무에서 사용되는 배색의 예를 보여준다. 효과적인 배색은 레이아웃 및 페이지 구성에 유용할 것이다.

CONTENTS

지은이의 말 3

옮긴이의 말 4

이 책을 보는 방법 5

지식편 1
웹 디자인을 위한 색의 기초

01 색을 다루는 기초 지식 12

02 배색의 기본 균형 17

03 자주 사용하는 배색 기법 20

04 웹 색상과 색상 모드 24

05 색에 관한 심리적 효과 29

06 색 면적에 의한 인상 36

Column 1 배색에 도움이 되는 앱 38

지식편 2
웹에서의 색의 역할

01 좋아 보이는 배색 40

02 중요한 정보의 전달 45

03 인상적인 색의 웹 사이트 49

실천편 1
웹 디자인 전에 알아둘 것

01 모니터 환경 확인하기 54

02 색 이미지의 차이 없애기 56

03 배색의 규칙 적용하기 60

04 기본적인 배색 기법 익히기 62

05 경쟁 사이트와 차별화하기 66

06 색으로 여러 사람과 소통하기 70

07 시안을 통한 승인 과정 만들기 72

Column 2 경쟁 사이트의 색을 이미지화하기 76

실천편 2
다양한 정보를 기초로 한 색채 설계

01 웹사이트 업데이트 시 배색 기법 알아두기 78

02 다양한 요소로 배색하기 82

03 주요색을 바탕으로 배색하기 86

04 안정적인 배색 계획하기 90

Column 3 2가지의 색 공간 sRGB와 AdobeRGB (1) 94

CONTENTS

실천편 3
균형 있는 배색

01 화면 크기별 배색 96
02 이미지를 좌우하는 배경색과 배경 사진 100
03 중요한 정보 전달 104
04 가독성을 높이는 배색 108
05 접근성을 높이는 텍스트 링크 색 112
06 눈에 띄는 버튼 색 116
07 선명한 사진 표현 120
08 최종 색 조정 124
Column 4 2가지의 색 공간 sRGB와 AdobeRGB (2) 128

응용편 1
색에 관한 설득의 기술

01 다루기 어려운 색을 사용하는 경우 130
02 색에 관한 의견이 다른 경우 134
03 부득이하게 색상 수를 추가하는 경우 138
04 다양한 배색을 요구하는 경우 142
05 모순된 요구에 대응하는 방법 144
06 불규칙한 색의 통일 146

응용편 2
장면별 색 선정

01 깔끔한 배색이 힘든 경우 150
02 SNS에서 색으로 어필하는 경우 154
03 모바일 웹 사이트 배색 158
Column 5 웹 포맷 외의 색 변환 162

응용편 3
다양한 색 문제의 해결 방법

01 같은 색, 다른 결과물 확인 164
02 승인된 색을 변경하려는 경우 166
03 업그레이드시 색 균형 유지 168
Column 6 배색에 필요한 참고 서적 172

응용편 4
접근이 쉬운 배색

01 다양한 시각적 특성 고려 174
02 웹 콘텐츠 JIS 색 규정 178
Column 7 웹 사이트의 색 변경 182

CONTENTS

응용편 5
종류별 웹 사이트의 배색

01 개인, 서비스를 강조한 비즈니스 블로그 184

02 매출 증대를 위한 온라인 쇼핑몰 188

03 타깃에 맞춘 웹 서비스 194

04 자연의 조화, 친환경 사이트 196

05 텍스트 정보 중심의 뉴스 사이트 200

06 광고 판촉 도구로서의 주택·부동산 사이트 202

07 청결한 이미지의 의료기관, 약국 사이트 206

08 신뢰감을 주는 전문직·컨설턴트 사이트 210

09 유니버설 디자인 사이트 212

10 편리한 공공기관 사이트 216

부록편
컬러 차트

로맨틱하고 천진난만한 배색 • 엘레강스하고 여성적인 배색 • 부드럽고 온화한 배색 • 평온하고 포근한 배색 • 평화롭고 안락한 배색 • 평화롭고 친밀한 배색 • 자연주의 배색 • 귀여운 배색 • 깨끗하고 순수한 배색 • 동안처럼 귀여운 배색 • 청결하고 상쾌한 배색 • 즐겁고 유쾌한 배색 • 신선하고 싱싱한 배색 • 재미있는 배색 • 전위적이고 혁명적인 배색 • 다이내믹하고 강렬한 배색 • 희망적이고 낙관적인 배색 • 고급스럽고 호화스러운 배색 • 화려하고 화사한 배색 • 요염하고 에로틱한 배색 • 봄 느낌의 배색 • 여름 느낌의 배색 • 가을 느낌의 배색 • 겨울 느낌의 배색 • 아이러니한, 풍자적인 배색 • 밝고 강렬한 배색 • 군대, 밀리터리룩 느낌의 배색 • 기품 있고 패셔너블한 느낌의 배색 • 하이브리드, 복합적인 배색 • 조용하고 안정된 배색 • 스타일리쉬한 배색 • 도시적인 배색 • 수수하고 검소한 배색 • 전통 의상의 배색 • 클래식하고 전통적인 배색 • 남성적인 배색 • 저렴한 느낌의 배색 • 스마트한 느낌의 배색

지식편 _ Knowledge 1

웹 디자인을 위한 색의 기초

웹 디자인에서의 효율적인 배색에 대해 알아보기 전, 웹(Web)에서 사용하는 색에 관한 기본 지식이나 용어를 이해한다. 웹 디자인을 위한 색, 배색의 기초, 수치에 따른 표현방법, 심리적 효과 등에 대해서도 알아본다.

KNOWLEDGE 1/01 색을 다루는 기초 지식

디자인 컨셉에 맞게 색을 사용하기 위해서는 색에 관한 기본 지식이나 용어를 알아두어야 한다. 디자이너가 아니더라도 색에 관한 기초를 다져 두면 웹 디자인과 관련하여 클라이언트와 자유롭게 소통할 수 있다. 편리한 디자인 작업이 이루어지도록 색을 나타내는 가장 기본적인 요소인 '색의 3속성'과 '톤'에 대해 알아본다.

색의 3속성

웹에서는 '#CC6699', 'RGB(204, 102, 153)'와 같이 색을 수치로 나타내어 어떤 색인지 알기 어렵다. 일반적으로 색은 '좀 더 밝게', '초록과 파랑'과 같이 단어로 표현하며 색을 표현할 때는 '색의 3속성(색상, 명도, 채도)'에 의해 입체적으로 나타낸다.

■ 일반적인 색의 지시

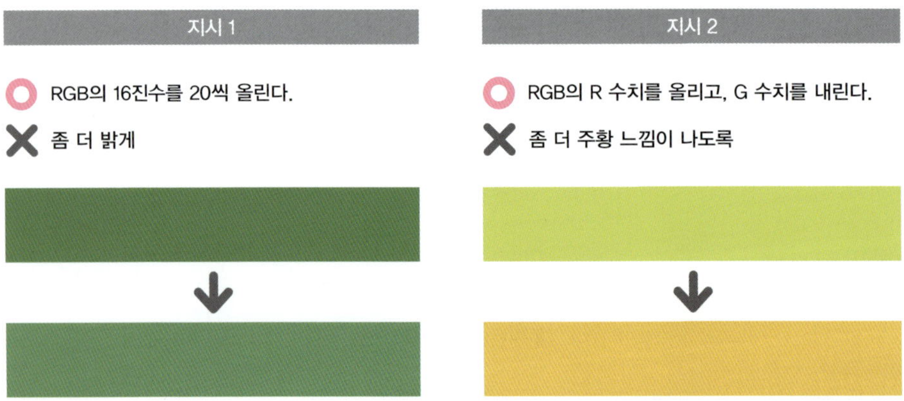

색을 가리킬 때는 주로 색의 3속성을 사용하여 알기 쉽게 나타낸다.

색상 = 색감의 차이

색상은 빨강, 파랑처럼 색감의 차이를 나타낸다. 색상에는 경계가 없지만 빨강→주황→노랑 순으로 변하는 모습을 알기 쉽게 분할해서 고리 모양으로 배치한 것을 '색상환'이라 한다. 색상환에서는 연결 및 분할하거나 반대 위치의 색상끼리 사용하는 등 배색 응용이 쉽다. 색상환에서 정반대 위치에 있는 대조적인 색을 '보색'이라 하며, 배색의 기본으로 다양하게 쓰인다.

■ 색상환과 보색

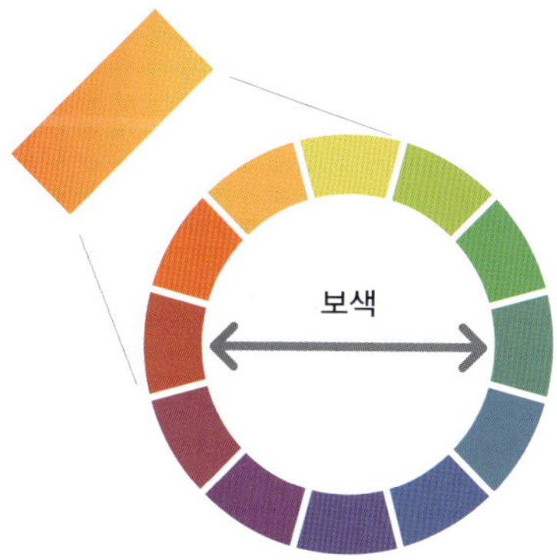

색상환은 단계적으로 바뀌는 색을 분할한 것으로 배색에 응용하기 쉽다.

명도 = 색의 밝기

명도는 색의 밝기를 나타내며 밝은 색은 '명도가 높다(고명도)', 어두운 색은 '명도가 낮다(저명도)'고 한다. 색 중에 가장 밝은 색은 '흰색'이고 가장 어두운 색은 '검정'이며, 그 외의 색은 전부 흑백 사이의 명도이다.

명도차가 큰 배색에서는 텍스트나 그림이 눈에 잘 띄며, 명도차가 작은 배색에서는 텍스트나 그림이 눈에 잘 띄지 않는다. 이처럼 명도는 정보 전달의 중요한 요소로 쓰인다.

■ 색의 명도

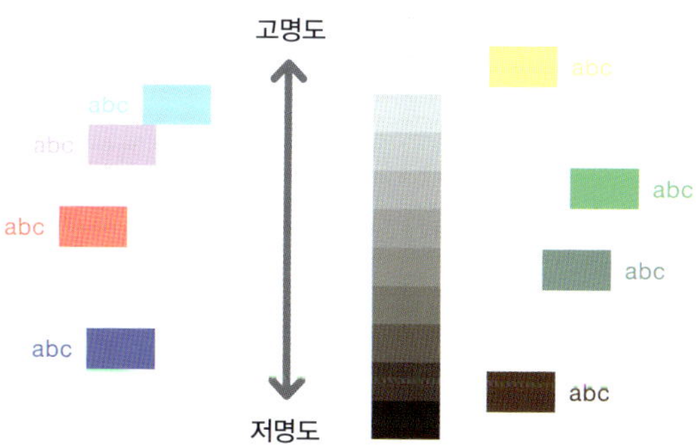

명도에 따라 눈에 잘 띄는 색을 사용하여 정보를 전달한다.

채도 = 색의 선명도

채도는 색의 선명함을 나타내는 요소로, 명도와 같이 높고 낮음으로 나타내기도 한다. 채도가 높은 색은 강하고 화려하며, 낮은 색은 약하고 소박한 느낌이 든다. 흰색, 회색, 검정은 채도가 없는 색인 '무채색'이라고 한다.

색을 다루는 데 서툴다면 고채도 색이나 저채도 색, 무채색을 사용하기도 하지만, 좋아 보이는 배색을 위해서는 중채도 색을 자유롭게 다룰 수 있어야 한다.

■ 색의 채도

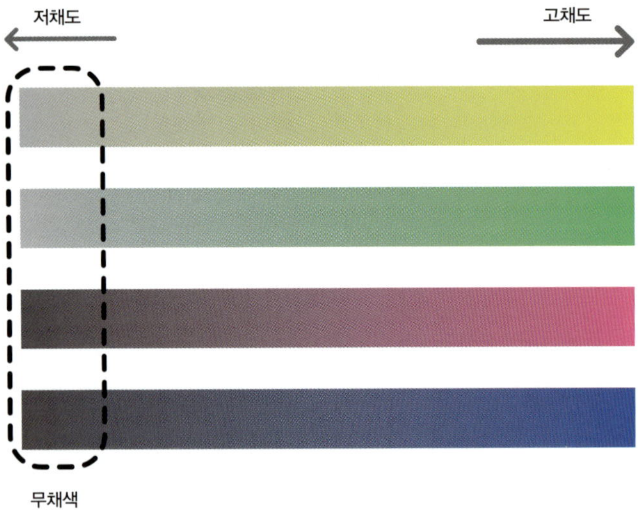

채도가 높은(고채도) 색은 화려하고, 채도가 낮은(저채도) 색은 소박한 느낌이 든다.

CHECK POINT

- 색상, 명도, 채도의 의미를 기억한다.
- 색상환을 활용하여 배색한다.
- 명도는 정보 전달에 매우 중요한 요소이다.
- 채도는 너무 높거나 낮지 않도록 중채도 색을 쓴다.

톤 = 비슷한 명도와 채도

톤은 비슷한 명도와 채도의 색을 묶은 것이다. 같은 톤에서 색만 바꿔 조합하면 각각의 색 이미지가 아닌 '귀여운', '즐거운' 등 톤에 의한 이미지를 전달하기 쉽다. 톤에 의한 배색은 배색의 기초이므로 반드시 기억한다.

톤에 관한 다양한 시스템 중에는 JIS 규격(일본공업규격)으로 규정된 'JIS 일반색명'이 있다. 이밖에도 일본 색채연구소가 개발한 'PCCS(일본색연 배색체계)' 등이 있다.

■ JIS 일반색명

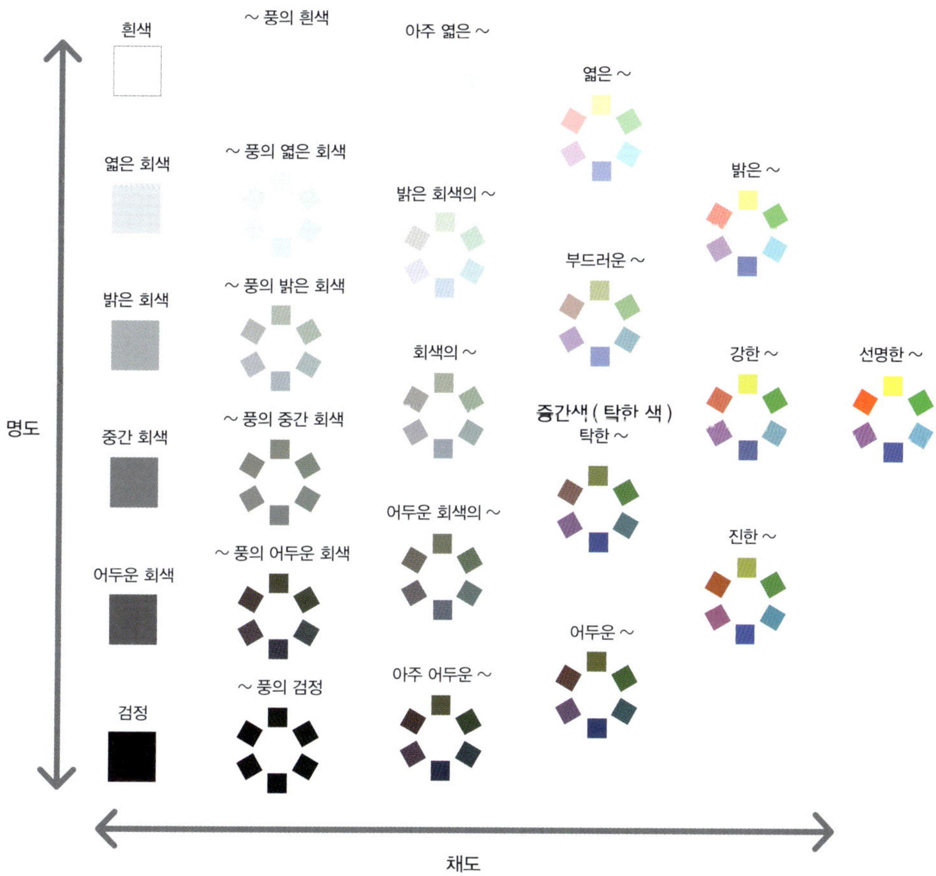

JIS 일반색명은 '선명한 초록', '어두운 느낌의 청보라'와 같이 표현하여 색상만으로 색을 나타내는 것보다 이미지를 공유하기 쉽다. '~풍의'에는 '초록 풍의', '보라 풍의'와 같이 색상이 쓰인다.

톤 이미지

톤에 관한 이미지는 단어와 연결하여 연상하기 쉽다. 부드러운 톤의 경우 명도는 중간보다 약간 높고, 채도는 중간 정도의 색상 그룹을 가리킨다.

단순히 취향뿐만 아니라 객관적으로 색을 이야기할 때 톤에 관한 대표적인 단어의 조합을 알아두면 편리하게 이미지를 공유할 수 있다. 클라이언트나 타인과 의견을 교환할 때 톤 표나 차트를 바탕으로 색을 이야기하면 좀 더 효율적인 소통이 가능하다.

■ 톤 이미지의 연상

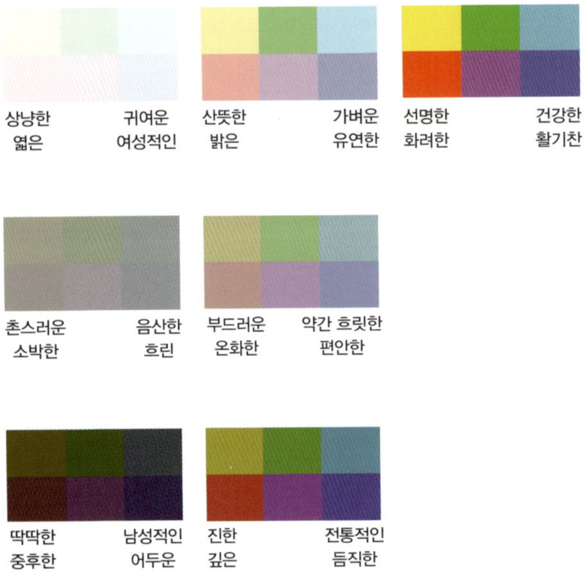

단색으로 표현하기 어려운 이미지도 톤을 사용하면 훨씬 전달하기 쉽다. 여기서 설명한 단어는 극히 일부지만, 톤 표나 색 차트에는 훨씬 다양한 표현이 있다.

CHECK POINT

- 명도와 채도를 묶은 '톤'으로 색 이미지를 강화한다.
- 톤 표나 색 차트를 이용하여 쉽게 배색한다.

KNOWLEDGE 1/02

배색의 기본 균형

배색은 색의 조합과 함께 비율이 중요하기 때문에 아주 작은 범위에 사용하는 색은 눈에 띄지 않고, 약한 색의 범위를 넓히면 색이 갖는 호소력이 강해진다. 배색에서 기본 색과 적용 범위를 균형 있게 지정하여 전체 배색을 정돈하면 쉽게 배색할 수 있다.

주요색 선정

배색을 계획할 때에는 먼저 배색의 열쇠를 쥐고 있는 '주요색(메인 컬러)'을 정한다. 주요색은 반드시 가장 많이 사용하는 것이 아닌 강조하는 요소로써 눈에 띄는 범위 안에서 적게 사용할 수 있다. '로고 색'이나 '이미지' 등 다양한 배색에서 주요색을 살리기 위해 어떤 색을 사용할 것인가는 상당히 중요하다.

■ 주요색 배색

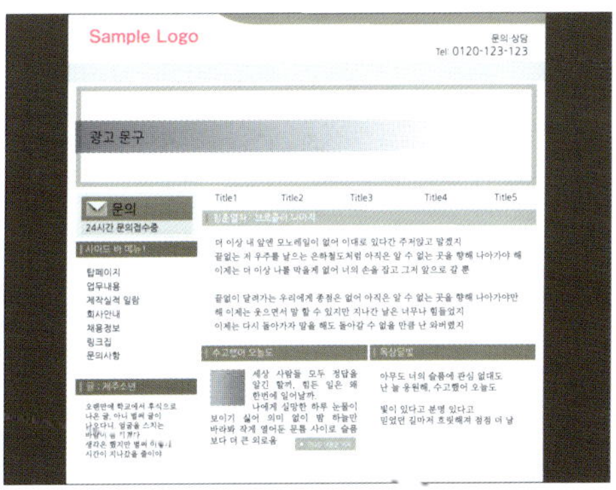

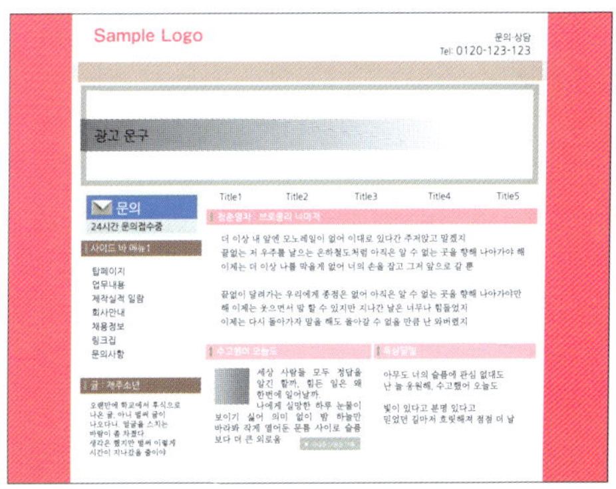

양쪽 모두 로고에 주요색을 지정했는데, 왼쪽은 로고에만 주요색을 사용해서 부각시켰다.

이상적인 색 비율

같은 색의 조합이라도 비율에 따라 전혀 다른 인상을 준다. 다양한 배색에 응용할 수 있도록 다음의 바탕색, 보조색, 강조색 비율을 참고한다. 배색에서 알맞은 균형은 바탕색 '70%', 보조색 '25%', 강조색 '5%'다. 웹 페이지의 바탕색이 흰색일 때는 흰색을 제외한 부분의 비율로 생각할 수 있다.

■ 바탕색, 보조색, 강조색의 균형

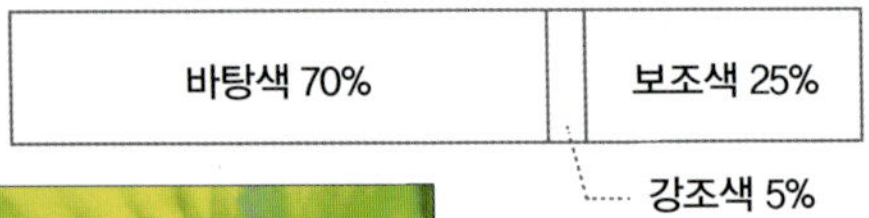

바탕색과 보조색 사이에 강조색을 배치하면 쉽게 배색할 수 있다.

바탕색 선정에서 주의할 점

바탕색이 흰색인 경우 색을 사용할 수 있는 면적이 한정된다. 웹 페이지에서 주요색을 강조하기 위해서는 바탕색으로 선택한다. 주요색을 배경색으로 쓰는 경우 고채도 색을 선택하면 화면이 지나치게 복잡해지므로 안정적인 배색을 위해서는 고채도 색을 적게 사용하는 것이 효과적이다.

■ 고채도 색은 적게

왼쪽은 고채도 색인 분홍이 지나치게 시각을 자극해서 내용을 읽기 힘들고, 오른쪽은 안정적인 배색이므로 보기 편하다.

보조색의 역할

보조색은 바탕색을 보조한다. 바탕색을 보조색으로 선택하는 경우 통일감 있고 안정적이지만, 전혀 다른 색을 선택하는 경우 배색에 율동감이 생긴다. 다양한 색으로 활기찬 느낌을 나타내고 싶은 경우 보조색을 여러 개로 나눠 톤을 일치시키면 바탕색 이미지가 유지된다. 색 비율에서 보조색을 반드시 '25%'로 사용할 필요는 없지만 바탕색 비율을 넘지 않도록 한다.

■ 바탕색과 보조색의 차이

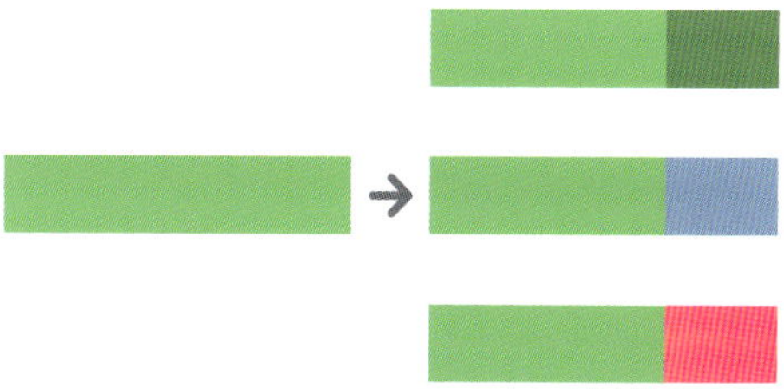

통일감 있고 안정된 느낌을 원하면 바탕색에 가까운 색상 중에서 보조색을 선택한다.

■ 바탕색을 살린 다색 배색

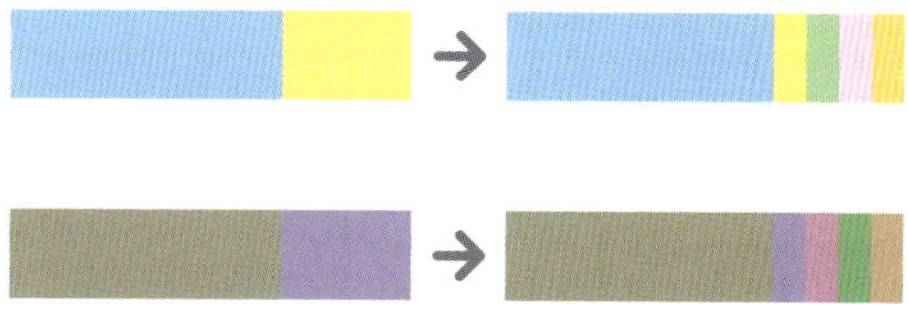

주요색을 그대로 둔 채 보조색을 나눠 색을 추가하면 이미지는 크게 바뀌지 않는다. 이때 바탕색 비율은 유지한다.

강조색은 강한 색으로 적게

강조색은 눈에 띄게 강조하기 위한 색이며, 바탕색·보조색과는 색의 3속성(색상, 명도, 채도)이 전혀 다르다. 주로 눈에 잘 띄는 색을 선택하지만, 강조색을 많이 사용하면 강조 효과가 떨어진다. 강조색은 잘 사용하면 전체 배색을 아우를 수 있지만 배색 이미지 전체를 바꿀 수는 없다. 화면 전체의 '5%'라는 매우 작은 비율이 말해주듯이 아주 조금만 사용하는 강한 색이므로 디자인이 어느 정도 진행된 후 선택해도 좋다.

■ 주의해서 사용해야 하는 강조색

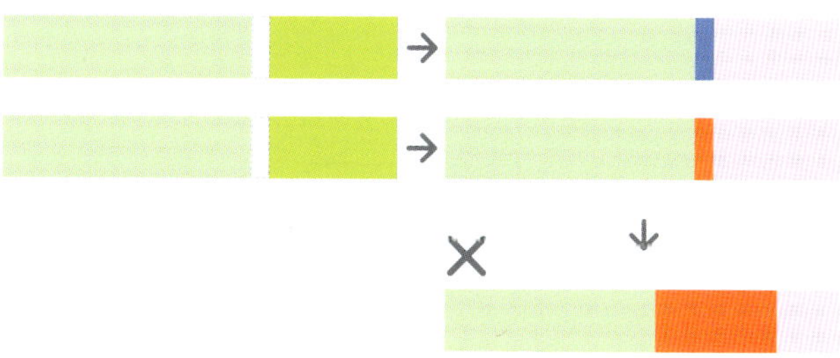

바탕색이 정해지면 강조색을 바꿔도 기본 이미지는 바뀌지 않는다. 완성 이미지를 유지하기 위해서라도 강조색을 지나치게 사용하지 않는다.

KNOWLEDGE 1/03 자주 사용하는 배색 기법

배색 기법은 화가나 건축가 등 예술 및 디자인 전문가의 오랜 경험과 기술이 이론화되어 이어지고 있다. 이것은 회화적인 표현뿐만 아니라 좋아 보이는 배색을 구분하거나 정확한 디자인 작업 및 클라이언트와의 원활한 소통에도 필요하다. 여기서는 매우 기본적이고 실무에서 자주 활용하는 배색 기법에 대해 알아본다.

보색을 사용한 배색

색상환에서 정반대에 위치한 대조적인 색인 보색은 배색에서 색을 보다 선명하게 표현하여 웹 페이지의 내비게이션이나 광고 등 중요한 부분을 강조하는 경우에 자주 쓰인다.
일반적으로 웹 페이지에서는 '파랑'을 바탕색으로 사용하고, '주황'을 강조색으로 사용한다. 보색인 2가지 색이 너무 강한 고채도 색이라 복잡해 보인다면 1가지 색의 채도를 낮추거나, 사이에 무채색을 적용하여 안정적으로 배색할 수 있다.

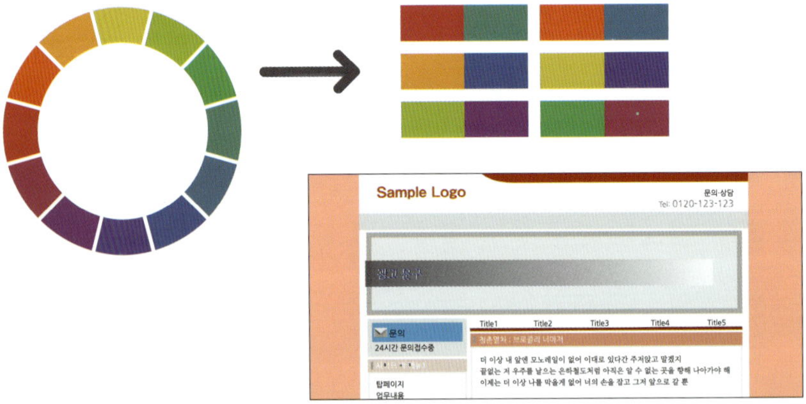

대표적으로 강조하고 싶은 부분에 보색을 사용한다.

명암차를 이용한 톤 온 톤 배색

같은 색상으로 밝은 색에서 어두운 색까지의 큰 명도차를 이용한 배색을 '톤 온 톤 배색'이라 한다. 어떤 색에서도 강약을 나타내기 쉬워 자주 쓰는 배색 기법이다. 보색을 사용한 배색의 예는 톤 온 톤 배색에 보색을 더한 것이다. 동계색(1가지 색이지만 농·담, 명·암에 따라 변화하는 색) 배색을 사용하면 통일감이 생겨 배색을 안정시킬 수 있다. 색을 다루기 어렵다면 동계색으로 배색을 정돈하고 일부분에 강조색을 사용한다.

■ 톤 온 톤 배색

그림에서 아래의 4가지 배색은 동계색을 사용하여 통일감이 있지만, 웹 페이지에 사용하기에는 강약이 부족하다. 위의 4가지 배색과 함께 명도차를 적용하여 톤 온 톤 배색을 적용한다.

톤을 일치시킨 배색

톤을 일치시키면 이미지를 쉽게 전달할 수 있다. 바탕색을 확실하게 구별하지 않고 비슷한 톤으로 배색하면 이미지는 전달되지만, 흐릿한 인상을 주어 정보 전달에 어려움이 있다. 톤으로 강한 이미지를 전달하고 싶은 경우 바탕색을 확실하게 정하고, 글로벌 내비게이션 바(웹 사이트를 방문한 사용자의 이동 경로를 하이퍼링크 형태로 모아서 보여주는 내비게이션 시스템)나 제목 부분 등의 일부 톤만 일치시킨다. 이때 다른 부분에 색 차이를 두면 정돈이 쉽다.

■ 일부 톤의 일치

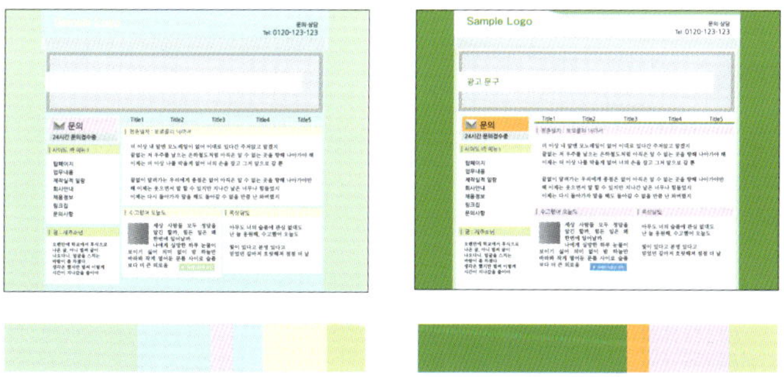

왼쪽은 배색 자체에는 문제가 없지만, 강약이 부족해서 정보를 이해하기 힘들다. 오른쪽처럼 바탕색을 정하고 다른 부분의 톤을 일치시켜야 한다.

자연의 음영 참고

자연의 음영에 기초한 배색은 시각적으로 가장 익숙하고 편하다. 단색의 검은 물체에도 빛이 닿는 부분에 따라 음영이 생기며 명도만 변하는 것은 아니다. 아래 사진의 나뭇잎을 살펴보면 햇빛이 닿는 부분은 황록색에 가깝고 그림자가 생기는 부분은 청록색에 가깝다. 나뭇잎이라고 해서 반드시 초록에만 한정된 것은 아니다. 빛을 받는 부분을 황색에 가깝게 표현하는 등 이처럼 자연을 참고하여 다양한 색으로 표현하는 것을 '자연의 조화'라고 한다.

빛에 따른 색상의 변화

햇빛을 받는 부분은 황록색이고 그늘진 부분은 청록색이다. 이처럼 '자연의 조화'를 사용해 1가지 색을 여러 음영의 단계로 나눠 자연스럽게 표현할 수 있다.

이텐의 색상환

스위스 예술가인 요하네스 이텐은 색상환을 분할하여 2분할은 '다이어드', 3분할은 '트라이어드', 4분할은 '테트러드', 5분할은 '펜타드', 6분할은 '헥사드'라고 정의했다.
다이어드는 보색 배색, 테트러드는 2조씩 보색, 헥사드는 3조씩 보색 배색한 것과 같다. 트라이어드에 흑백을 더한 5가지 색은 펜타드이고, 테트러드에 흑백을 더한 6가지 색은 헥사드라 한다. 다양한 색이 필요한 경우 이텐의 색상환에 따라 색을 선택하면 조화롭다.

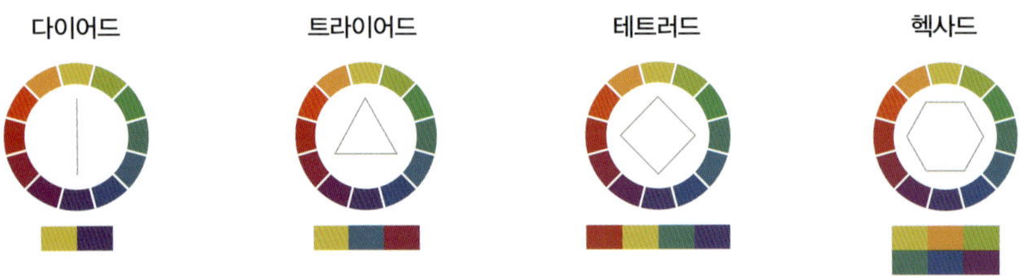

이텐의 색상환은 톤에 따른 문제가 없으므로 바탕색을 선택한 후 색을 분할해도 좋다. 여기서 펜타드는 12색의 색상환을 5분할할 수 없으므로 생략했다.

저드의 색채조화

미국 색채학자인 저드는 다양한 색채 조화론을 '질서', '친근함', '유사성', '명료성'의 4가지 원리로 분류했다.

'질서의 원리'는 보색이나 이텐의 색상환과 같이 일정한 규칙에 따라 선택한 색의 조화를 말하며, 색상환에서 1가지 색을 건너뛰고 색을 선택하는 등의 규칙에도 적용된다. '친근함의 원리'는 자연의 조화나 그러데이션(색채의 농담)과 같이 익숙한 배색의 조화를 말한다. '유사성의 원리'는 비슷한 색상의 톤 온 톤 배색이나 톤을 일치시킨 배색과 같이 색에 공통성이 있는 조화를 말한다. '명료성의 원리'는 명확한 색이 어울리기 쉽다는 것으로 명도나 채도의 차이가 있는 색의 조화를 말한다. 비슷하지 않으면서 색상환에서도 떨어지지 않은 어중간한 색의 조합은 좋지 않다. 명료성의 원리를 적용한 대표적인 배색은 프랑스나 독일, 일본 국기와 같이 색상 수는 적어도 확실하게 명도 대비를 이루는 색이다.

모든 배색이 저드의 4가지 색채조화 원리에 적용되지는 않지만 2, 3가지 색과 같은 적은 수의 색에서 생각하면 그게 다르지 않다.

■ 저드의 4가지 색채조화

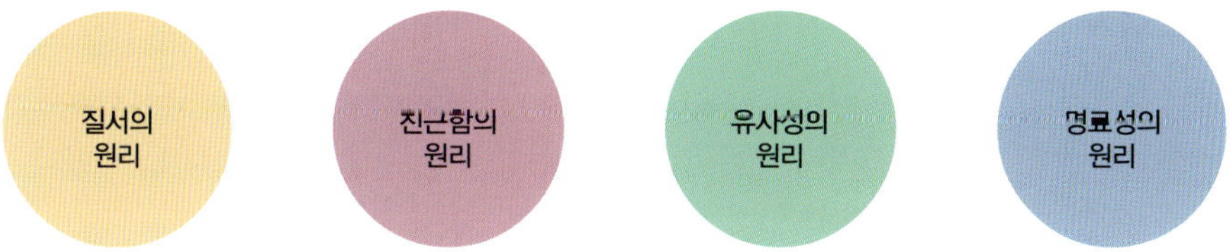

배색이 고민되거나 망설여지는 경우 저드의 4가지 색채조화에서 1, 2가지 이상의 색을 적용한다.

CHECK POINT

- 좋아 보이는 웹 디자인에서 어떤 배색 기법이 쓰였는지 파악한다.
- 배색이 어색한 경우 배색 기법에 맞게 진행되었는지 확인한다.

KNOWLEDGE 1/04

웹 색상과 색상 모드

웹 사이트에서 색을 표현할 때에는 주로 '#FF0000'과 같이 16진수를 사용한다. 최근에는 CSS3(웹 문서의 전반적인 스타일을 미리 저장해 둔 스타일 시트)에서 투명도 등을 나타낼 수 있어 이전보다 다양하게 색을 표현할 수 있다. 여기서는 CSS로 색을 적용하는 경우 여러 가지 표기법을 소개하고, 그래픽 프로그램에서 다루는 HSB(HSV : H=색상, S=채도, V=명도) 색상 모드에 대해서도 알아본다.

RGB와 CMYK 색상 모드의 차이

모니터에서 사용하는 RGB 색상 모드는 빨강(R)·초록(G)·파랑(B)의 3가지 색을 혼합하며, 빛을 겹쳐서 밝게 만들기 때문에 '가산혼합'이라고 한다. 인쇄나 염료에 사용하는 CMYK 색상 모드는 시안(C)·마젠타(M)·노랑(Y)을 혼합하며, 섞을수록 점점 어두워지기 때문에 '감산혼합'이라고 한다. CMY의 3가지 색은 검정을 표현할 수 없으므로 검정(K)을 더한다. 이처럼 모니터와 인쇄는 혼색 방법이 다르므로 표현할 수 있는 색의 범위가 다르다. 그래픽 프로그램에서 디자인한 아트웍을 실제로 출력했을 때 색이 다른 것은 이 때문이다.

■ RGB(가산혼합)과 CMYK(감산혼합)

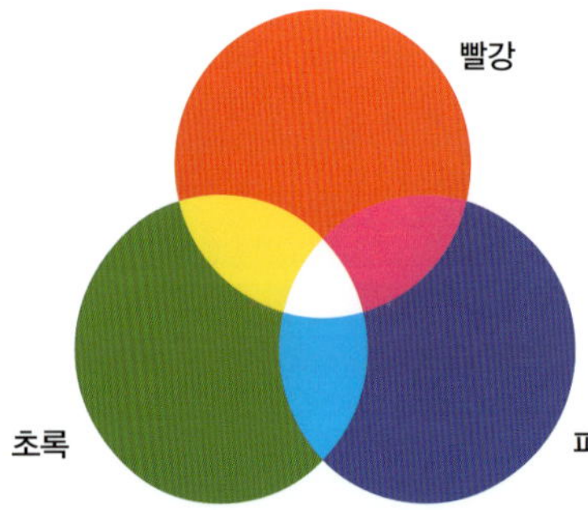

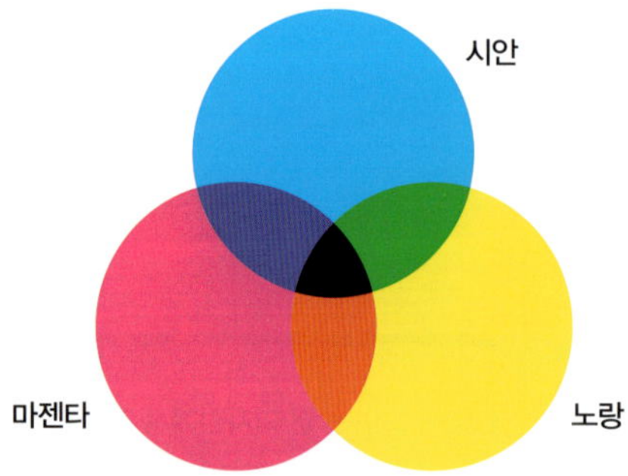

인쇄에서는 RGB 색상을 표현할 수 없으며, RGB(왼쪽)와 CMYK(오른쪽) 색상 모드는 표현할 수 있는 색 범위가 다르다.

16 또는 10진수로 표현하는 RGB 값

모니터의 색(RGB)은 256단계로 나눠 최대 256^3=16,777,216색을 사용할 수 있다. 색의 256단계를 16진수로 표현(00~FF)하고, RGB 순으로 나열한 수치 앞에 #(16진수를 나타내는 기호)을 붙여 '#FF0000', '#7166B7' 등 6자리로 RGB 값을 나타낸다. 이때 영문은 대·소문자 모두 상관없지만 보기 편하도록 하나로 통일한다.

RGB 값은 'rgb(255,0,0)', 'rgb(113, 102, 183)'와 같이 10진수로도 나타낼 수 있다. 'rgb(100%, 0%, 0%)'처럼 RGB의 강도를 퍼센트로도 나타낼 수 있는데, 256단계를 퍼센트로 분할하기 때문에 정확한 표현이 어렵다.

■ CSS3에서 사용하는 주요색

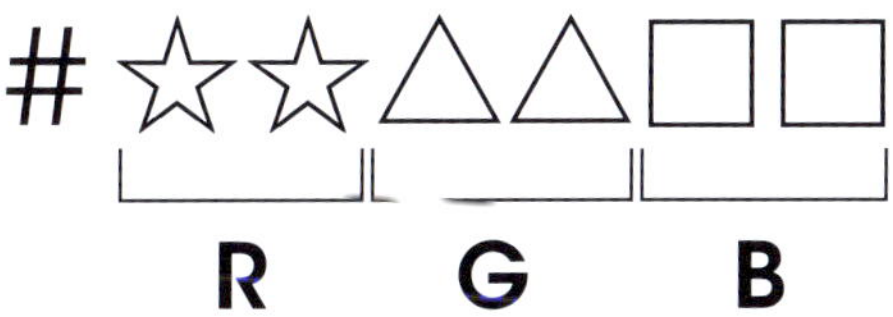

RGB 16진수	#FF0000
RGB % 표기	rgb(100%, 0%, 0%)
RGBA 10진수	rgba(255, 255, 255, 1)
RGBA % 표기	rgba(100%, 0%, 0%, 1)
HSL	hsl(0, 100%, 100%)
HSLA	hsla(0, 100%, 100%, 1)

RGB 16진수	#7166B7
RGB 10진수	rgb(113, 102, 183)
RGB % 표기	rgb(44.3%, 40%, 71.8%)
RGBA 10진수	rgba(255, 255, 255, 1)
RGBA % 표기	rgba(44.3%, 40%, 71.8%, 1)
HSL	hsl(248, 36%, 56%)
HSLA	hsla(248, 36%, 56%, 1)

주로 RGB의 256단계를 00~FF의 16진수로 표기한다.

투명도를 더한 RGBA 색상 모드

RGBA 색상 모드는 RGB에 투명도(Alpha)를 더한 것이다. '#FF0000'에서 50%의 투명도를 가지는 색은 'rgba(255, 0, 0, 0.5)'와 같이 RGB 수치 뒤에 투명도 수치를 나타낸다. 투명도는 0~1 사이의 소수를 사용하며, 1은 불투명하다. RGBA에는 16진수를 사용할 수 없으므로 경우에 따라서는 16진수의 색 표기와 다른 색 표기를 함께 사용하기도 한다.

HSL·HSLA 색상 모드

HSL 색상 모드는 색의 3속성을 이용하여 H는 색상(Hue), S는 채도(Saturation), L은 명도(Lightness)로 나타낸다. RGB보다 직접적으로 색을 나타내어 H는 '0~360°'의 각도를 사용하며, 0°의 빨강에서 각도가 커짐에 따라 노랑, 초록으로 바뀌고 360°에서 원래의 빨강으로 돌아온다. S와 L은 퍼센트로 나타낸다.
RGB 색상 모드의 16진수 표기에서 '#7166B7'은 'HSL(248, 36%, 56%)'와 같으며 여기에 투명도를 더해 'hsla(0, 100%, 50%, 0.3)'로도 나타낼 수 있다.

HTML 색상 코드

HTML은 아쿠아, 블랙, 블루, 푸시아, 그레이, 그린, 라임, 마룬, 네이비, 올리브, 퍼플, 레드, 실버, 틸, 화이트, 옐로우와 같은 16색의 색상 코드가 정해져 있다. 이를 이용해 색을 지정할 수 있으며 색 이름은 대·소문자를 구별하지 않는다.

색 이름	코드	색 이름	코드
Black	#000000	Lime	#00FF00
Silver	#C0C0C0	Green	#008000
Gray	#808080	Olive	#808000
White	#FFFFFF	Yellow	#FFFF00
Maroon	#800000	Navy	#000080
Red	#FF0000	Blue	#0000FF
Purple	#800080	Teal	#008080
Fuchsia	#FF00FF	Aqua	#00FFFF

HSB·HSV 색상 모드

HSL 색상 모드는 CSS3에서 사용하지만, 포토샵 등의 그래픽 프로그램에서는 사용하지 않으며 색의 3속성을 이용한 'HSB', 'HSV' 등을 사용한다. HSB 색상 모드에서 B는 'Brightness', V는 'Value'를 나타낸다. H는 0~360°, S와 B는 0~100% 값을 가지며 '#FF0000'은 '0, 100%, 100%', '#7166B7'은 '248, 44%, 72%'로도 나타낼 수 있다.

HSB·HSV는 색 입체(색의 3속성을 기초로 모든 색을 3차원 공간으로 배치한 것)가 HSL과 다르므로 같은 수치로 사용하지 않는다.

■ HSB · HSV 색상 모드

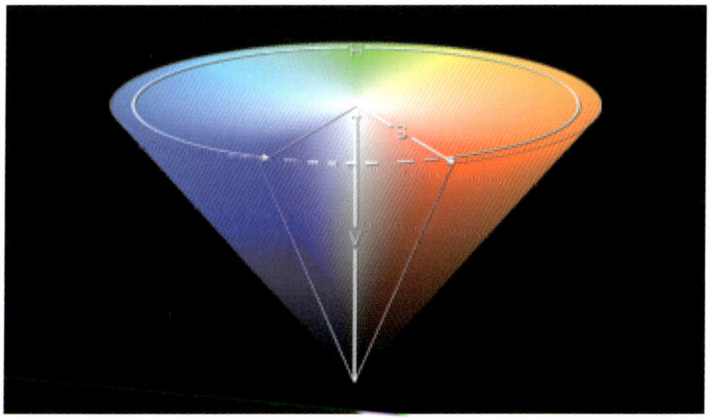

HSB · HSV 색상 모드는 주로 원뿔 모양으로 나타낸다. S와 V가 각각 '100'일 때(가장 윗부분의 원주 부분) 순색(가장 선명한 색)이 된다.

■ 포토샵의 Color Picker 대화상자

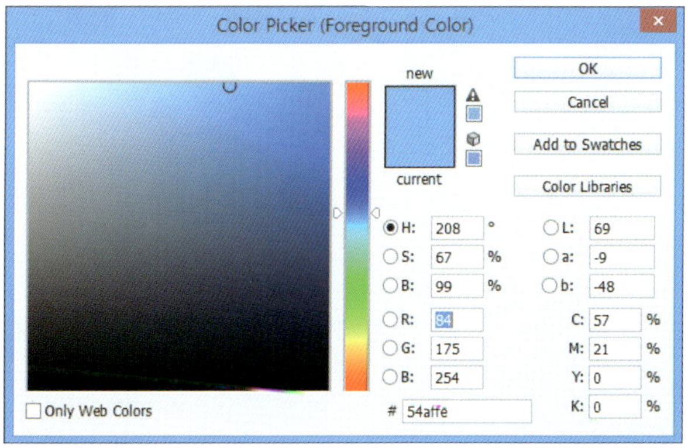

Color Picker 대화상자는 그래픽 프로그램에서 색을 선택하기 위한 도구이다. 포토샵 외에도 다양한 그래픽 프로그램에서 HSB · HSV 색상 모드를 사용한다.

HSL, HSB 색상 모드

HSL이나 HSB·HSV 색상 모드는 색의 3속성을 사용하므로 배색의 변화를 간단하게 나타낼 수 있다. 같은 색상에서 명도만 바꾸면 명암의 그러데이션이 만들어지고, 명도와 채도를 그대로 둔 채 색상만 바꾸면 같은 계열의 톤을 만들 수도 있다.

색을 다루는 것에 익숙하지 않다면 RGB가 아닌 HSB·HSV 색상 모드로 배색한다. 새로운 색을 만드는 경우 기존 색과 수치가 같은 색을 선택하면 저드의 4가지 색채조화에서 '유사성의 원리'에 어울린다. S와 V 모두 수치가 '100'인 색은 지나치게 선명해서 사용하기 힘들기 때문에 S×V가 8,000 이하인 색을 사용하는 것이 무난하다.

■ HSB 색상 모드의 배색

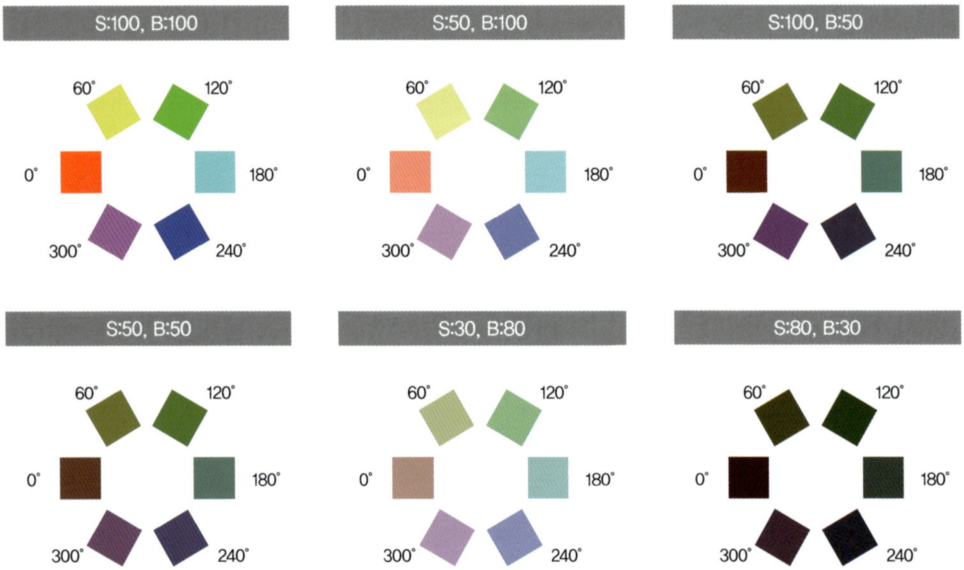

CHECK POINT

- 모니터에서 나타낼 수 있는 색상 모드를 이해한다.
- 16진수에 의한 RGB 표기 방법을 익힌다.
- 색을 다루는 데 익숙해지기까지는 HSB·HSV 색상 모드로 배색한다.

KNOWLEDGE 1/05

색에 관한 심리적 효과

'따뜻하다', '강하다'와 같은 색 이미지는 심리적인 효과가 적용되지만, 결정적으로 모양과 색을 더해 이미지가 달라지는 경우는 적다. 예를 들어, 빨강의 경우 토마토 형태에서는 신선함을 나타내는 빨강이고, 십자 형태에서는 적십자가 된다. 여기서는 사용자가 무의식적으로 받아들이는 색의 기능적인 면을 중심으로 색에 관한 다양한 심리를 알아본다.

색의 주목성

사람의 시선을 사로잡는 색에 관한 성질을 '색의 주목성'이라 한다. 일반적으로 고채도의 난색(심리적으로 따뜻한 느낌을 주는 색)은 가장 주목성이 높으며, 교통 표지판이나 위험 요소 안내 등 강한 표현에 사용한다.

웹 페이지에서는 특별하게 보여주고 싶거나 읽혀야 하는 부분에 주목성이 높은 색을 사용한다. 강한 색에서 주변 색도 강하면 눈에 띄지 않으므로 주목시키려는 부분의 주변 색을 약하게 나타내어 주목성을 높인다.

■ 주목시키고 싶은 색

고채도의 난색은 쉽게 눈에 띄지만, 주변 색과의 명도 · 채도의 대비도 중요하다. 주목성이 높은 빨강이라고 해서 항상 눈에 띄는 것은 아니다.

진출색과 후퇴색

색이 본래의 위치보다 가까이 보이는 것을 '진출색', 멀리 보이는 것을 '후퇴색'이라 한다. 일반적으로 난색은 가까이 보이고 한색은 멀리 보이는데, 그중에서도 밝고 선명한 색은 좀 더 가까이 다가오듯 보이고 어둡고 흐린 색은 좀 더 멀어지듯이 보인다.

웹 페이지에서 진출색·후퇴색은 대부분 버튼과 같이 중요한 정보를 강조한다. 강조하려는 부분에 진출색을 사용하고, 그 밖의 부분에는 후퇴색을 사용하여 중요도를 표현할 수 있다. 진출색이나 후퇴색만을 사용하기는 힘들지만 명도나 채도의 차이, 주목성 등 다른 성질과 조합하여 사용하면 좋다.

■ 진출색과 후퇴색의 예

진출색 후퇴색

주변 색의 영향을 받지만 왼쪽의 난색이 좀 더 가까이 보인다. 웹 디자인에서는 일반적으로 중요한 버튼이나 정보에 난색을 사용하여 중요도를 나타낸다.

팽창색과 수축색

주변 색에 따라 본래 크기보다 크거나 작게 보이는 색을 '팽창색', '수축색'이라 한다. 진출색과 후퇴색에서 난색은 크게 보이고 한색은 작게 보이는 성질은 명도와도 크게 연관이 있다. '흰 옷을 입으면 뚱뚱해 보인다'와 같이 명도가 높은 색일수록 팽창색의 영향으로 크게 보인다.

웹 페이지의 파트 요소는 팽창색과 수축색으로 배색한다. 작은 배너를 만드는 경우 텍스트 색이 어둡고 배경색이 밝으면 텍스트가 실제보다 가늘어 보인다. 명조체나 궁서체처럼 끝이 가늘어지는 텍스트는 번져 보일 수 있으므로 주의한다.

■ 팽창색과 수축색의 예

팽창색

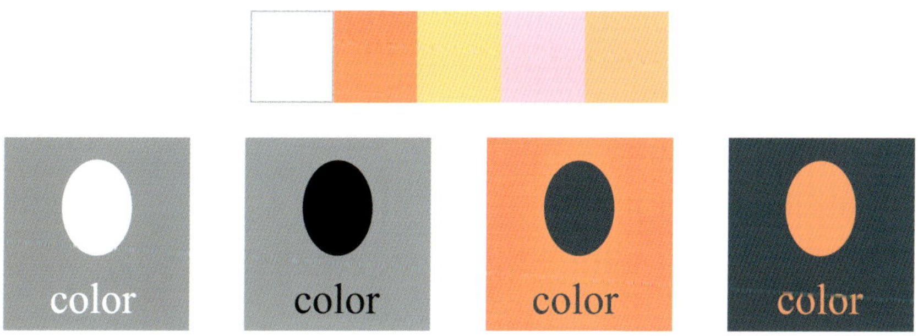

수축색

배경색이 밝으면 그림이나 텍스트가 상대적으로 작게 보인다. 주변 색에 따라 텍스트가 가늘어 보이거나 알아보기 힘들기도 하므로 주의한다.

무거운 색과 가벼운 색

일반적으로 명도가 높은 색은 가볍고, 낮은 색은 무거워 보이므로 가벼운 색을 위에, 무거운 색을 아래에 배치하면 안정감을 나타낼 수 있다. 반대로 무거운 색을 위에 배치해서 사용자에게 불안정감으로 느끼도록 하여 시선을 사로잡기도 한다.

웹 페이지의 배경색으로는 주로 가장 가벼운 색인 흰색을 사용하고, 위쪽에는 흰색보다 무거운 색을 써서 주목성을 높인다. 사람의 시선은 기본적으로 웹 페이지의 위에서 아래로 내려오기 때문에 무거운 색을 위에 적용하여 시선을 집중시킨다.

웹 페이지에서 맨 아래까지 스크롤했을 때 나타나는 푸터(콘텐츠를 분리시키며 현재 페이지가 끝났음을 나타내는 웹 브라우저의 맨 아래)에는 배색 중 가장 무거운 색을 사용하면 안정적으로 나타낼 수 있다.

■ 무거운 색과 가벼운 색의 예

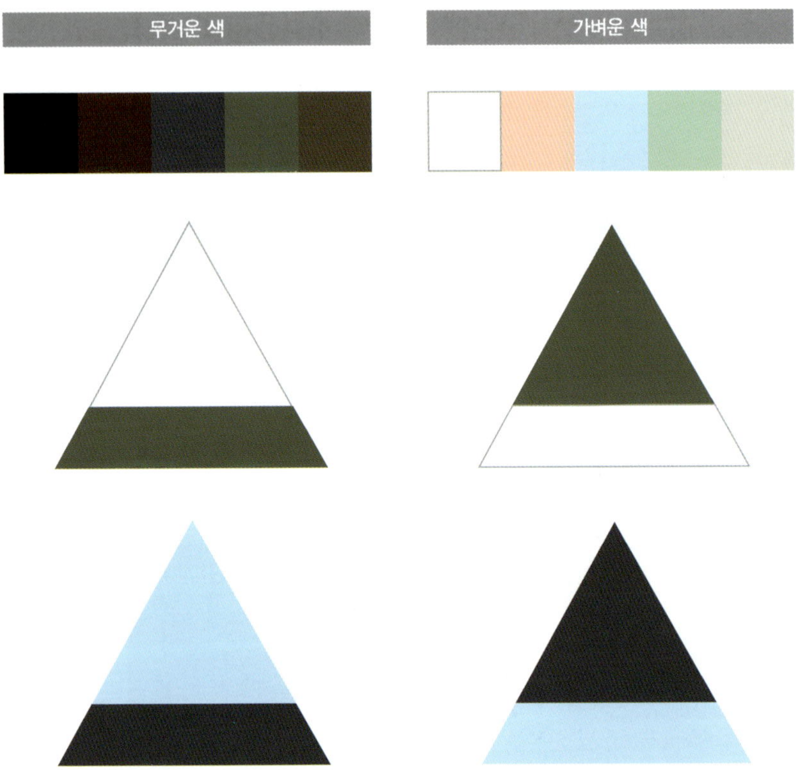

무겁게 느껴지는 어두운 색을 아래에 배치하면 안정감이 있다. 반대로 무거운 색을 위에 배치하여 위화감을 나타내어 시선을 끌 수 있다.

착시 현상

사람의 눈은 특정 색을 대비 현상(서로 다른 두 요소가 동시 또는 연속 배열되는 경우 특징이 한층 강하게 느껴지는 통일 현상) 등 다양한 작용에 의해 존재하지 않는 색이나 다른 색으로 착각하기도 한다. 일반적인 현상은 무의식중에 자연스럽게 받아들이지만 극단적인 현상은 위화감을 줄 수도 있다.

착시 현상의 대표적인 예로 '하만그리드(사각형 사이 흰색 띠의 교차 부분에 회색 잔상이 보이는 현상)'가 있다. 아래 그림과 같이 격자 패턴이 교차하는 부분에 연변 대비(색의 경계부분에서 일어나는 대비 현상)로 인해 존재하지 않는 그림자가 보이고, 강한 대비로 인해 격자 패턴을 인식하기 어려워진다.

웹 페이지의 격자 패턴이 밀집된 부분이나 여백이 작은 인접 부분에 착시 현상이 일어나는 경우가 많아 화면이 복잡해 보이므로 주의해야 한다.

■ 하만그리드의 예

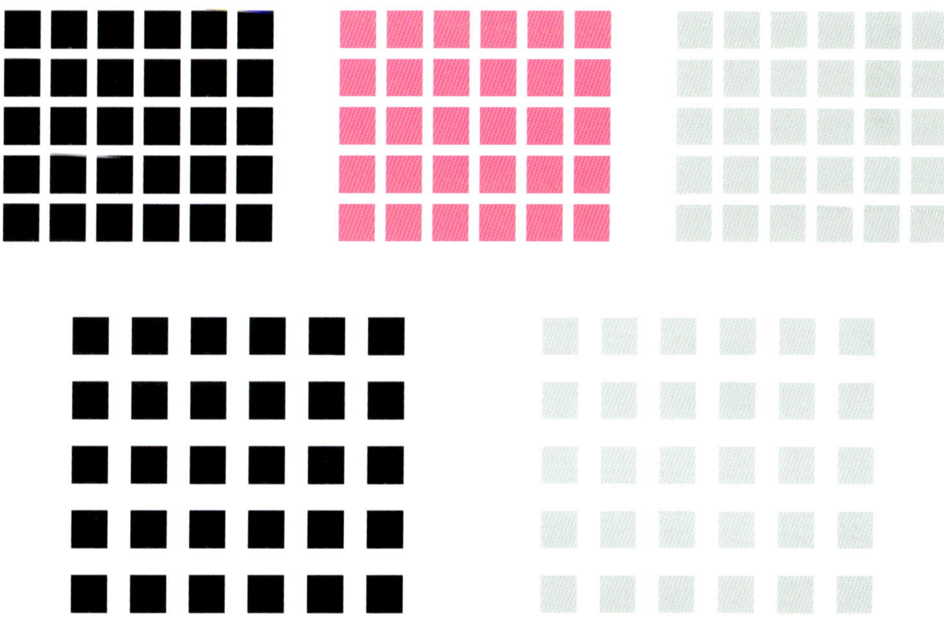

연변 대비에 의한 하만그리드는 격자 패턴에 따라 화면이 어지럽게 보이므로 주의한다.

대비 현상

대비 현상이란 앞에서 설명한 것처럼 2가지 색이 서로 다르게 보이는 현상이다. 인접한 색을 동시에 볼 때 일어나는 '동시 대비', 어떤 색을 본 후 다른 색을 보았을 때 일어나는 '계시 대비(시간 대비)'가 있다. 여기서는 웹 페이지에서 자주 문제가 되는 동시 대비에 대해 설명한다.

동시 대비의 현상에는 '색상 대비', '명도 대비', '채도 대비', '보색 대비', '연변 대비' 등이 있다. '색상 대비'는 배경색에 보색을 적용하여 그림의 색이 가깝게 보이는 현상이다. 배경색이 바뀌면 그림의 색이 다르게 보일 수 있으므로 상품이나 로고 색이 다르게 보인다는 문제를 일으킬 수 있다. '명도 대비'는 바탕색의 명도에 따라 그림의 명도가 다르게 보이는 현상이다. 배경색이 밝으면 그림이 어둡게 보이고, 배경색이 어두우면 그림이 밝아 보인다. '채도 대비'는 명도 대비와 마찬가지로 배경색의 채도와 그림의 채도가 다르게 보이는 현상이다. '보색 대비'는 각 색의 보색 영향으로 보다 선명하게 보이는 현상이다. 명도차가 작은 고채도 색끼리는 너무 선명해서 부담스럽거나 위화감을 줄 수 있으므로 주의해야 한다. '연변 대비'는 명도 대비의 일종으로, 색이 인접한 부분의 명도가 다르게 보이는 현상이다. 색의 경계부분을 보다 확실하게 인식하려는 두뇌 활동에 의한 것으로 밝은 쪽의 경계부분은 보다 밝게 보이고, 어두운 쪽의 경계부분은 보다 어둡게 보인다.

■ 색상 대비와 명도 대비

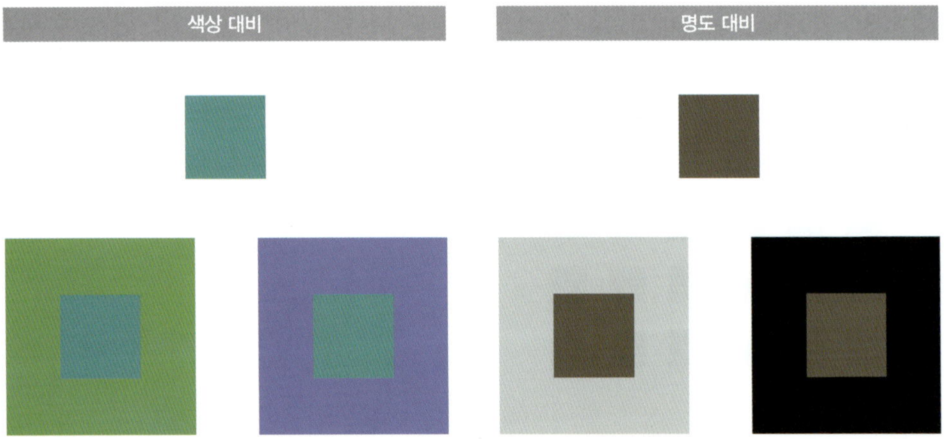

■ 채도 대비 · 보색 대비 · 연변 대비

채도 대비

보색 대비

연변 대비

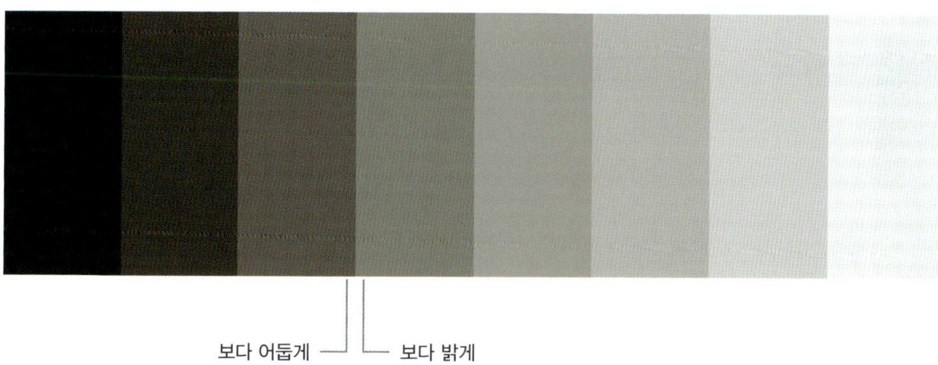

CHECK POINT

- 주목시키려는 중요 부분에 색에 관한 심리 효과를 응용한다.
- 대비 현상으로 인해 색이 다르게 보이는 것을 주의한다.

KNOWLEDGE 1/06

색 면적에 의한 인상

강한 색과 약한 색, 밝은 색과 어두운 색 등 색의 효과나 인상은 색 자체가 아닌 면적의 영향을 받는다. 바탕색에 진한 빨강을 적용하면 눈부시게 강렬한 인상을 남기지만, 보일 듯 말 듯한 작은 면적에 빨강을 적용하면 전혀 강하게 느껴지지 않는다. 이처럼 배색에서 중요한 것은 어떤 색을 사용하는가 뿐만 아니라 어느 정도 사용하는가이다.

색의 면적 효과

색은 사용 면적에 따라 다르게 보이는 '면적 효과'를 가진다. 같은 색이라도 보다 넓은 면적의 색이 밝고 선명하게 보인다. 그래픽 프로그램의 Color 패널(팔레트)이나 Color Picker 대화상자에서 직접 색을 선택하여 로고 등에 RGB 수치를 지정해도 사용 면적에 따라 색이 다르게 보일 수 있으므로 수치와 실제 색은 다를 수 있다는 것을 염두에 두자.

■ 색 면적에 따른 시각 차이

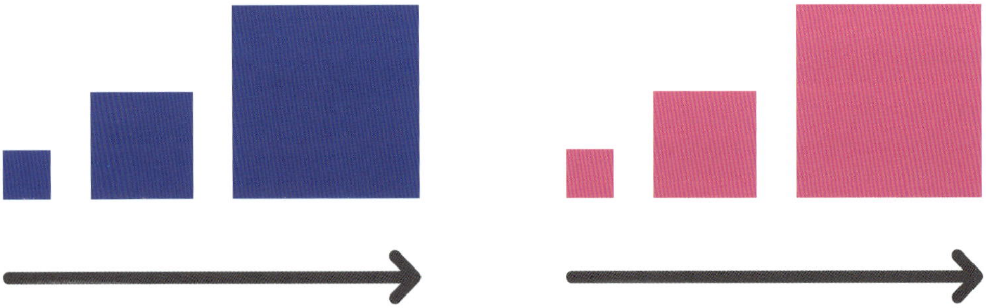

같은 색이라도 면적이 커질수록 밝고 선명하게 보인다.

면적 비율에 따라 달라지는 인상

배색도 면적 비율에 따라 영향을 받는다. 아래 그림과 같이 3가지 색을 사용하여 배색하는 경우 면적 비율에 따라 색 이미지가 전혀 달라진다.

특정 색의 면적을 늘리면 그 색의 이미지가 강해지고 상대적으로 다른 색의 이미지는 약해진다. 특정 색의 면적 비율을 늘리면 전체적인 배색 균형을 유지하기 위해 다른 색의 분량도 늘려야 하므로 안정적인 배색을 위해 항상 면적 비율을 의식해야 한다.

■ 면적 비율에 따른 다양한 이미지

같은 색이라도 면적 비율따라 이미지가 달라진다. 어떤 색을 어느 정도의 분량으로 사용할 것인가를 늘 염두에 두고 배색하자.

텍스트 크기 변경

같은 크기의 텍스트라도 확대하는 경우 강하게 느껴진다. 텍스트가 커지면 바탕색과 색이 차이나는 부분의 면적이 늘어나므로 색이 갖는 힘도 커진다.

색은 늘어나는 면적만큼 강해진다. 약한 색이라도 많이 사용하면 강하게 나타낼 수 있고, 화려하고 밝은 색이라도 조금 사용하면 눈에 띄지 않는다. 색이 부족하다고 느껴지면 다른 색을 추가하지 않은 채 부족한 색의 면적을 바꾸는 것만으로도 문제를 해결할 수 있다.

■ 많이 사용할수록 강해지는 텍스트의 힘

주머니 속엔 마른 모래, 3월의 기차표

주머니 속엔 마른 모래, 3월의 기차표

색은 면적이 커질수록 강해지기 때문에 색 선택이 고민될 때에는 색을 바꾸지 않은 채 크기를 바꾼다.

COLUMN 1

배색에 도움이 되는 앱

배색을 결정할 때 이야기만으로는 색의 미묘한 느낌을 전달하기 힘들다. 스마트폰이나 태블릿PC 등을 사용하여 클라이언트에게 직접 배색을 설명할 수 있는 색에 관한 앱을 소개한다.

■ DIC 디지털 색 가이드

미묘한 단색을 확인할 때 편리한 앱으로 아이폰, 아이패드, 안드로이드폰 버전이 있다. AdobeRGB나 sRGB 외에도 CMYK나 먼셀(색의 3속성) 값의 수치도 함께 표기되어 인쇄물 등과 색을 맞출 때 요긴하다.

– iOS

https://itunes.apple.com/kr/app/dic-colorguide/id405007873?mt=8

– Android

https://play.google.com/store/apps/details?id=jp.co.dic.colorguide.android&hl=ko

■ 어도비 쿨러(Adobe Kuler)

직접 색을 만들고, 다양한 배색에 가까운 이미지를 발견하여 이야기를 만들 수 있어 편리하다.

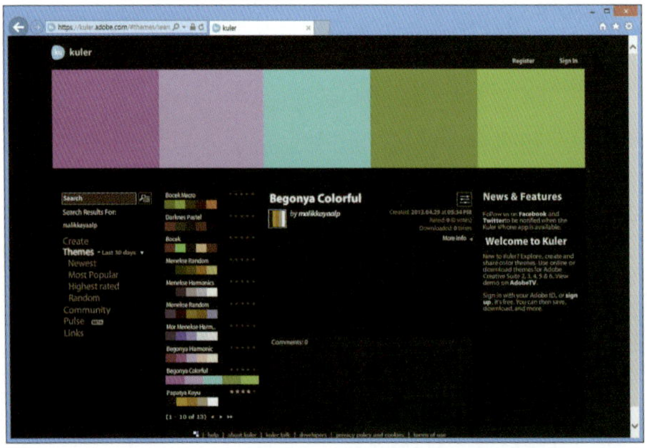

https://kuler.adobe.com/

지식편 _ Knowledge 2

웹에서의 색의 역할

웹 사이트는 미적인 부분뿐만 아니라 사용자에게 정보를 전달하고, 사용하기 편리해야 한다. 색을 제대로 활용하여 웹에서 좋은 인상을 남길 수 있는 방법에 대해 알아본다.

KNOWLEDGE 2/

01 좋아 보이는 배색

좋은 인상을 남기기 위해 다양한 배색을 시도하더라도 어떤 이유에서인지 잘못된 배색이 되는 경우가 많다. 여기서 설명하는 몇 가지 이론에 따라 좋아 보이는 배색 기법을 익히면 배색에 관한 명쾌한 해답을 찾을 수 있다. 완성도 있는 웹 디자인 배색과 함께 설득력 있는 배색 기법을 알아본다.

통일감에 더하는 변화

이상적인 배색에 필요한 것은 색의 '통일감'과 함께 강세가 더해진 '변화'다. 배색이 어렵다면 먼저 통일감을 나타내어 색의 3속성 중 1가지(또는 몇 가지)를 적용하는 것이 중요하다. 통일감 없는 배색에서는 강조색으로 변화를 나타내도 좋아 보이지 않으므로, 먼저 통일감 있는 배색을 한 후 강조하고 싶은 부분에만 색을 추가한다.

■ 색의 통일감과 변화

색을 통일한 배색에 다른 강조색 추가

톤을 통일한 배색에 색상 · 명도가 다른 강조색 추가

통일감 있는 배색에 각각 강조색을 추가하여 탄탄한 배색을 완성했다. 시선을 유도하기 위한 색의 변화는 반드시 필요하다.

균형적인 전체와 요소별 배색

웹 디자인은 하나의 화면에서 다양한 요소를 보여줘야 한다. 페이지 안에서 사용하는 모든 색은 통일감을 갖기 어려우므로 전체와 요소별로 따로 또 같이 살펴보며 배색을 통합하는 것이 좋다. 세부 디자인은 신경 쓰지 않은 채 모니터에서 약간 떨어져 전체적으로 살펴보며 배색을 정돈한 후 요소별 배색을 만들어간다.

간혹 요소를 지나치게 의식하여 잘못된 배색을 완성하는 경우가 많다. 배색이 고민된다면 전체적으로 웹 페이지를 확인하면서 통일감에 어긋나는 요소를 찾아내고 그 부분의 배색을 개선한다.

■ 전체 균형과 요소

파트별로 통일된 색을 생각하고, 배경을 포함한 전체의 색도 고려해야 한다.

비슷한 계열의 색 정리

기본적으로 통일감 있는 배색은 같거나 비슷한 색으로 정리한다. 자연에서는 물체에 빛이 닿는 부분에 따라 음영이 생기고, 같은 색조의 농담이 생긴다. 이를 활용하여 웹 페이지 배색에 시도할 수 있다.

허전하다는 등의 이유로 계획 없이 색을 추가하기보다 비슷한 계열의 색으로 배색하면 전체적인 통일감을 유지할 수 있다.

■ 동일 색상에 의한 통일감

같은 계열 색으로 정리된 배색에는 아름다운 통일감이 생긴다.

자연의 배색 참고

비슷한 계열의 색 정리를 응용하여 배색을 약간 변화시키고 싶다면 색상환의 인접 범위에서 색을 선택한다. 앞에서 소개한 자연에서 볼 수 있는 배색(자연의 조화)은 자연스러운 효과를 나타낼 때 참고할 수 있다. 자연의 배색을 따르는 것은 눈에 익숙한 배색을 사용하는 것과 같아 자연스럽게 받아들인다. 주변에 있는 자연의 배색을 눈여겨보자.

■ 자연의 조화

잎은 모두 같은 색이지만, 햇빛의 영향으로 미묘하게 색상이나 명도가 달라 보인다.

톤 정리

웹 페이지 전체를 통일된 톤으로 나타내기 어려우므로 일부 톤을 일치시키면 디자인에 율동감이 생긴다. 오른쪽 사진처럼 일치된 톤의 단풍은 파란 하늘과 대비를 이뤄 한층 돋보인다.

웹 페이지에는 다양한 종류의 정보가 들어가므로 내용에 맞춘 톤으로 통합하는 정보 부분과 그 밖의 요소에 차이를 두면 좋다.

■ 특정 부분에 일치하는 톤

일치된 톤의 단풍은 파란 하늘과 대비를 이뤄 더욱 강조된다.

강약을 적용한 명암

사진의 명도차가 작으면 평범한 인상을 주고, 크면 강한 인상을 준다. 확실히 보여주고 싶은 부분의 배경과 전경(前景)에 명도차를 적용하면 동계색 배색에서도 강약을 나타낼 수 있다.

밝은 색과 어두운 색의 경계선은 시선을 사로잡는다. 색상차만으로는 배색에 강약을 주기 어려우므로 명암을 살려 배색하면 효과적으로 정보를 전달할 수 있다.

■ 명암 대비

명암의 대비가 확실한 경우 흑백 사진에서도 충분히 강약을 나타낼 수 있다.

강조색의 강약

강조색은 일반적으로 기존에 사용한 색과 색상·채도가 다른 색을 적게 사용하여 특정 부분이 눈에 띄도록 한다. 이때 강조하려는 부분이 많으면 시선이 분산되고 복잡해진다. 컴퓨터용 웹 페이지의 경우 하나의 화면에 1~2곳, 스마트폰용 모바일 웹 페이지와 같은 작은 화면의 경우 하나의 화면에 1곳 정도로 사용하는 것이 좋다.

■ 강조색에 의한 강약

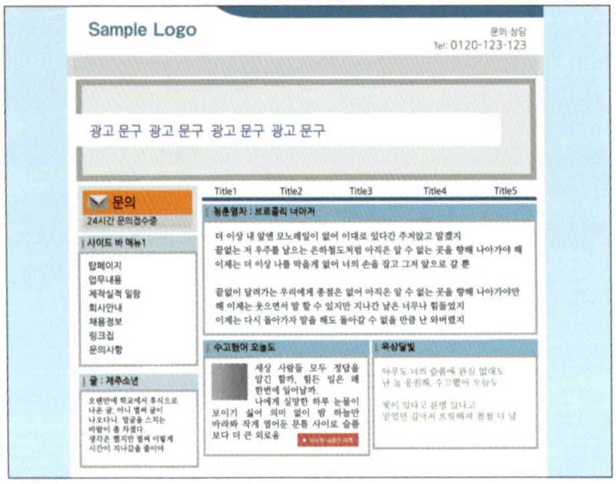

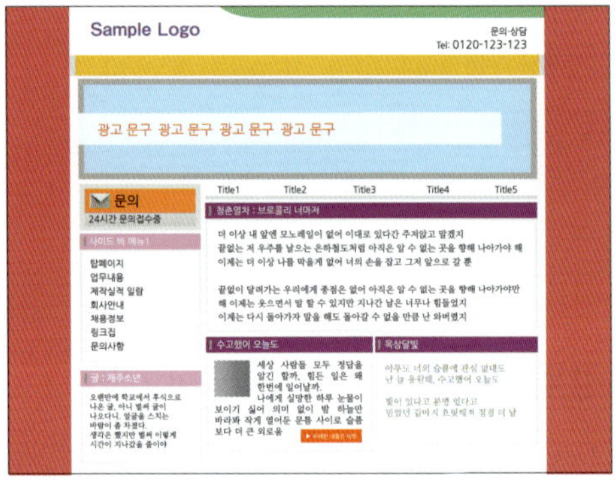

오른쪽은 강조색이 너무 많아 보여주고 싶은 요소의 위치를 확인하기 어렵다.

CHECK POINT

- 통일감 있는 배색을 완성한 후 강조색으로 변화를 준다.
- 요소를 의식하지 않은 채 먼저 웹 페이지 전체를 조감한다.
- 눈에 익은 자연의 배색을 참고한다.
- 동계색으로 정리할 부분과 강약을 나타낼 부분의 균형을 생각한다.

KNOWLEDGE 2/

02 중요한 정보의 전달

웹 사이트에서 색은 단순히 아름다운 디자인을 완성하거나 좋은 인상만을 주지 않는다. 비즈니스 목표를 달성하기 위해서는 디자인뿐만 아니라, 정보를 제대로 전달할 수 있도록 구성하는 것이 중요하다. 색에는 웹 사이트 사용성과 직결되는 기능이 많으므로 색을 잘 사용해서 정보를 어떻게 보여주는가에 따라 콘텐츠의 힘을 발휘할 수 있다.

텍스트나 그림 등을 통한 정보 전달

콘텐츠가 아무리 훌륭해도 내용을 읽기 어렵거나 눈에 띄지 않으면 정보를 확인하기 힘들다. 원활한 정보 전달을 위해서는 배경색과 텍스트 색의 대비가 중요하다. 사용자에게 빠르게 내용을 이해시켜 원하는 정보를 얻기까지 어렵지 않도록 하기 위해 색 선택은 가장 중요하다.

■ 정보 전달을 위한 가독성 높은 배색

배경색과 텍스트 색에 따라 정보를 확인하기 쉽다. 왼쪽은 다양한 색을 사용하여 한눈에 정보를 확인하기 어렵다.

중요도 표시

웹 사이트에서 중요한 정보를 확실히 보여주고 싶은 경우 특정 부분에 색을 적용하여 주목시킨다. 주로 제목이나 표어, 캠페인용 배너처럼 정보의 중요도가 높은 곳에 강한 색을 사용한다. 강조하고 싶은 부분이 많으면 복잡해서 집중도가 떨어지므로 강한 색을 사용할 때에는 충분히 고려하여 지나치게 강조하지 않는다.

■ 중요도에 따른 강약

색을 많이 사용할수록 시선이 분산되므로 보여주고자 하는 부분을 의식하여 배색한다.

정보의 통합, 분리

웹 페이지의 다양한 정보를 무분별하게 적용하면 사용자의 시선 처리에 문제가 생긴다. 정보를 통합 및 분리하여 중요한 내용으로 시선을 유도하거나 사진을 충분히 볼 수 있도록 여백 활용이나 색의 분리를 생각할 수 있다. 장식을 위해 무계획적으로 색을 추가하지 않고, 웹 페이지 안의 각 요소에 목적이나 의미를 알맞게 부여해서 배색하면 많은 양의 정보도 무리없이 확인할 수 있다.

■ 사진과 여백

여백의 크기만으로도 이미지가 달라지므로 사진을 제대로 보여주기 위해서는 여백의 넓이도 고려해야 한다.

차별화된 링크

웹 페이지에서는 색을 조절하여 다양한 정보 가운데 링크나 버튼 등을 쉽게 찾을 수 있도록 한다. 텍스트 링크는 밑줄을 이용해서 간단하게 표시할 수 있다. 이미지에 링크를 적용하는 경우 알기 쉽게 단순한 이미지인지, 클릭이나 터치할 수 있는 이미지인지 나타내야 한다. 특히 '문의'나 '구입'과 같이 중요한 버튼은 다른 요소보다 눈에 띄게 차별화해서 쉽게 인식시킨다.

■ 클릭하기 쉬운 링크

문의처 홈페이지로 **문의처 홈페이지로**

사용자가 링크의 위치를 모른다면 다음 페이지로의 이동이 어려우므로 클릭이나 터치를 유도하는 색 선택이 중요하다.

CHECK POINT

- 배경색과 텍스트 색의 대비로 쉽게 정보를 전달한다.
- 강한 색을 너무 많이 사용해서 복잡해지지 않도록 주의한다.
- 색이나 여백을 활용해 보여주고자 하는 정보를 확실하게 드러낸다.
- 클릭이나 터치할 수 있는 링크나 버튼은 쉽게 눈에 띄도록 한다.

2/ KNOWLEDGE 03 인상적인 색의 웹 사이트

색은 보는 사람에 따라 다양한 이미지를 가진다. 웹 사이트로 전달하고자 하는 내용과 색 이미지가 전혀 다른 경우, 사용자는 '찾으려는 콘텐츠가 여기에는 없다'고 생각할 수 있으므로 색을 고려해서 선택하자. 또는 유명 웹 사이트를 모방한 듯한 색상 계획으로 인해 좋지 않은 이미지를 갖지 않도록 주의한다.

정확한 색 이미지 전달

색이 전달하는 이미지는 매우 다양하다. '바나나의 노랑', '피아노 건반의 검정'과 같이 명확한 표현은 구체적인 이미지를 연상하기 쉽지만 '귀엽다', '상냥하다'와 같은 추상적인 표현은 사람에 따라 연상되는 이미지가 다르기 때문에 정확한 색 이미지를 공유하기 어렵다. 예를 들어, 신선한 이미지를 연상하는 경우 어떤 사람은 맑은 공기를 생각할 수 있지만 어떤 사람은 레몬을 생각할 수 있다. 추상적인 이미지를 전달하는 경우 가능한 구체적인 내용과 연결하여 디자인 진행이 쉽게 이루어지도록 한다.

원하는 이미지에 맞는 구체적인 색에 대해서도 클라이언트와 정확하게 이미지를 공유할 필요가 있다. 그렇지 않으면 '생각한 것과 다르다'는 이유로 다시 작업해야 하거나 새롭게 디자인해야 하는 경우가 생긴다.

같은 색이라도 다양한 이미지를 연출할 수 있다. 오렌지를 보고 '건강한', '즐거운'이라는 이미지를 가질 수 있지만, '위험' 이미지를 떠올릴 수도 있으므로 색 선택 못지않게 정확한 이미지를 공유하는 것도 중요하다. '파랑', '초록'처럼 색 이름만이 아닌 '하늘같은 파랑'과 같이 구체적으로 색 이미지를 전달하는 습관을 지니자.

■ 색 연상의 예

구체적인 색의 연상

	어린이(남)	어린이(여)	성인(남)	성인(여)
	눈, 흰 종이	눈, 흰 토끼	눈, 흰 구름	눈, 설탕
	쥐, 재	쥐, 잿빛 하늘	재, 콘크리트	잿빛 하늘, 겨울 하늘
	숯, 밤	머리카락, 숯	밤, 검정 정장	먹, 검정 정장
	사과, 태양	튤립, 양복	빨강 깃발, 피	립스틱, 빨강 구두
	귤, 감	귤, 인삼	오렌지, 주스	귤, 벽돌
	흙, 나무줄기	흙, 초콜릿	가방, 흙	밤, 구두
	바나나, 해바라기	유채꽃, 민들레	달, 병아리	레몬, 달
	풀, 대나무	풀, 잎	새싹, 봄	새싹, 연두색 옷
	나뭇잎, 산	풀, 잔디	나뭇잎, 모기장	풀, 초록 스웨터
	하늘, 바다	하늘, 물	바다, 가을 하늘	바다, 호수
	포도, 제비꽃	포도, 도라지	가지	가지, 등나무

추상적인 색의 연상

	성인(남)	성인(여)	노인(남)	노인(여)
	청결, 신성	청결, 순결	청결, 순진	청결, 신비
	음기, 절망	음기, 우울	황폐, 평범	침묵, 사멸
	사멸, 강건	비애, 견실	생명, 엄숙	음기, 냉담
	정열, 혁명	정열, 위험	정열, 비속	정열, 유치
	초조, 가련	저속, 온정	감미, 명랑	환희, 아름다움
	차분, 고풍	차분, 맑고 고요	차분, 견실	고풍, 소박
	명쾌, 발랄	명쾌, 희망	광명, 명랑	광명, 명랑
	청춘, 평화	청춘, 신선	신선, 생동	신선, 희망
	영원, 신선	평화, 이상	심원, 평화	희망, 평정
	무한, 이상	영원, 이지적	냉담, 야박	평정, 유구
	고귀, 고풍	우아, 고귀	고풍, 우아	고귀, 소극적

색과 단어에 관한 연상은 연령에 따라 다르지만, 가능한 추상적인 이미지와 구체적인 것을 일치시킨다.

출전 : 색채의 미학 – 기노구니야서점

다른 사이트와의 차별화

색은 '따뜻한', '부드러운'과 같은 인상을 주고, '이 정보는 파랑 웹 사이트에 있었는데…'와 같은 추상적인 이미지를 주기도 한다. 색은 '신호', '수도꼭지의 냉·온수' 등 다른 것과 구별되어 사용자에게 이미지를 심어주므로 웹 사이트에 차별화를 나타내는 데 응용할 수도 있다. 치열한 웹 디자인 세계에서 어떻게 하면 다른 사이트보다 깊은 인상을 남길 수 있는지 충분히 고려하여 색을 결정하자.

■ 경쟁 사이트와의 차별화

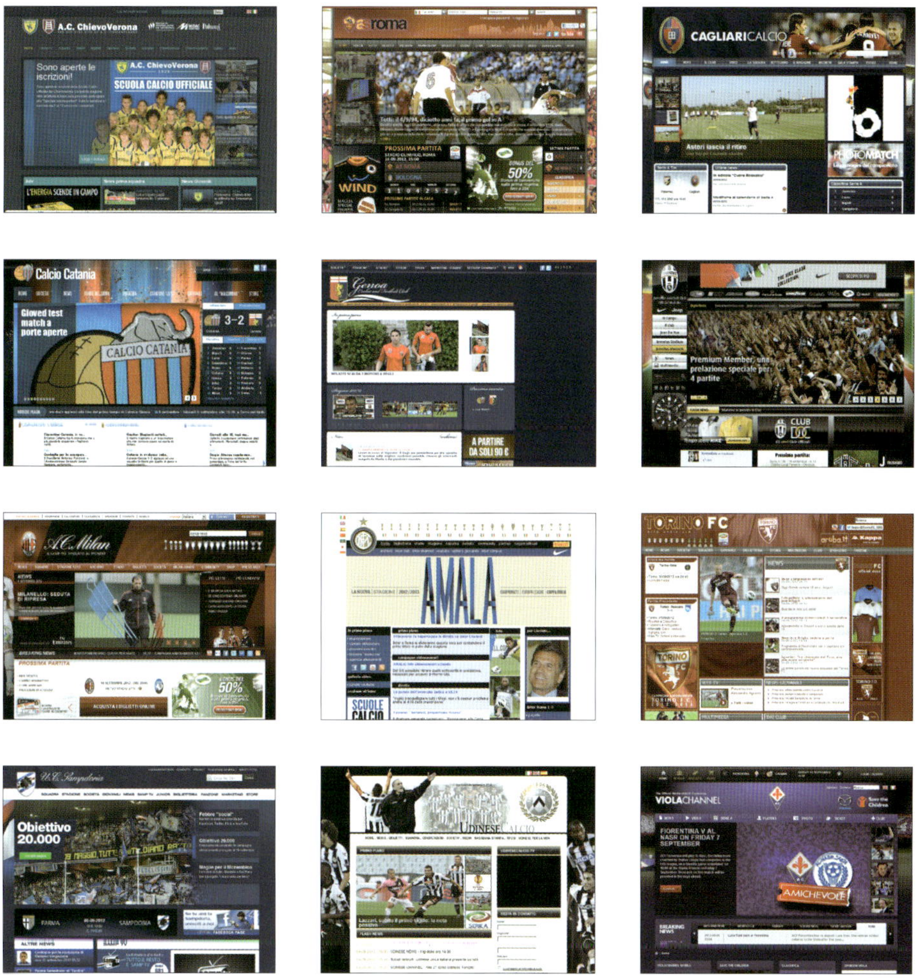

같은 스포츠 업종의 웹 사이트에서도 색을 이용해 차별화를 꾀할 수 있다.

기억에 남는 색

사용자에게 웹 사이트의 색을 기억시키기 위해서는 페이지마다 인상이 달라지지 않도록 가능한 같은 색을 사용한다. 기본적으로 사용하는 색상 수를 줄이고 단색의 농담으로 표현하는 것을 권장한다. 배색이 단조로워져서 경쟁 사이트와 차별화를 줄 수 없는 경우도 있지만, 레이아웃이나 메인 이미지에 차이를 두거나 강조색으로 조정하면 좋다.

■ 인상 깊은 색

동계색의 농담 배색

다색 배색

동계색으로 정돈하면 색 이미지를 전달하기 쉽고 오래 기억에 남는다.

CHECK POINT

- 색으로 이미지를 표현할 때는 구체적인 내용과 연결해 쉽게 이해시킨다.
- 색을 선택하는 것뿐만 아니라 전달하고자 하는 의미와 연관되는 형상을 이용한다.
- 웹 사이트 이미지에 색으로 강한 인상을 적용해 다른 사이트와 차별화한다.
- 색상 수는 적게 선정하고 레이아웃이나 이미지, 강조색을 조정한다.

실천편 _ Practice 1

웹 디자인 전에 알아둘 것

배색의 '좋고 나쁨'에는 기호나 주관이 반영되기 쉽다. 웹 디자인 전에 클라이언트와의 효율적인 소통을 위해 색 이미지나 배색 규칙, 디자인 목표 공유 등에 대해 알아본다.

PRACTICE 1/01

모니터 환경 확인하기

색은 웹 사이트를 확인하는 모니터 기기(모니터, 액정)나 제작환경에 따라 다르게 나타난다. 색에 관해 오차 없는 제작환경을 완성해도 클라이언트가 직접 웹 사이트를 업데이트하는 경우 모니터 환경별로 색에 관한 오차가 생길 수 있다. 이때 상세 페이지의 상품 사진과 같이 정확한 색상 표현이 요구되는 경우를 제외하고 대부분의 색에 관한 오차에는 큰 차이가 없다.

색 역할의 정리

특정한 색을 사용한다고 해서 상품 판매율이 높아지는 것은 아니며, 사진의 색을 보정하는 경우 실물보다 약간 좋아 보이는 정도로 나타낼 수 있다. 색 표현에는 한계가 있으므로 웹 사이트의 세부적인 요소 색 등은 전체적인 배색에 큰 영향을 주지 않는다는 것을 클라이언트에게 알리면 불필요한 수정 작업을 줄일 수 있다.

■ 색으로 할 수 있는 일

- 색 이미지를 전달하고 기억시킨다.
- 강약을 나타낸다.
- 가독성을 높인다.
- 링크/버튼 등을 쉽게 누르게 한다.
- 중요한 정보를 강조한다.
- 정보를 통합하거나 분리한다.
- 다른 웹 사이트와 차별화한다.
- 기억하기 쉽게 한다.

... 등

색은 아름답게 꾸밀 뿐만 아니라 다양한 목적으로 활용하므로 여러 기능과 함께 통합적으로 생각하면서 배색해야 한다.

■ 미묘한 색 차이에 따른 영향

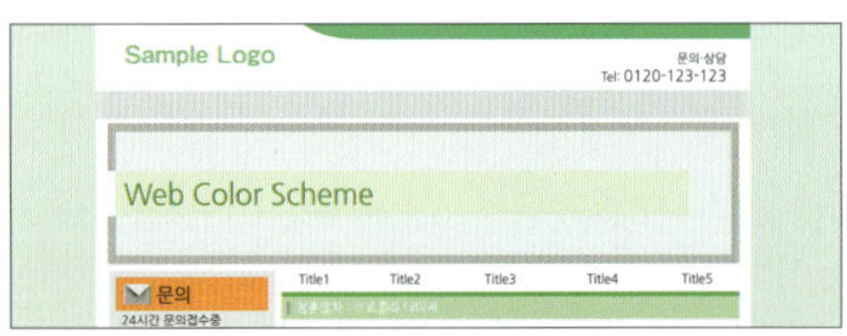

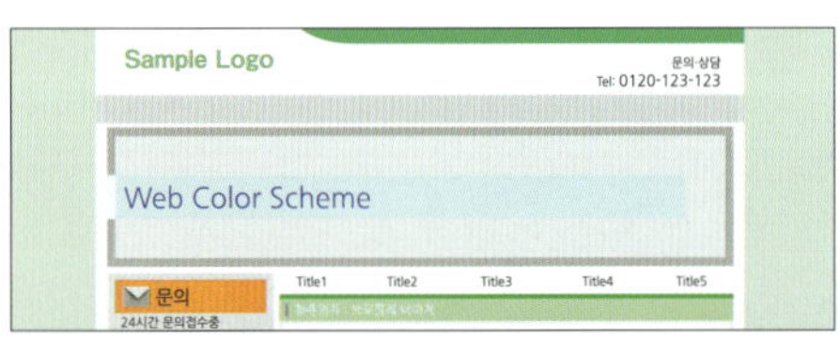

위, 아래 그림에서는 가운데 문구만 색이 다르다. 이처럼 세부적인 요소에 관한 색 차이는 웹 사이트에 큰 영향을 미치지 않는다.

모니터 환경에 따른 색상차

웹 사이트를 확인하는 모니터 기기마다 색에 관한 느낌이 미묘하게 달라진다. 오래된 액정 모니터는 시야각도가 좁고, 충분하게 색을 표시할 수 없다. 평소 색에 민감하지 않은 사람이나 브라운관 모니터와 같은 오래된 모니터 환경에 따른 색 차이가 크게 문제되기도 한다. 전자제품 대리점에서 다양한 액정 TV를 비교하면 같은 비율의 영상에서도 제품에 따라 차이가 난다.

클라이언트에게 위와 같이 모니터 환경에 따라 색상차가 발생한다는 점을 전달하면 문제점을 이해시킬 수 있다. 웹 디자인에서는 최신 모니터를 기준으로 색을 사용하면 모니터 환경에 따른 색 차이를 방지할 수 있다.

■ 모니터 환경의 차이

클라이언트에게 모니터 환경에 따른 색상차를 설명하는 것은 매우 중요하다. 사용 중인 모니터 기기를 모르는 경우 운영체제를 확인하면 쉽게 확인할 수 있다.

PRACTICE 1/02

색 이미지의 차이 없애기

색 이미지는 여러 사람이 공통된 내용을 떠올리기도 하지만 개인차도 있다. 예를 들어, 파랑에 관해 시원하다는 이미지를 공유하는 경우 '하늘', '바다'로 나타낼 수 있다. 이때 명확하게 색을 지목하지 않은 채 '푸르스름하다', '즐거운 느낌의 색'과 같은 추상적인 표현 그대로 색을 사용하면 이미지와 다른 느낌으로 인해 소통에 어려움을 겪을 수 있다. 구체적인 색 이미지를 공유해서 불필요한 수정 작업을 피하자.

색 이미지에 관한 개인차

여러 사람이 받아들이는 색 이미지의 70% 정도는 공통적이지만, 나머지 30% 정도는 각각 다르다. 사람에 따라 다르게 받아들이는 색 이미지는 신체적인 조건이나 취향 등에 관한 시각 차이가 영향을 준다.

클라이언트에게 디자인 초기 단계에서 '색에 관한 개인차가 있으므로 확실하게 색 이미지를 공유하기 원한다'는 내용을 전달하는 것이 중요하다. '로고 색을 사용하는' 등의 구체적인 요구가 없다면 색에 관한 이미지를 명확하게 공유하기 어려우므로 해결책을 찾아 작업한다.

■ 색 이미지의 개인차

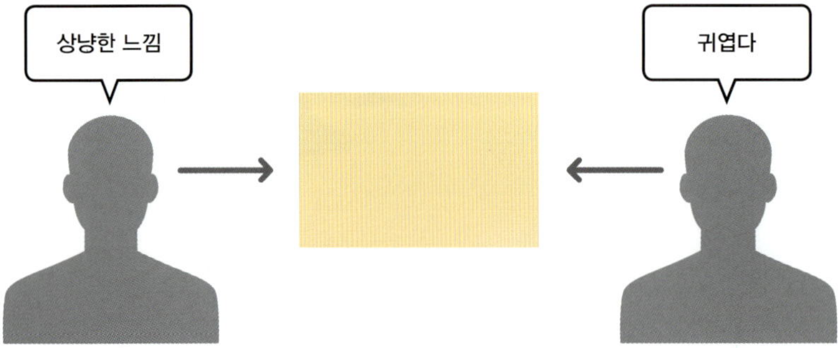

같은 색이라도 전해지는 느낌은 다양하다. 실제로 색을 확인하면서 개인차를 좁히는 것이 중요하다.

구체적인 정보에 의한 색 표현

'빨강', '주황'과 같은 색 이름이나 '부드러운 인상', '묵직한 느낌'과 같은 표현은 넓은 범위의 색을 가리킨다. 색에는 언어적인 표현의 한계가 있으므로 사람마다 떠올리는 색이 각각 다르다. 광범위한 색 표현에 관한 내용을 디자이너에게 그대로 전달해도 구체적으로 어떤 색인지 명확하게 알 수 없기 때문에 작업 방향이 모호해진다. 결과적으로 클라이언트가 원하는 색과 다른 디자인으로 완성되는 경우에는 작업을 수정해야 하므로 번거롭다.

앞서 설명한 것처럼 색 이미지를 전달할 때는 '사과처럼 빨간', '콘서트홀 같은 무거운 느낌'과 같이 구체적인 내용을 색과 연결하여 클라이언트가 원하는 이미지와 결과물의 색상차를 좁힌다.

■ 색 이미지의 해석

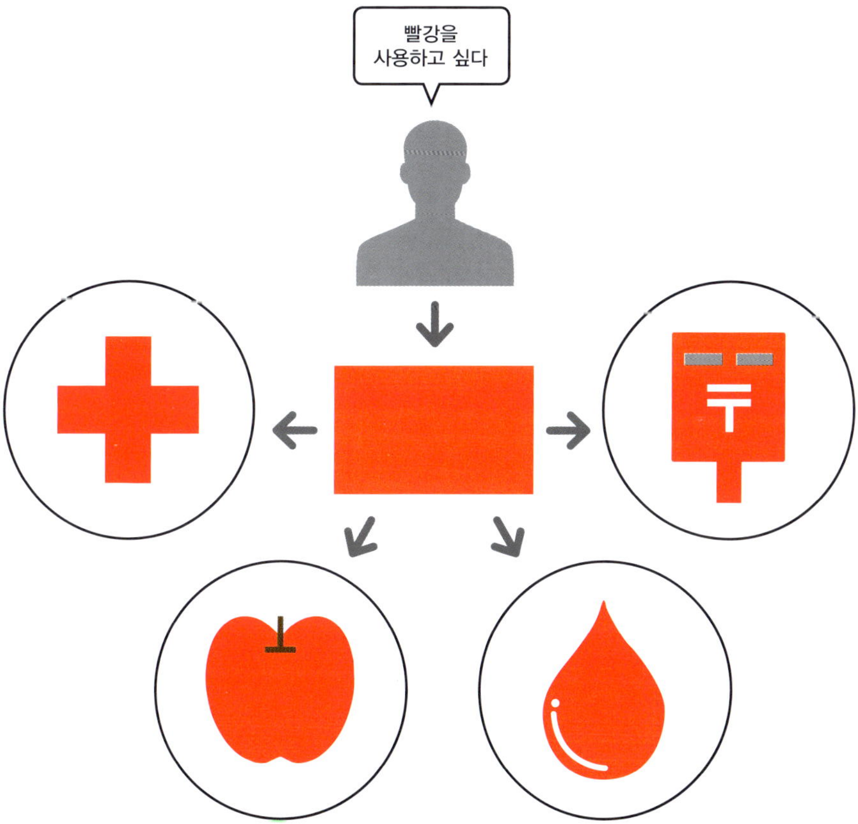

색 선정만으로는 구체적인 색 이미지와 연결하기 어렵다. 색 이름뿐만 아니라 무엇을 표현하는 빨강인지 구체적인 정보를 구한다.

정확한 이미지의 공유

클라이언트에게 작업 관련 웹 사이트나 포스터 등의 자료를 전달받으면서 '이런 느낌으로 만들어달라'는 등의 추상적인 요구가 따르기도 한다. 자료 이미지와 똑같이 표현하더라도 디자인할 때 정확히 참고 자료의 어느 부분을 참고해야 하는지 알기 힘들다. 예를 들어, 디자이너는 '즐거운 이미지'의 웹 사이트라고 생각하는데 클라이언트는 '활기찬 느낌'이라고 생각할 수 있다. 전혀 다른 이미지는 아니지만 디자인 초기 단계에서 이러한 인식의 차이가 있다면 디자인이 진행될수록 그 차이는 커질 수 있다. 이미지 차이를 없애기 위해 참고 자료를 제공받을 때에는 클라이언트가 갖고 있는 색 이미지와 더불어 '반드시 사용해야 하는 색', '원하는 색' 등을 확인하면 다음 작업을 진행하기 편리하다.

■ 이미지의 공유

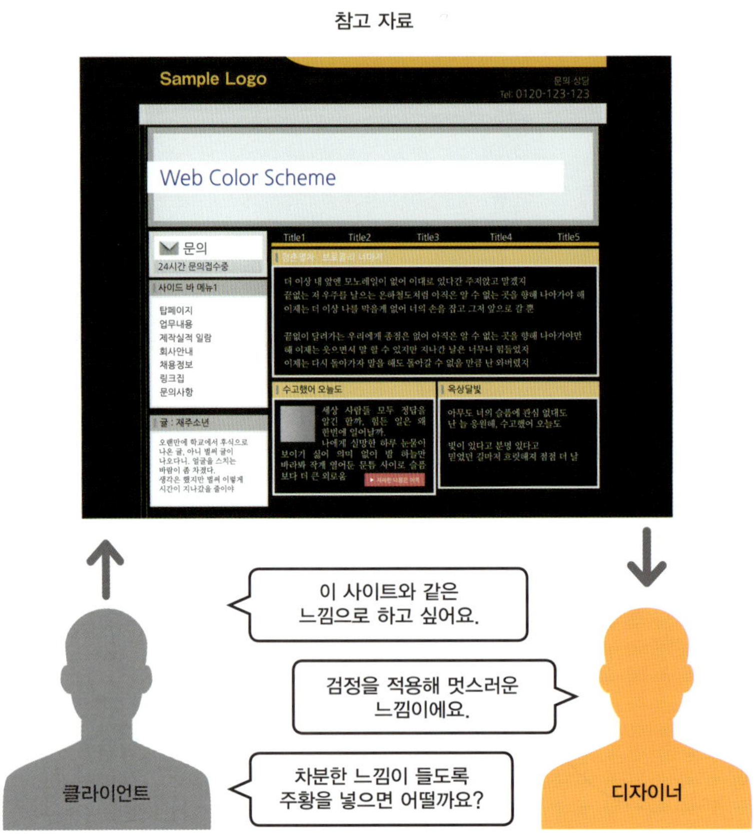

참고 자료는 어디까지나 참고일 뿐 자료의 어느 부분이 마음에 드는지, 어떤 색이 좋은지 구체적으로 확인한다.

마이너스 이미지 색의 공유

같은 색이라도 사람에 따라 다른 인상을 받는다. 예를 들어, 빨강은 '강한 힘'이나 '정열' 등을 떠올리는가 하면 '혈액'이나 '위험' 등을 떠올리기도 하기 때문에 '안정'을 나타내는 경우에는 피하는 것이 좋다.

색에는 적극적인 '플러스 이미지'와 소극적인 '마이너스 이미지'가 있다. 웹 디자인 시 클라이언트와 피하고 싶은 마이너스 이미지의 색 등을 공유하면 쉽게 배색할 수 있다. 클라이언트와의 협의에서는 '사용하고 싶은 색' 뿐만 아니라 '사용하지 않는 색'이나 '사용할 수 없는 색'에 대해서도 협의하여 최종적으로 디자이너가 사용하고 싶은 색을 유도할 수 있다.

■ 마이너스 이미지 공유의 예

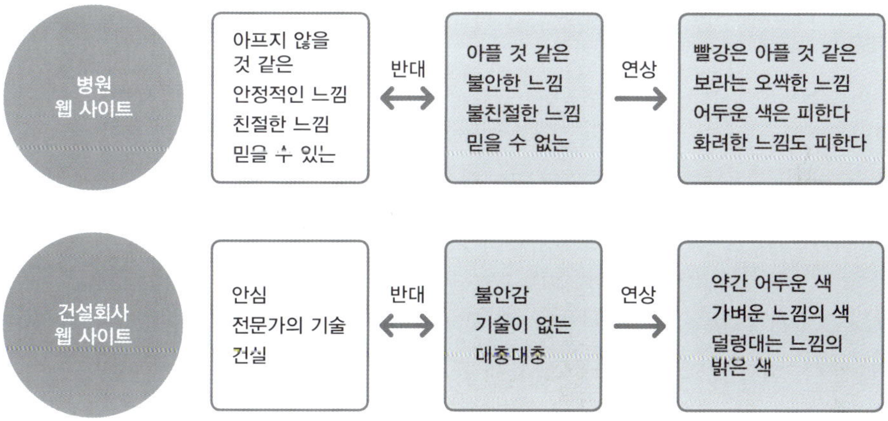

전하려는 이미지는 전하고 싶지 않은 이미지의 반대이다. 반대 의미의 이미지를 피하면 색 선택이 쉬워진다.

CHECK POINT

- 클라이언트에게 색을 보는 시각이나 감정에는 개인차가 있다는 것을 이해시킨다.
- 구체적인 정보와 연결하여 색을 표현하고 '사용하고 싶은 색'과 '사용할 수 없는 색'을 결정한다.

PRACTICE 1/03

배색의 규칙 적용하기

CI(Corporate Identity : 기업 이미지를 통합하는 작업)의 기업 색상(기업 이미지를 위해 통일된 색을 정하고, 포장, 광고 등에 계획적으로 사용하는 일)이나 로고가 정해져 있는 경우 지정된 색을 사용해야 하는 등의 제약이 있다. 반대로 자유롭게 색을 사용하는 경우에는 색에 관한 규칙을 새롭게 정해야 한다. 색 이미지와는 별개로 어떠한 규칙이 존재하는 경우 그것을 참고해서 '로고 색을 많이 사용할 것인지' 등의 판단을 할 수 있고 배색에도 반영할 수 있다.

로고 사용 규칙

로고 사용에 관해서는 대부분 규칙이 존재하므로 RGB, CMYK 수치 등이 지정되어 있으며 배경색도 정해져 있다. 규칙이 정해지지 않은 항목에 대해서는 클라이언트와 의논하여 적용해야 한다. 예를 들어, 원칙상 배경색이 흰색이라도 옅은 미색을 적용할 수 있으며 임의로 로고에 테두리나 음영을 넣지 않는다.

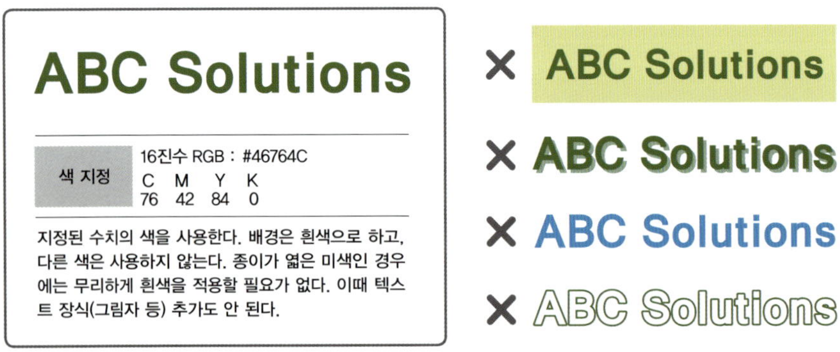

로고에 관련된 규칙이 없더라도 가급적 색상 변경은 피한다. 색상 변경을 위해서는 계속 같은 색을 사용해야 하는 결단이 필요하다.

로고의 의미

로고나 기업 색상에는 대부분 '성장을 나타내기 위한 초록' 등의 의미가 있다. 또한, 오래전에 만들어진 로고 등에는 로고와 그 의미가 연결되지 않는 경우도 있다.
지정된 색에 의미가 부여된 경우에는 그것을 참고해서 색을 선택한다. 로고에 특별한 의미가 없는 경우에는 로고 색을 무시한 채 새로운 의미를 만들어 브랜딩 기준으로 삼을 수도 있다. 기존 로고 색이 반드시 웹 사이트 이미지와 어울린다고 단정 지을 수는 없으며, 로고가 어떻게 형성되었는지 알아두면 로고 색의 중요도를 가늠할 수 있다.

■ 로고가 갖는 의미

Green Wood

의미 파릇파릇한 성장을 나타내는 연두색으로 안정감과 신뢰감을 나타낸다. 상록수의 짙은 초록 조합

주식회사 스파라이트

의미 조명 회사로, 밝은 빛을 표현한 황금색 로고와 에너지를 나타내는 주황 텍스트이다. 친절하게 생활을 비추는 스파라이트의 이념 표현

MATEMURA

의미 예전부터 이 색을 사용했을 뿐 특별한 이유는 없다.

로고에 의미가 있으면 배색에 도움이 되지만, 특별한 의미가 없으면 로고 색을 어떻게 지정할 것인가부터 생각해야 한다.

PRACTICE 1/04

기본적인 배색 기법 익히기

클라이언트의 요구에 따라 배색 방향을 정한 후 그대로 디자인해도 '결과물이 이미지와 다르다'는 의견을 듣기도 한다. 이처럼 배색은 '어떤 색을 사용할 것인가' 만이 아니라 '어떻게 사용할 것인가'도 중요하다. 디자인 레이아웃을 작성하기 전 클라이언트와 배색의 이유, 방침을 공유하면 다시 작업하는 일이 줄어들고 일부분만 수정할 수 있어 편리하다.

색의 통일

색 이미지를 가장 단순하게 전하는 방법은 같은 색을 반복해서 사용하는 것으로, 색 면적이 늘어나는 것만큼 효과가 높다. 색상이 통일된 배색은 안정감이 있지만 흥미가 떨어지는 경우도 있으므로 주의해서 사용한다.

주로 딱딱한 이미지를 표현하는 B to B(Business to Business : 기업 간에 이뤄지는 상거래) 사이트나 기업 색상의 확고한 의미를 그대로 표현할 때 사용한다. 이때 메인 이미지에 사진을 이용하면 색상 수를 늘릴 수 있다.

■ 색의 통일감

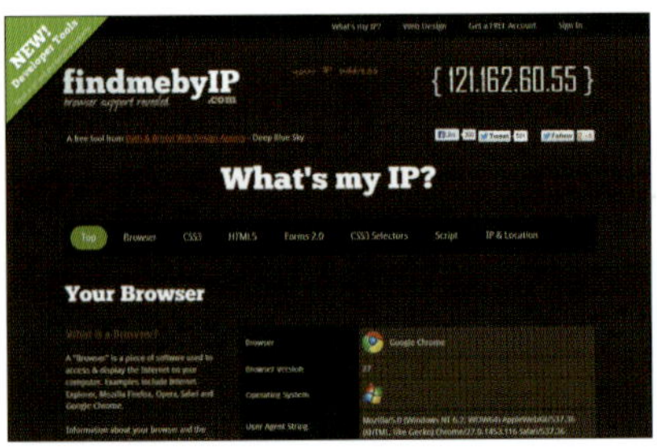

동계색(1가지 색이지만 농담, 명암에 따라 변화하는 색)을 사용한 단순한 배색은 색 이미지를 직접적으로 전달할 수 있으며, 확실한 메시지가 있는 경우에 사용하기 쉽다.

로고 색 그대로의 배색

로고나 기업 색을 그대로 사용할 수 있다면 웹 사이트 배색이 쉽지만, 로고나 기업 색상에 특별한 의미가 없으면 색을 변경하기도 한다. 예를 들어, 사내용 팸플릿 색이 클라이언트의 판단으로 바뀌거나 이전에 만든 웹 사이트 템플릿 색을 기업 색상과 동일하게 적용하기도 한다.

기업 웹 사이트가 있다면 기업 색상에 숨어 있는 의도를 확인한다. 배색과 충분히 어울리는 이유가 있으면 로고에 맞는 배색을 진행해도 좋지만, 특별한 의미가 없는 배색이라면 로고 색을 변경할 수 있다. 클라이언트가 '로고 색을 사용하고 싶다'고 요구하는 경우에는 배색의 의미를 정확히 확인하자.

■ 로고 색을 반영한 웹 사이트

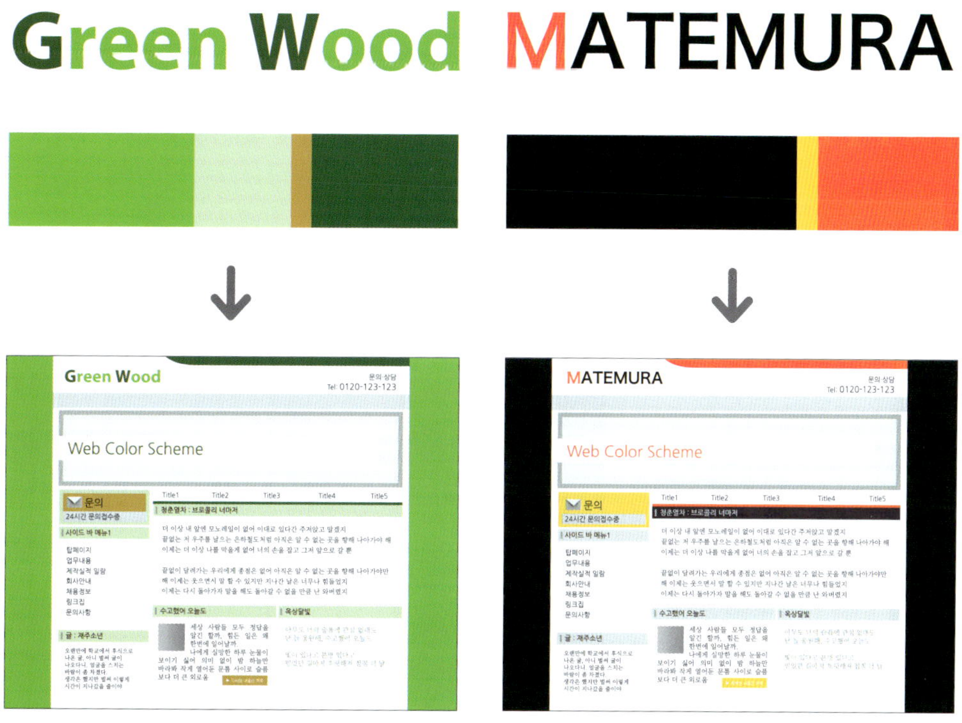

로고 색과 웹 사이트의 의미가 맞으면 그대로 진행해도 좋다. 오른쪽은 여성을 타깃으로 한 통신판매 웹 사이트이므로 로고 색에서부터 타깃에 알맞는 배색이 필요하다.

기존 로고 색을 사용하기 어려운 경우

오래 전에 만들어진 로고의 경우 현재의 클라이언트 이념이나 서비스 내용과 맞지 않기도 한다. 이때 기존 로고 색에 맞춰 웹 사이트를 제작하면 원하는 것과 전혀 다른 디자인으로 완성되어 최종적인 비즈니스의 목적에도 영향을 끼칠 수 있다.

이처럼 기존 로고 색을 사용하기 어렵다면 클라이언트에게 충분히 이유를 설명하고, 로고 색이 아닌 다른 색을 주요색으로 지정해야 한다고 양해를 구한다. 클라이언트가 반드시 로고 색을 사용하고 싶다는 의사를 밝힌 경우에는 기존 로고 색의 사용 면적을 최대한 줄이고 강조색을 추가할 수도 있다.

'어떤 색을 사용할 것인가'가 아닌 '어느 정도 분량을 사용하여 전체 배색에 영향을 주지 않을까'를 생각해서 필요 없는 색은 가급적 사용을 줄인다. 디자인하다 보면 필연적으로 사용하는 색의 수가 늘어나므로 편리한 작업을 위해 사용하지 않는 색을 정하는 것이 좋다.

■ 이미지 우선 배색

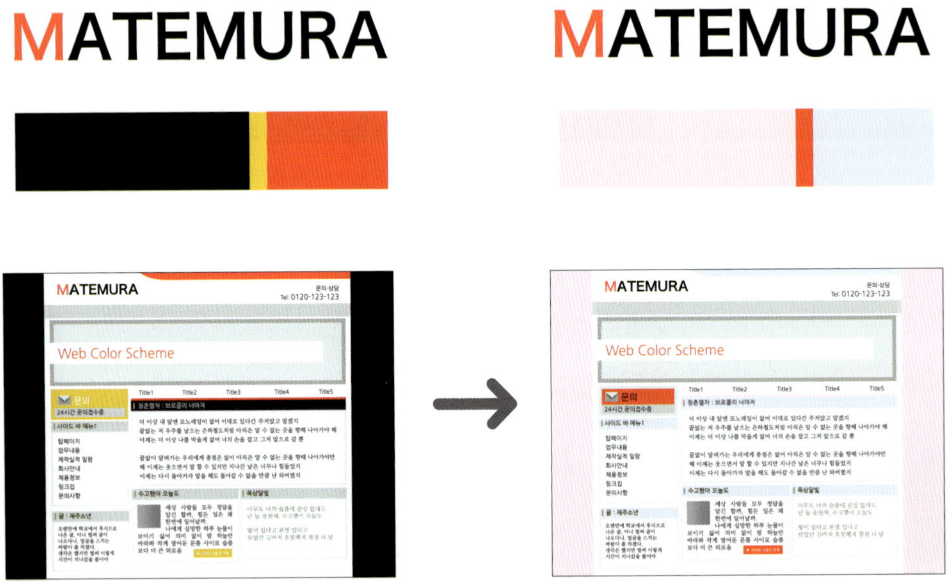

여성을 타깃으로 하는 통신판매 사이트를 예로 들었을 때 왼쪽의 웹 사이트는 로고 색과 어울리지 않는다. 오른쪽은 기존 웹 사이트의 로고 색을 최소한으로 지정하고 이미지를 우선으로 배색하여 타깃에 어울린다.

다양한 색을 사용하는 경우

톤을 살린 강한 이미지의 배색에서는 주요색을 확실하게 정한 후 그에 어울리는 다른 색을 선택해야 한다. 클라이언트가 '다양한 색으로 화려하게 하고 싶다'고 요구할 수도 있지만, 다양한 색 가운데 주요색이 가장 중요하다는 점을 전달해야 한다. 다양한 색이 사용된 화려한 웹 페이지에서도 자세히 살펴보면 반드시 주요색이 존재한다. 상위 페이지 외에도 여러 페이지 디자인에서 먼저 주요색을 어떤 색으로 지정할 것인지 클라이언트와 협의한 후 작업을 진행한다.

일러스트에서 다양한 색을 사용하는 경우 바탕색 면적이 가장 커질 때가 많다. 이때 주요색이 눈에 띄도록 지정하자. 채도가 높은 색을 주요색으로 사용하고, 다른 색의 톤을 통일하려고 의식하면 배색의 강약을 살리기 쉽다.

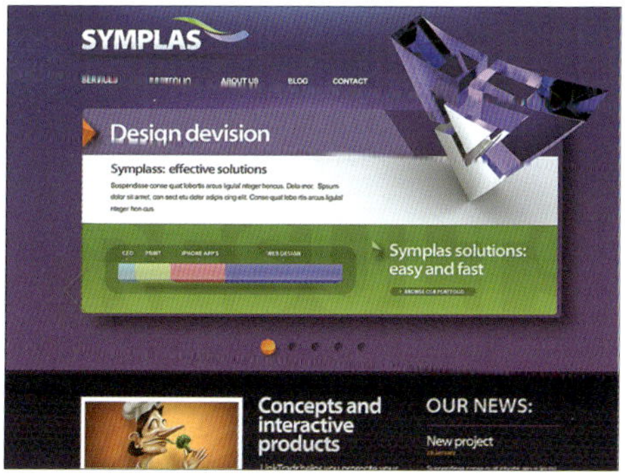

중심의 표와 일러스트의 연두색으로, 바탕색인 보라와 보색을 이룬다.

메인 이미지에 같은 계열의 다양한 색이 사용되었는데 여기에 주요색인 로고 색이 감싸듯 존재한다. 이처럼 많은 색을 통합하는 데는 주요색과 톤 설정이 중요하다.

CHECK POINT

- 로고나 기업 색상에 의미가 있는 경우 그 배색을 기준으로 한다.
- 로고 색으로 사용하기 어려운 경우에는 강조색으로 사용한다.

PRACTICE 1/05

경쟁 사이트와 차별화하기

디자인 의뢰 시 적지 않게 'OO 웹 사이트와 비슷한 느낌으로 만들고 싶다'와 같은 요구가 따른다. 경쟁 사이트는 같은 업종인 경우가 많으므로 전하고 싶은 색 이미지도 비슷해지기 쉽다. 특히 인터넷 쇼핑몰 등에서는 내비게이션이나 상품 디자인이 비슷해지기도 한다. 다른 웹 사이트와 지나치게 비슷하면 사용자는 모방했다고 생각하기 때문에 이미지가 안 좋아진다. 경쟁 웹 사이트와 다른 색을 선택하는 것도 배색 기법 중 하나이므로 클라이언트와 적극적으로 이야기하자.

기억에 남는 색

기억하기 쉬운 색이란, 한번 봐서 잊지 못할 정도로 화려한 색을 사용하는 것이 아닌 다른 웹 사이트에서 사용하지 않는 다른 성질의 색으로 사용자의 기억에 남기는 것이다. 웹 페이지 자체의 이미지를 기억시키고 싶은 경우에는 괜찮지만, 비즈니스 측면에서는 콘텐츠가 기억되는 편이 유익하다. 사용자가 웹 사이트에 머무르는 시간도 중요하므로 가능한 같은 색을 반복해서 보여주면 색을 기억에 남기기 쉽다.

■ 지속적으로 나타내는 주요색

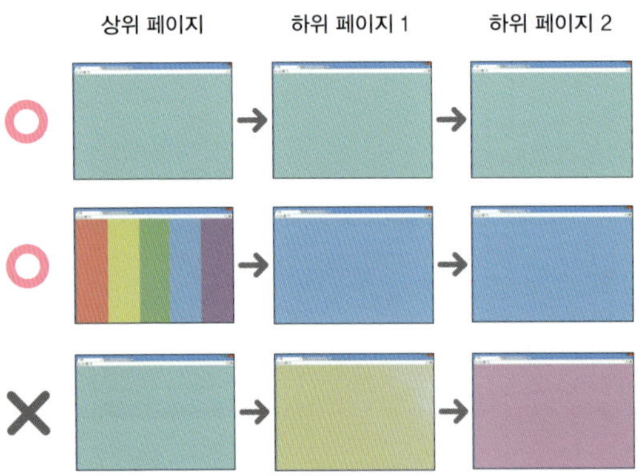

가장 강한 인상을 주는 것은 맨 아래의 예다. 너무 화려한 페이지는 연속해서 보여줄 수 없고 모든 사용자가 반드시 상위 페이지부터 확인하는 법도 없기 때문에 같은 주요색을 이어서 보여주는 맨 위의 예가 가장 기억하기 쉽다.

경쟁 사이트와 지나치게 비슷한 색 탈피

서비스나 비즈니스가 서로 경쟁하는 웹 사이트를 가리켜 '경쟁 사이트'라 한다. 예를 들어, 서울과 제주에 위치한 치과는 서로 경쟁하지 않는다. 한 명의 환자가 자주 다닐 수 있는 범위 내에 위치하는 것이 경쟁 조건이 되기 때문이다.

클라이언트와 인접한 범위 안의 경쟁 사이트를 찾으려면 먼저 구글 지도 등에서 경쟁 업체의 위치를 검색하고 원을 그려 그 안에 위치한 경쟁 업체를 검색한다. 이때 검색 결과에 없는 업체의 웹 사이트는 경쟁이 되지 않으므로 무시해도 좋다.

인터넷 쇼핑몰의 경우에는 위치와 관계 없이 언제 어디서나 웹 사이트에 접속하여 구입할 수 있고, 다른 인터넷 쇼핑몰에서도 같은 상품을 취급하는 경우가 많으므로 색만으로 차별화하기는 어렵다. 일반적으로 잘 알려진 인터넷 쇼핑몰 등을 참고해서 같은 색 사용은 피한다.

■ 지도에서 찾는 경쟁 사이트

지도에서 사용자의 행동반경을 검색하여 경쟁 업체의 웹 사이트를 찾는다. 인구 밀집도에 따라 교통수단에서도 차이가 난다.

경쟁 사이트와의 차별화

경쟁 사이트와의 차별화를 위해 색을 무리하게 사용하면 기존의 기업 이미지와 달라져 사용자에게 혼란을 줄 수 있다. 이때 경쟁 사이트의 주요색에서 명도나 채도를 약간씩 바꾸는 것만으로도 차이를 나타낼 수 있다.

같은 색을 사용하고 싶은 경우에는 색 면적이나 배색에서 차이를 나타낸다. 클라이언트가 '후발업체이기 때문에 색 이미지로 어필하고 싶다'고 요구하는 경우 색 면적에 따라 깔끔하게 보여줄 수 있고, 색 배치를 다르게 하는 것만으로도 느낌이 달라진다.

■ 색 면적과 배치에 의한 차이

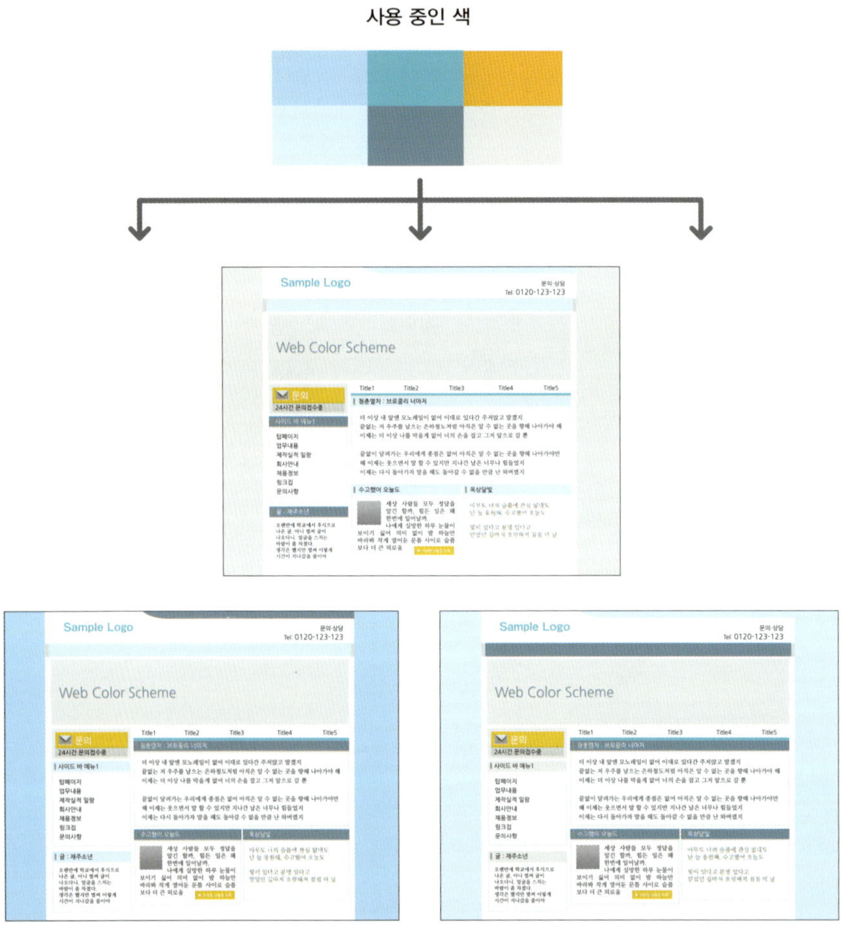

같은 배색에서도 배치를 바꾸면 면적이 달라지므로 다른 사이트와 쉽게 차별화할 수 있다.

웹 사이트의 경향

경쟁 사이트의 배색은 일일이 조사하기보다 몇 개의 사이트 스크린샷을 촬영해서 비교하면 주로 사용하는 색의 경향을 살펴볼 수 있다. 예를 들어, 안정적인 느낌의 강력한 경쟁 사이트가 있다면 비슷한 느낌의 색을 사용하지 않는 배색 계획도 세우기 쉽다.

경쟁 사이트와 비슷한 디자인이라도 그 이상의 디자인을 만들 수 있다면 같은 색을 사용해서 정면 승부를 해도 좋다.

배색을 계획할 때는 경쟁 사이트를 비교하면 자주 사용하는 색의 경향이나 인상이 강한 배색을 확인할 수 있어 편리하다.

CHECK POINT

- 같은 색을 일관적으로 보여주면 색을 기억에 남기기 쉽다.
- 경쟁 사이트의 배색 경향을 의식하면서 차별화 방법을 생각한다.

PRACTICE 1/06 색으로 여러 사람과 소통하기

색에 관한 문제는 기호나 하드웨어의 문제로, 빠르게 문제되는 요소를 확인하면 그만큼 대응하기 쉬우며 클라이언트와의 세부적인 소통을 통해 불필요한 작업 과정을 줄일 수 있다. 디자인 전에 클라이언트와 협의하여 이후 작업을 수월하게 진행할 수 있는 몇 가지 요소를 알아본다.

모니터에서의 명확한 색상 확인

작업에 들어가기 전 모니터 기기를 통해 클라이언트에게 직접 색을 확인받는 경우 이미지차가 있다면 바로 수정할 수 있고, 클라이언트가 이해한 색의 RGB 값을 얻을 수도 있다.
컴퓨터에 그래픽 프로그램이 없어도 '어도비 쿨러' 등에서 바로 색을 확인할 수 있다. 또한 스마트폰 앱스토어에서 'DIC COLOR GUIDE' 앱을 무료로 다운로드하여 사용할 수도 있다. 색상 확인 도구나 앱은 보다 편리한 것을 사용하는 게 좋지만 '조금 더 밝게'와 같이 미세한 색상 조정이 가능하도록 HSB 색상 모드에 알맞은 것이 좋다.

■ 어도비 쿨러

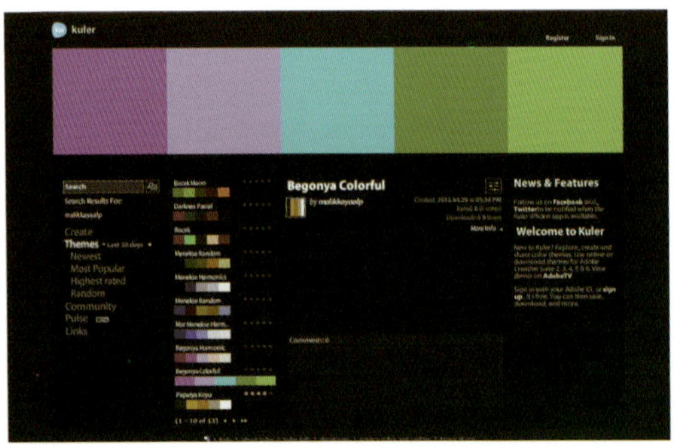

인터넷에서 기존 배색을 사용할 수 있다.

■ DIC 디지털 색 가이드

아이폰, 아이패드, 안드로이드폰에서 사용할 수 있다.

색상 선택과 결정

색을 선택하는 과정에서 클라이언트 외의 여러 사람에게 색을 보여주고 감상하면 '색에 대한 시각이나 느낌은 사람마다 다르다'는 점을 쉽게 전달할 수 있다. 대부분의 클라이언트는 디자인이나 배색의 기초가 없어 기호로 색을 선택하기 때문에 담당자가 한 사람인 경우 색을 정할 때 염려가 된다.

1인 기업의 경영자에게 색을 설명하는 경우 더욱 편리하다. 색을 결정할 때 담당자가 남성이라면 여성, 여성이라면 남성과 함께 이야기하면 좋다. 단, 회의마다 여러 사람이 함께하면 개인의 취향을 이야기하는 쪽으로 치우쳐 색 선택에 어려움이 있을 수 있으므로 색을 결정하는 경우에만 참고한다.

평소 협의

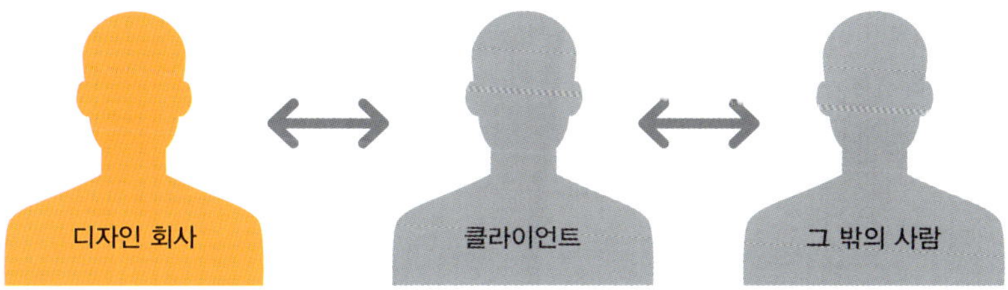

색을 결정할 때

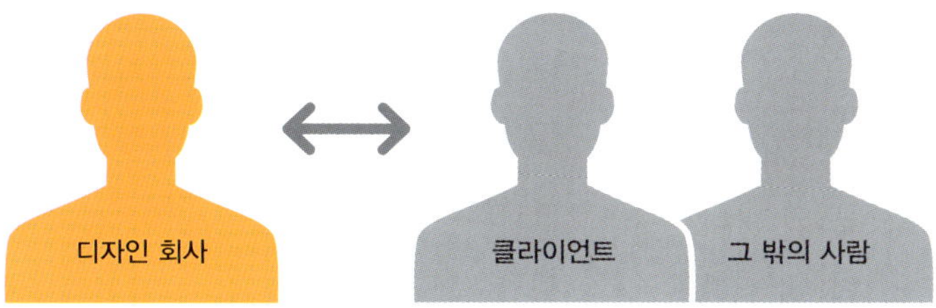

중요사항에 관한 결정에서 결정권자가 함께하면 선택이 완전히 뒤집어지는 경우가 많다. 클라이언트에게 어느 정도의 결정권이 있는지 확인하고 색을 결정한다.

PRACTICE 1/07

시안을 통한 승인 과정 만들기

클라이언트와 제대로 소통하지 않고 느낌에 의존해 디자인하는 경우 잘 되면 문제가 없지만, 약간이라도 차질이 생기면 작업이 어려워진다. 제대로 된 소통을 위해서는 작업 시간이나 비용을 생각하여 시안을 만들고 영업자나 임원 등과도 반드시 협의해야 한다. 배색에 있어 불필요한 수고를 줄이기 위해 짚고 넘어가야 할 것들을 알아본다.

정보량에 따른 색상 수 조정

웹 사이트 안에 담을 정보가 많을수록 텍스트 부분이 늘어나고 배경이나 이미지 등 색을 사용할 수 있는 부분은 적어진다. 반대로 텍스트 정보가 적을수록 이미지가 커져 많은 색을 사용할 수 있으므로 분량에 따른 색 사용은 시각적인 표현의 문제만이 아니다.

웹 사이트 구성이 정리되고 상위 페이지의 와이어프레임(Wire-Frame : 대략적인 스크린 디자인)이 완성되면 정보량을 가늠할 수 있다. 텍스트가 많고 배경이나 이미지가 적어 색 범위가 한정된 경우는 클라이언트에게 그 내용을 전달한다.

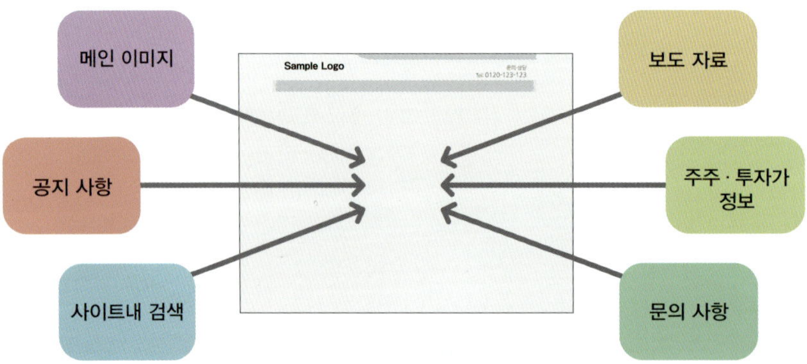

정보가 늘어날수록 색 분량이 적어지고 텍스트 배경에는 색을 사용하기 어렵다.

시안을 통한 바탕색 이미지 확인

웹 사이트 계획 시 주요색을 빨강으로 정하더라도 클라이언트가 바로 완성된 디자인을 상상하기는 어렵다. 같은 빨강이라도 배경색으로 사용하는 것과 강조색으로 조금씩 사용하는 것은 전혀 다르다. 배색에는 다양한 패턴이 있으므로 먼저 배경색으로 사용할 것인지, 아니면 흰색으로 깔끔하게 통일할 것인지 등의 방향을 정하면 디자인 레이아웃 작성이 편리하다.

와이어프레임에 미리 색을 적용하면 해당 이미지에 끌려 정보 디자인에 영향을 주는 경우가 있다. 이처럼 승인받기 전 와이어프레임 채색은 혼란스럽기 때문에 주로 간결한 시안을 사용하여 색 승인을 받는 것이 좋다.

■ 배경색에 의한 이미지 차이

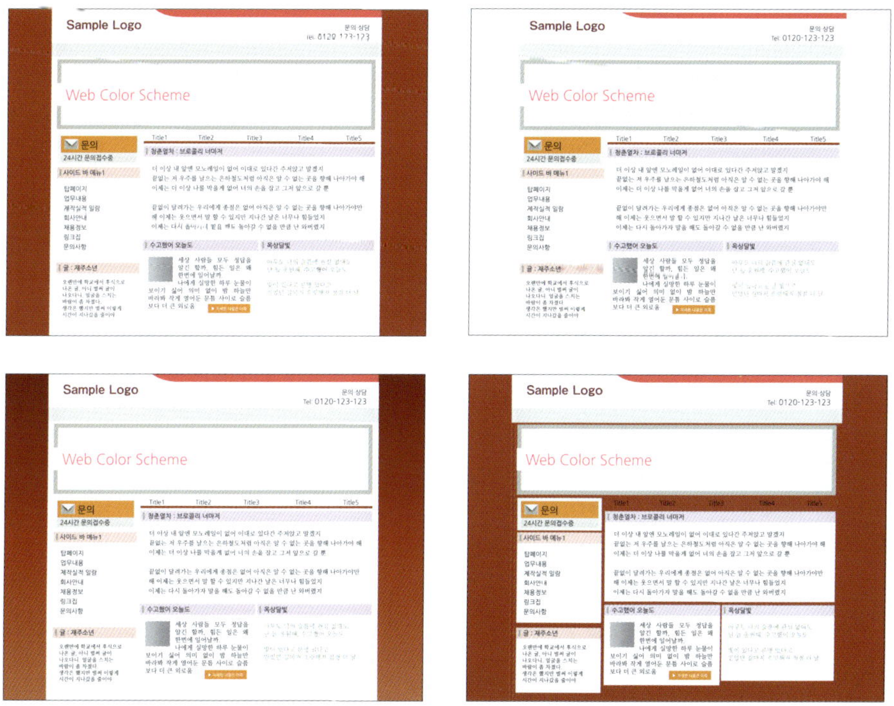

같은 배색에서 배경색의 유무만으로도 이미지가 크게 달라진다. 전체 이미지를 협의하기 전 배경의 유무나 분량 등을 정하면 이후 편리하게 작업할 수 있다.

색 승인 과정 제작

클라이언트에게 작업 중에 디자인 레이아웃을 보여주면 '이미지와 다르다'는 의견을 듣는 경우가 많다. 이때 디자인이 아닌 색 승인 과정을 만들어 클라이언트와의 이미지차를 줄일 수 있다. 색과 함께 면적, 주요색 등의 선정 이유나 시안을 담은 PDF 파일 등의 간단한 서류를 만들어 회람하기 쉽도록 한다.

이처럼 '색이 마음에 안 든다'는 이유만으로 디자인 레이아웃을 처음부터 수정하기보다는 확실하게 색 승인 과정을 진행하는 것이 원활하다. 색 승인 과정을 거쳐 선정된 주요색은 주로 가장 많이 사용하는 바탕색이 된다. 이후에는 세부 사항을 정리한다.

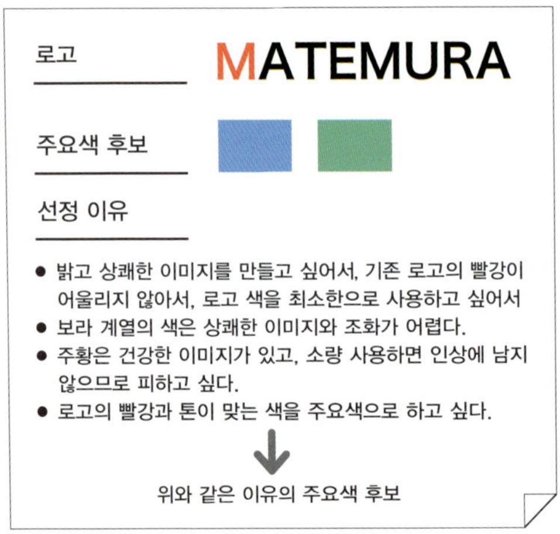

색 승인 과정에서 문서에 사용할 수 있는 색 선정 이유의 예

- 로고 색이 이미지와 맞아서 그대로 사용했다.
- 파랑은 경쟁 사이트에서 많이 사용하므로 비슷한 색은 피했다.
- 빨강은 ○○에서 사용하지만 웹 사이트 디자인이 좋지 않으므로 문제없다.
- 초록은 △△와 같지만 뺄 수 없는 색이므로 면적을 바꿔 사용한다.
- 정보량이 적기 때문에 배경색으로 이미지를 강조한다.
- 로고 이미지가 딱딱하기 때문에 웹 사이트 배색은 부드러운 이미지로 한다.
- 같은 색을 지속적으로 반복해서 기억시킨다.

색 승인을 얻기 위한 간단한 서류를 작성하여 통과하면 나중에 번복하기 어렵다. 배색 이미지나 경쟁 사이트 색과의 관계 등 색 선정 이유는 여러 가지에서 찾을 수 있다.

색 승인 후 부득이하게 색을 변경해야 하는 경우

색 승인 후 클라이언트에게 색 변경 의뢰가 들어오면 바탕색 변경은 가능한 유상(有償)으로 한다. 다른 부분은 무상이더라도 클라이언트에게 승인받은 색을 부득이하게 변경하는 것에 관한 부분은 이해시키기 쉽다.

바탕색이 바뀌지 않은 채 유지되면 디자인 수정 작업에 관한 수고는 훨씬 줄어든다. 바탕색을 바꾸고 그 색에 맞춰 다른 부분까지 바꾸는 것은 힘들지만 부분적인 변경은 해당 부분만 약간씩 바꿀 수 있다. 레이아웃 디자인에 큰 변경이 없으면 디자이너의 세부 디자인 작업 시간이 늘어나 디자인의 완성도를 높일 수 있다.

■ 색 변경에 대한 설정

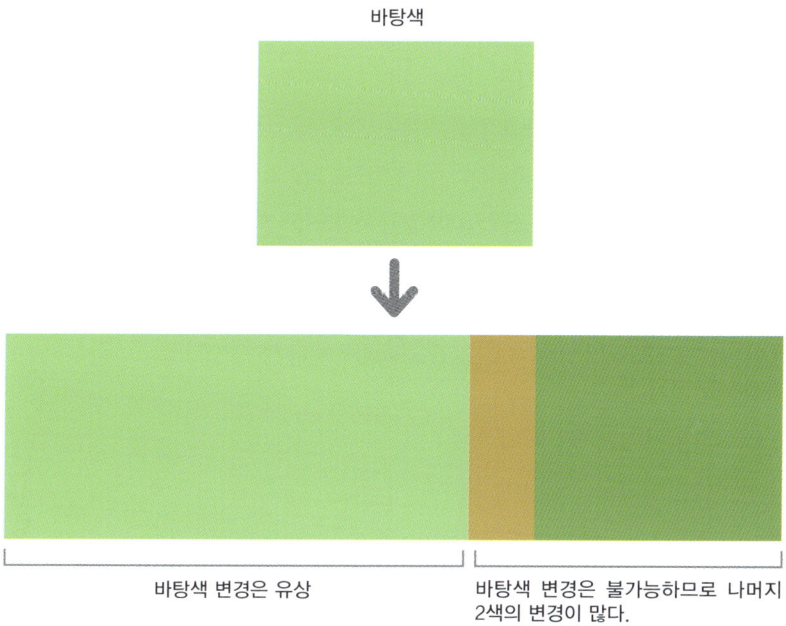

CHECK POINT

- 웹 사이트의 정보량에 따라 색을 사용할 수 있는 분량이 정해진다.
- 색 승인을 얻기 위해 간단한 서류를 작성하고 클라이언트의 승인을 얻는다.

COLUMN 2

경쟁 사이트의 색을 이미지화하기

경쟁 사이트의 스크린샷을 나열해서 클라이언트에게 보여주는 경우 좀 더 설득력 있는 표현을 위해서는 색 정보를 정리한 그래프 등을 제시하는 것도 좋다. 경쟁 사이트에서 어떤 색을 주요색으로 사용하는가를 그래프로 정리하면 이해하기 쉽다. 로고 등의 주요색을 중심으로 그래프를 보여주는 것만으로도 충분히 참고할 수 있다.

아래의 막대그래프는 특정 지역의 주택 브랜드 웹 사이트에서 사용하는 색을 조사한 것이다. 주황과 초록 계열의 색이 많은 것은 따뜻한 집의 이미지와 함께 자연적인 이미지가 많이 사용되었기 때문이다. 이 막대그래프만으로는 주요색을 선정하는 데 결정적인 이유가 되지 않지만 설득의 요소로는 충분하다. 최종적으로 파랑을 주요색으로 하여 로고를 만들고, 웹 사이트를 디자인하여 경쟁 사이트와의 차별화를 나타낸다.

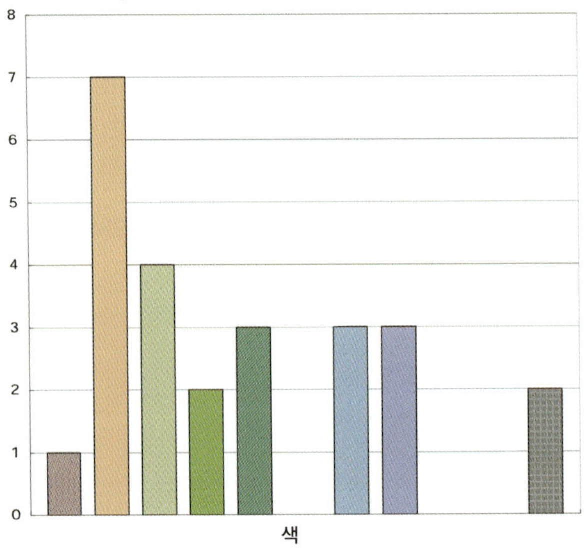

경쟁 사이트의 색 정보를 막대그래프화하면 이해하기 쉽다.

실천편 _ Practice 2

다양한 정보를 기초로 한 색채 설계

색에 관한 이론을 이해한 후 몇 가지의 기준 요소를 토대로 배색한다. 배색을 결정하는 방법과 본격적인 웹 디자인 전 준비해야 할 것에 대해 알아본다.

PRACTICE 2/01

웹사이트 업데이트 시 배색 기법 알아두기

신규 웹 사이트 디자인이 아닌 업데이트의 경우 대부분의 사용자는 기존 웹 사이트 이미지에 익숙하다. 이때 무리하게 색을 바꾸면 혼란을 초래할 가능성이 있으므로 신중하게 색을 변경해야 한다. '지금까지의 색은 식상하다', '이미지를 바꾸고 싶다' 등의 이유가 아닌 색을 바꿨을 때 생기는 장단점을 생각하여 더 좋은 효과가 기대되는 방향으로 배색하자.

기존 웹 사이트 색의 유지

업데이트 전에 기존 웹 사이트 색을 그대로 이어갈 것인지는 웹 사이트 목적에 따라 다르다. 기존의 웹 사이트가 성공적인 경우 그 이상을 목표로 한다면 기존의 색을 유지하는 편이 위험부담은 줄어든다. 반면, 사용자가 적고 성과가 없다면 기존 웹 사이트 색을 바꿔도 상관없다. 광고 수익형 웹 사이트는 업데이트 자체가 매출과 직결되기도 하므로 웹 사이트 배색 변경에 관한 판단이 어렵다. 전체적으로 색을 바꾸기보다는 무난하게 정보를 정리하기 위한 색 변경 정도로 기존 웹 사이트 색을 유지한다.

기존 배색 　　　　　새로운 배색

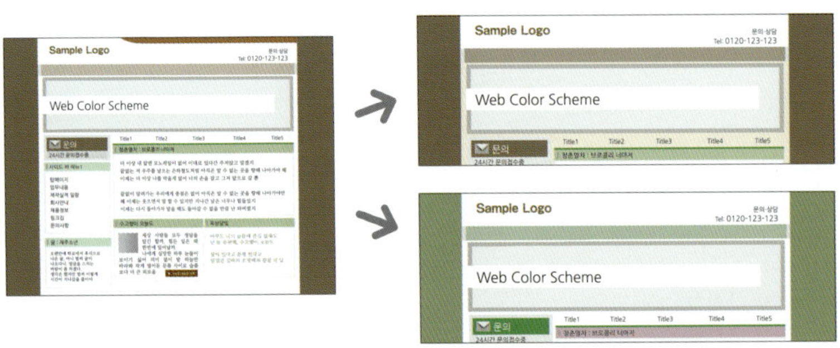

좋은 성과를 거둔 웹 사이트는 기존의 디자인 배색을 답습하고 이용 개선을 목표로 한다. 성과가 없는 웹 사이트는 과감한 색 변경이 필요하다.

같은 색에서의 분량 변경

색은 유지한 채 분량을 바꿔서 변화를 나타낼 수도 있다. 단, 사진이나 배너 등 다양한 색을 사용한 업데이트에서는 주요색의 분량에 주의해야 한다.

다양한 색을 사용하면 필연적으로 주요색의 인상이 약해진다. 기존의 웹 사이트 배색 이미지를 답습하고 싶은 경우 색 비율은 그대로 유지한 채 전체적으로 색 분량을 증감시키면 배경색의 비율이 달라진다. 제일 강조하고 싶은 색이 부족할 때는 주요색을 많이 배치한다.

■ 색 분량과 비율

기존 배색

분홍을 늘린 만큼 흰색이 줄어든다. 분홍을 기준으로 한 경우 파랑, 흰색의 비율은 줄어든다.

색 비율을 깨고 싶지 않으면 전체 색의 분량을 늘린다. 단, 흰색은 줄어든다.

한정된 화면 속에서 특정 색이 늘어나면 다른 색은 줄어든다. 기존 웹 사이트 배색 이미지를 답습한다면 색 비율은 그대로 둔 채 전체 분량을 증감시킨다.

중요 부분의 색상 유지

기존 웹 사이트에서 '문의사항', '로그인' 버튼이나 상위 페이지 배너의 '바로가기' 등 자주 사용하는 중요 부분의 색을 변경하면 사용자가 혼란스러워할 수 있다. 특별한 이유가 없다면 이러한 중요 부분의 색은 변경하지 않는 것이 좋다.

중요한 부분은 쉽게 눈에 띄어야 하기 때문에 업데이트 시 주요색과 다르더라도 웹 사이트 전체 배색에 미치는 영향은 작다. 이때 중요한 부분의 색을 강조색으로 정한 후 주요색을 바꿀 수도 있다.

■ 색을 유지해야 하는 중요한 부분

자주 사용하는 버튼의 색을 바꾸면 사용자가 조작 오류를 일으킬 수 있다. 맨 아래의 예와 같이 좀 더 눈에 띄기 위한 색 변경이 아니라면 무리하게 버튼 색을 바꿀 필요는 없다.

기존 웹 사이트 색 사용

기존 웹 사이트가 문제없이 좋은 성과를 거뒀다면 업데이트하는 경우 크게 색을 바꾸지 않아도 되지만, 기존 웹 사이트 색 중에 바꿔도 좋은 색이 있는지 검토해보자. 로그인/아웃이나 서비스명과 같은 색을 함부로 바꾸면 혼란스럽게 때문에 상단 메뉴에 포함된 색은 정보량에 따라 색 분량을 조정해 가능한 그대로 사용한다. 이외에도 중요한 부분(버튼이나 제목) 색을 조사한 후 색을 바꿀 것인지, 분량을 바꿀 것인지를 선택한다.

기존 웹 사이트에서 중요한 색을 선택하여 새롭게 구성하면 업데이트 전의 이미지를 이어가는 데 효과적이다.

CHECK POINT

- 성공적인 웹 사이트 업데이트에서는 배색을 유지하는 것이 바람직하다.
- 버튼 등의 중요 부분 색을 변경하면 사용자에게 혼란을 줄 수 있다.

PRACTICE 2/ 02 다양한 요소로 배색하기

웹 사이트의 색과 분량은 특성이나 목적, 목표하는 이미지, 페이지 내 정보량, 경쟁 사이트와의 차별화, 또는 마음에 드는 다른 웹 사이트 등 다양한 요소를 토대로 검토할 수 있다. 이것은 색의 목적이나 기능에 따라 여러 각도에서 바라보며 구성할 수 있고, 클라이언트를 설득하는 자료가 된다. 배색에 필요한 다양한 기초 요소를 살펴본다.

정보의 종류와 분량에 따른 배색

정보의 종류가 많으면 제목도 많아진다. 정보의 중요도에 따라 제목 색이나 분량에 차이를 나타내야 하며, 반드시 사용하는 색도 늘어난다. 제목이 많은 경우 가급적 제목 배경에 고채도 색 사용을 피하거나 채도를 낮춘다.

많은 양의 색은 중요 부분에만 사용하는 것이 좋다. 제목에 주요색이 없는 경우에는 상단 메뉴나 메인 이미지에 주요색을 보충할 필요가 있다.

■ 제목 색

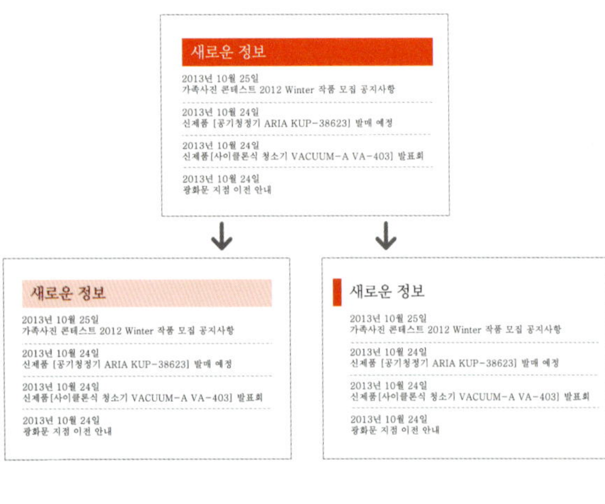

칼럼이 연속되면 고채도 색의 제목이 어지럽게 느껴진다. 같은 제목과 텍스트 조합이 반복되는 경우 많은 분량의 색 사용은 피하는 것이 좋다.

로고 색 기준 배색

로고 색은 채도에 따라 크게 달라진다. 스포츠와 같이 역동적이고 생동감 있는 웹 사이트에는 고채도 색을 크게 배치해도 좋지만, 정적인 분위기의 설명 중심인 뉴스와 같은 웹 사이트에서는 바탕색을 크게 사용하면 눈이 피로해진다. 로고에 고채도 색을 주요색으로 사용하는 경우 명암 또는 채도로 구분해서 바탕색에 강약을 주거나, 각 파트의 주요색 비율을 줄이는 것이 중요하다. 반대로 저채도 색을 기준으로 로고에 배색하면 다소 약해지므로 다른 색을 강조색으로 사용하여 보완하거나 사진을 적극적으로 활용한다.

■ 고채도와 저채도 색의 배색

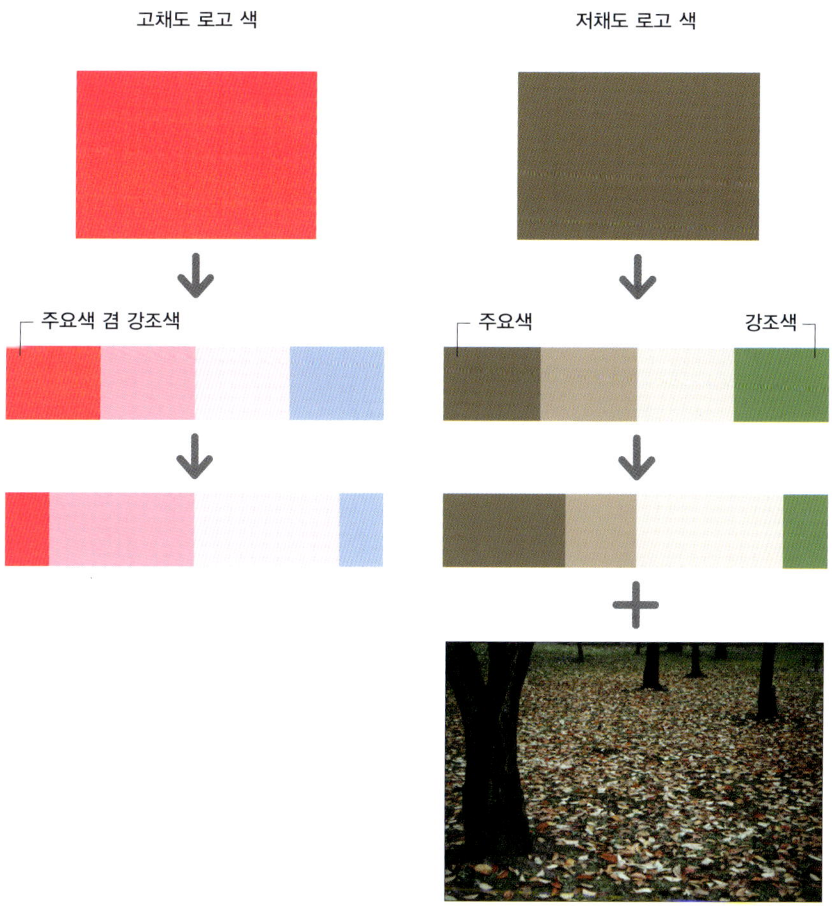

고채도 색을 로고의 주요색으로 사용하는 경우에는 분량을 적게 사용한다. 저채도 색을 로고의 주요색으로 사용하는 경우에는 강조색을 추가하거나 사진으로 색을 보충하면 조정하기 쉽다.

배경색 선택

배경색이나 배경 사진의 선택 기준은 '얼마나 색 이미지를 전하고 싶은가'에 따라 다르다. 색은 사용 면적이 클수록 그 효과가 커지므로 경쟁 사이트에서 배경색을 많이 사용하지 않는다면 적극적으로 사용해서 이미지를 차별화할 수 있다.

기업 이미지를 한눈에 나타낼 수 있는 사진을 실었다면 사진 이미지가 충분히 강하기 때문에 그 밖의 부분은 기업 색상이나 주요색을 중심으로 배색을 단순화한다.

단, 주요색이 강한 경우 그대로 배경색으로 사용하면 콘텐츠보다 배경으로 시선이 향하기 때문에 색 조정이 필요하다. 색을 조정한 후 색 이미지가 흐트러진다면 배경색은 사용하지 않거나 무채색으로 한다.

■ **배경색 선택에서 알아두어야 할 것**

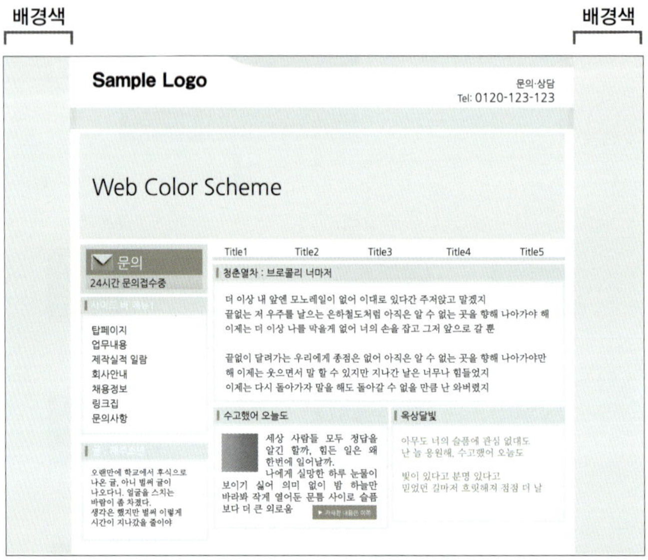

배경색 선택의 핵심

경쟁적으로 하지 않는다.	로고 색이 약한 부분을 보완한다.
색 이미지로 이기고 싶다.	전체적으로 강약이 없다.
색의 통일감을 강조하고 싶다.	가운데로 시선을 유도하고 싶다.

배경색이나 배경 사진은 핵심을 파악한 후에 선택하는 것을 권장한다. 배경색 사용으로 오히려 전체적인 대비가 떨어져 밋밋해진다면 사용하지 않는 편이 좋다.

질감 적용

웹 디자인의 색은 모니터에 표현되므로 자체적인 질감이 없다. 금속이나 종이, 천 등의 재질을 사용할 수 있는 웹 사이트의 경우 색 이미지 강화를 위해서라도 배경색이나 상단 메뉴 등에 질감을 나타내자. 재질을 직접 취급하는 웹 사이트라면 질감의 색을 바탕색으로 설정하고 로고 색을 강조색으로 지정하는 것이 좋다.

재질을 다루지 않더라도 '질감'은 차이를 나타내는 요소로 활용할 수 있다. 일반적인 흰색(#FFFFFF)과 종이 질감에 가까운 흰색은 색과 인상이 전혀 다르므로 '그냥 흰색이 아니다'는 것이 경쟁 사이트와의 차별점이 된다.

■ 질감을 느낄 수 있는 배색

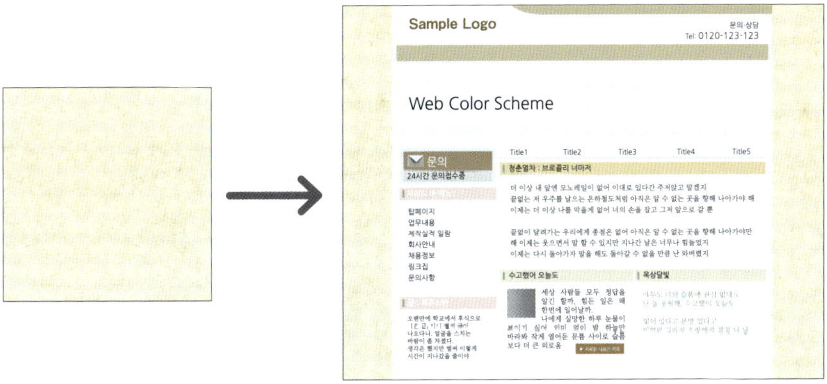

배경에 질감을 적용하는 것만으로도 웹 사이트 인상이 달라진다. 이미지에 어울린다면 질감을 적극 활용하자.

CHECK POINT

- 연속되는 제목 등 정보가 밀집된 부분에는 다량의 고채도 색 사용을 피한다.
- 배경색을 사용할 때는 콘텐츠가 힘을 가질 수 있도록 균형을 맞춘다.
- 웹 사이트 내용이나 목적에 질감이 어울린다면 질감을 연출한다.

PRACTICE 2/03

주요색을 바탕으로 배색하기

주요색 선정 후 어떻게 배치해야 할지 모른다고 무조건 다른 웹 사이트를 참고하면 이미지대로 배색되지 않고 적절한 배색으로 완성되지 않는다. 주요색이라는 가장 중요한 색의 배치와 분량을 생각하면서 배색을 검토하여 2가지 이상 사용할 수도 있다.

첫 화면에 주요색 적용

첫 화면에서 보여주고 싶은 색을 밀집시키면 강한 인상을 남길 수 있다. 사용자가 스크롤해야만 나타나는 눈에 띄지 않는 위치에 주요색을 배치하면 전혀 알아차릴 수 없으므로 주요색은 반드시 가장 먼저 표시되는 첫 화면(First View)에 배치하자.

상·하위 페이지의 디자인이 다르더라도 상단 메뉴는 공통으로 적용하는 경우가 많다. 상위 페이지가 아니더라도 통일된 색 이미지를 전달하고 싶다면 상단 메뉴에 색을 집중시켜 배치한다.

■ 잘 보이는 부분에 주요색 배치

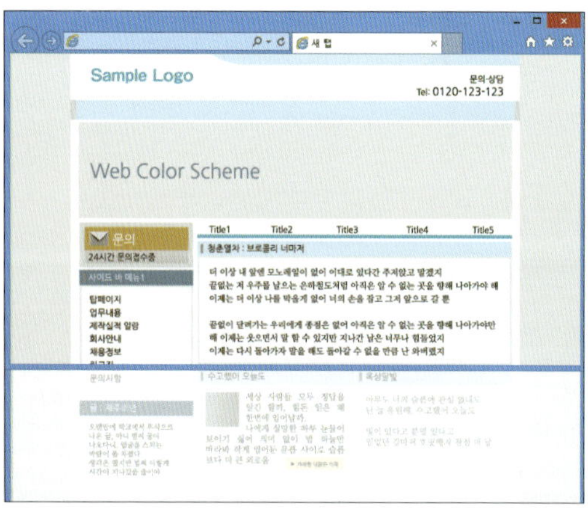

웹 페이지를 표시할 때 보이는 부분은 사용자에게 영향을 준다. 색 이미지를 굳히고 싶다면 모든 페이지의 상단 메뉴나 공통 부분에 주요색을 집중시킨다.

주요색을 기초로 한 배색

주요색을 기초로 한 동계색 배색은 폭넓은 명암에 의한 농담이나 그것을 각 부분에 배치한다. '채도가 높은 색일수록 적게 사용한다'는 기본을 지키면 어색하지 않은 배색을 완성할 수 있다. HSB 색상 모드를 사용하면 색을 바꾸지 않고도 다양한 색을 만들 수 있다.

어도비 쿨러(Adobe Kuler)를 이용하는 경우 5가지 색 중 1가지 색을 강조색으로 지정하여 전혀 다른 색을 선택할 수 있다. 'Monochromatic' 모드에서 주요색을 선택한 후 'Custom'으로 조정하면 작업이 수월해진다. 이때 같은 색상의 엷은 색을 만들면 사용하기 편한 배색이 완성된다.

■ 농담을 기본으로 하는 주요색 배색

Adobe Kuler 로 농담을 만든다.

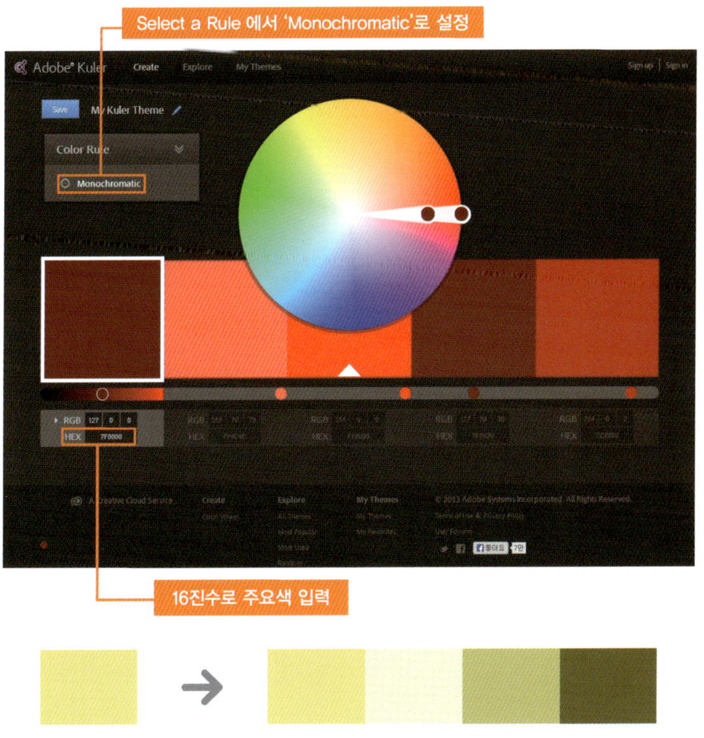

주요색이 정해지면 어도비 쿨러에서 간단하게 농담을 만든다. 흰색에 가까운 엷은 색은 만들 수 없으므로 부족한 색이 있다면 직접 HSB를 조정한다.

참고 : Kuler를 사용하는 누구나 할 수 있는 배색

강조색 선정

기본적으로 강조색은 바탕색과 전혀 다른 색을 사용하며 선택이 매우 어렵다. 로고 색을 많이 사용하고 싶지 않다면 그것을 강조색으로 사용할 수 있다. 강조색을 자주 사용하는 구성의 웹 사이트에서는 종종 주요색과 전혀 다른 색이 나타나므로 바람직하지 않다.

강조색은 분량이 적을수록 바탕색과 색상·명도·채도의 차이를 크게 나타내는 것을 기본으로 한다. 강조색 분량이 늘어나 바탕색에 가까워지면 배색 이미지가 깨진다.

■ 강조색 배치

로고 색을 많이 사용하고 싶다면 왼쪽처럼 로고 색 그대로 바탕색을 적용한다. 반대의 경우에는 오른쪽처럼 강조색으로 사용한다.

■ 강조색의 분량과 색 차이

강조색을 지나치게 많이 사용하는 경우 바탕색이나 보조색이 강조색에 비해 약해진다. 이때 강조색을 바탕색의 색 또는 톤에 가깝게 설정하면 완화된다.

색 분할에 따른 색상 추가

바탕색·보조색·강조색에 의한 배색에서 실제로 사용하는 색이 전혀 부족하지 않을 수 있다. 이때 먼저 3가지 색을 만든 후 각각의 색을 분할하여 색상 수를 늘릴 수 있다.

색을 분할하는 경우 전혀 다른 색을 추가하면 강조색이 늘어나기만 하므로 복잡해진다. 각각의 색에 가까운 색 중에서 명도나 채도를 약간 바꾼다. 이때 기존 색보다 많은 분량을 사용해야 한다는 것을 주의한다. 배색의 균형이 깨지지 않도록 '추가할 색은 적은 분량으로'의 기본을 지키자.

■ 색 분할

배색을 분할해서 색을 늘릴 때에는 새롭게 추가할 색을 원본 색에 가깝게 하고 분량을 적게 사용해야 배색 이미지가 깨지지 않는다.

CHECK POINT

- 주요색은 첫 화면이나 공통 부분에 집중시킨다.
- 기본 배색 외에 색을 추가하는 경우 균형을 생각하여 소극적으로 사용한다.

PRACTICE 2/04

안정적인 배색 계획하기

원만한 디자인을 위해서는 미리 사용할 색을 계획하여 준비하고 필요한 부분에 배치한다. 이때 색을 제한하면 사용할 때마다 색을 정하지 않아도 되므로 배색 이미지가 달라지는 것을 막을 수 있다. 웹 디자인을 시작하기에 앞서 최종 형태가 그려지지 않는 경우도 많으므로 모든 색을 계획하는 것은 무리지만 미리 방침을 정하는 것이 좋다.

디자인 전용 색 팔레트 제작

주요색을 기초로 바탕색·보조색·강조색을 정하고 비율에 따라 분할하면 사용하고 싶은 색과 사용해서는 안 되는 색이 결정된다. 이러한 색의 집합을 '색 팔레트'라고 부른다.
색 팔레트를 만들 때는 배경색에 주의한다. 배경색이 흰색이라면 고려하지 않아도 되지만 그 외의 색인 경우에는 바탕색에 배경색을 포함하는 것이 사용하기 편리하다. 사용 면적에 따라 레이아웃 바깥쪽인 배경색은 바뀌지만 레이아웃을 보충한다는 생각으로 2~3가지의 바탕색을 사용하면 좋다.

주요색 팔레트

1. #D9D9D9
2. #FFFFFF
3. #6E6E6E
4. #A62C2C
5. #2683B5
6. #0E035C
7. #000000

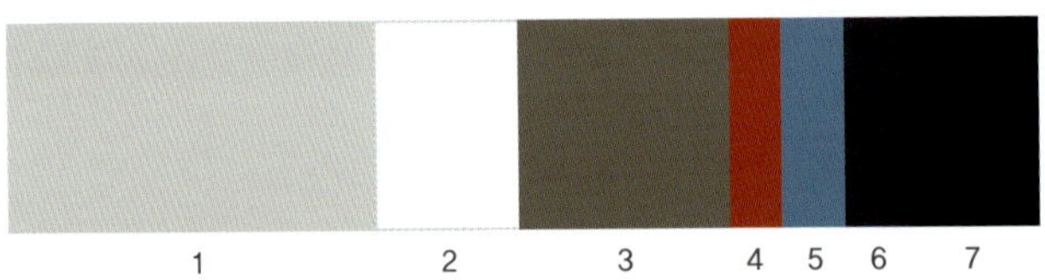

주요색 팔레트

1. #DDF5F4
2. #D9CAD6
3. #FAF9F3
4. #EBEBEB
5. #91586D
6. #4F3C40
7. #9C884C
8. #FFFFFF

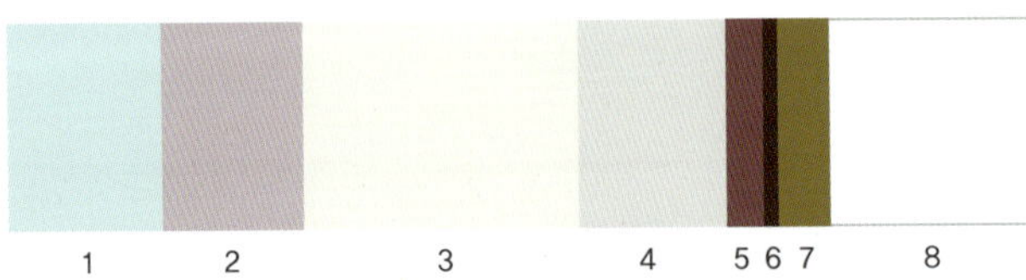

세부적인 표현에는 많은 색이 필요하기도 하지만 미리 사용할 색을 정하면 이미지를 결정하기 쉽다. 위의 예는 배경색인 흰색을 팔레트에 포함한 것이다.

예비 색 준비

기본적으로 3가지 색을 분할해서 색 팔레트를 준비하면 안정적으로 배색할 수 있다. 여기에 배경색에 가까운 색(배경색이 흰색인 경우 엷은 파스텔 계열의 색 등)을 몇 개 정도 만들면 제목의 배경이나 색 팔레트의 색과 조합해서 아이콘 등에 사용할 수 있다.

배경색에 가까운 색을 적게 사용하면 배색 이미지 전체에 거의 영향을 주지 않는다. 단순한 배색에는 2가지 색 정도, 다색 배색에는 4가지 색 정도의 예비 색을 사용하면 충분하다.

■ 색 팔레트에 기초한 예비 색

주요 색 팔레트

1. #D9D9D9
2. #FFFFFF
3. #6E6E6E
4. #A62C2C
5. #2683B5
6. #0E035C
7. #000000

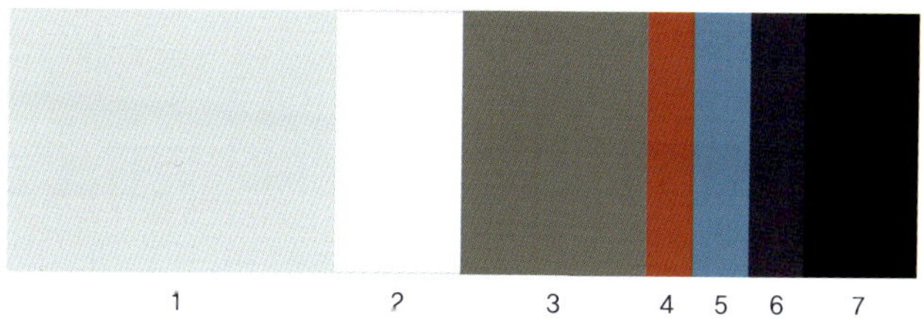

\+

예비 색

8. #EFEEFA
9. #FAEEF1
10. #F2F2F2

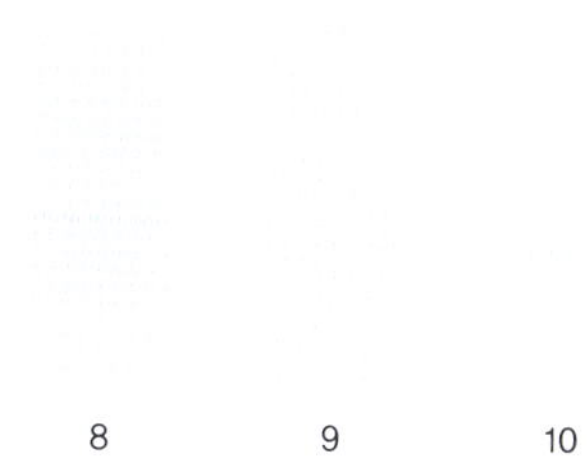

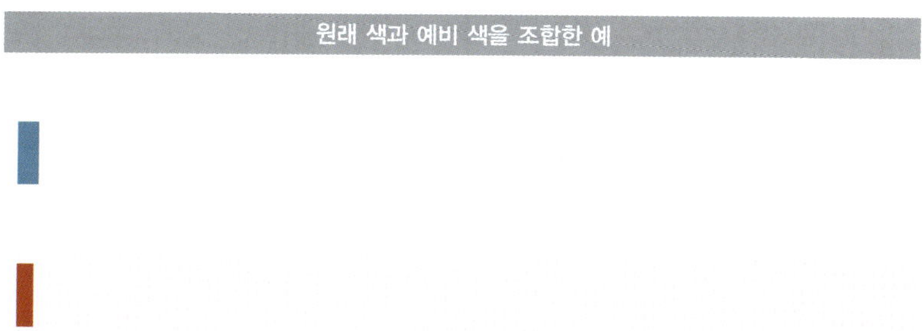

예비 색은 원래 색과 조합해서 파트를 만들 수 있고, 제목 등의 배경색에도 사용할 수 있다. 엷은 색이기 때문에 전체 배경으로 사용하지 않는 한 배색에 미치는 영향은 적다.

텍스트/링크 색 선택

배경색이 흰색인 경우 텍스트 색은 검정이나 어두운 회색을 사용하는 경우가 많다. 이때 내비게이션, 사이드 바, 제목 등에 사용된 배경색이 텍스트 색과 같으면 정보를 확인하기 힘들다. 색 팔레트를 만들어 각각의 색을 배경색으로 설정한 경우 읽기 쉬운 회색을 선정하면 작업할 때마다 고민하는 일이 적어진다.

회색 선정 기준은 JIS×8341-3:2010(웹 콘텐츠 JIS)로 정해진 대비 비(180쪽 참고)를 사용한다. 대비 비의 기준은 4.5:1로 레벨 AA를 없앨 수 있지만 제목 등에 중요한 정보를 전달하기 때문에 6:1을 목표로 한다.

■ 텍스트 색과 링크 색 설정

텍스트 색			대비 비
바탕색 1	#333333	text color	12.6:1
바탕색 2	#000000	text color	13.6:1
바탕색 3	#FFFFFF	text color	6.8:1
강조색 4	#FFFFFF	text color	8.3:1
보조색 5	#FFFFFF	text color	5.3:1
보조색 6~7	#000000	text color	18.8:1
예비 색 8~10	#333333	text color	10.7:1

※ 보조색 5는 대비가 부족하므로 그림자 등으로 보충한다.

링크 색 팔레트(콘텐츠)	
a:link	#0F5499
a:visited	#800080
a:hover	#8F4118
a:active	#8F4118

링크 색 팔레트(사이드 바)	
a:link	#397ABD
a:visited	#397ABD
a:hover	#397ABD
a:active	#FF9900

텍스트 색과 각각의 색 대비를 확인하면 이용하기 쉽다. 사이드 바의 링크 색 등은 레이아웃이 정해진 후 디자이너에게 맡겨도 좋다.

와이어프레임의 중요한 부분부터 색상 적용

와이어프레임이 완성되면 대략적으로 색을 배치하고 세부 장식 등은 나중에 작업해도 쉽게 디자인 결과물을 예상할 수 있다. 배색에 익숙하지 않은 초보자는 웹 디자인에서 무작정 화면 위쪽부터 작업을 진행하는 경우가 많다. 정보 전달의 목적을 고려하여 제목 등의 중요한 부분에 색을 적용하고, 그 밖의 부분은 전체적인 색 이미지를 방해하지 않는 색을 선택한다. 어디에 어떤 색을 어느 정도 배치하느냐는 색 팔레트 활용 습관을 지니면 무질서하게 색을 늘리거나 줄여서 수정하는 일이 줄어든다.

중요한 부분에 우선순위를 둔다.

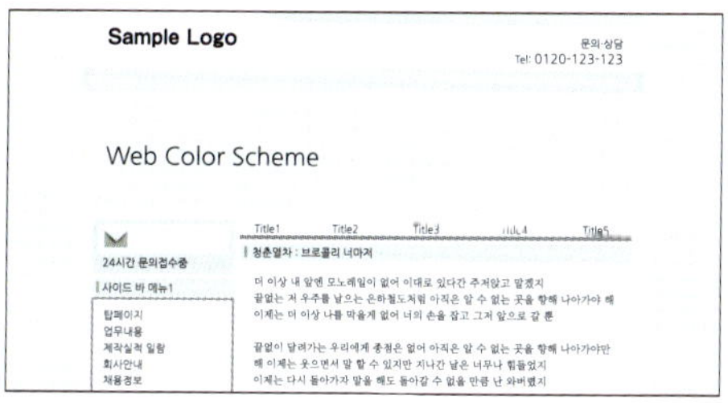

우선순위가 높은 부분에 가장 중요한 색을 배치한다. 여기서는 강조색을 먼저 배치했다.

우선순위가 높은 곳에 강한 색을 배치한다.

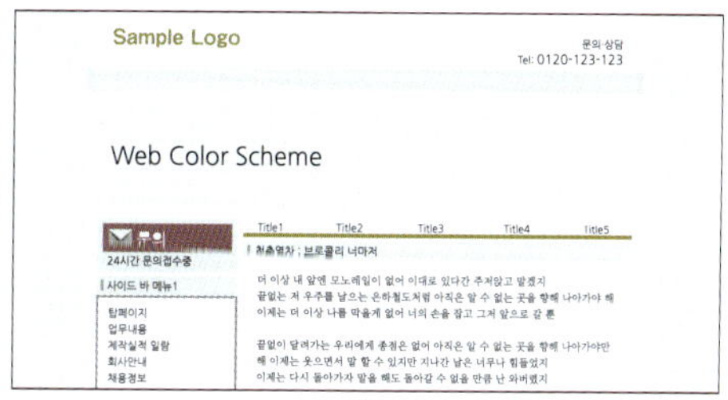

나머지 색을 배치한다.

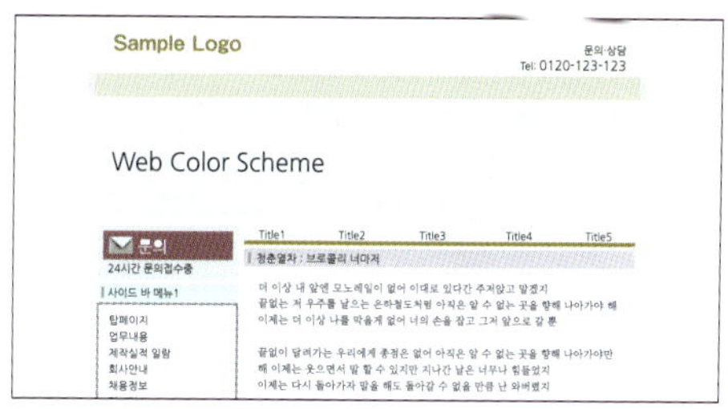

CHECK POINT

- 색 팔레트를 만들어 이에 따라 배색을 계획한다.
- 텍스트 색은 읽기 쉽도록 배경색과의 조합을 생각한다.

COLUMN 3

2 가지의 색 공간 sRGB 와 AdobeRGB (1)

색을 다루는 범위를 '색 공간'이라 하며, RGB를 다루는 색 공간으로는 'sRGB'와 'AdobeRGB' 2가지가 있다.

AdobeRGB는 sRGB보다 색을 다루는 범위가 넓고, 보다 미묘한 색을 재현할 수 있어서 다양한 모니터 기기에서 사용한다. 모든 그래픽 프로그램나 웹 브라우저에 알맞은 것은 아니며, 주로 윈도우의 색 공간은 sRGB이므로 AdobeRGB를 사용해서 만든 이미지라도 강제적으로 sRGB로 변환되는 경우가 있다.

AdobeRGB에 대응하는 웹 브라우저는 인터넷 익스플로러 9 이후와 사파리, 파이어폭스뿐이다. 디지털카메라로 촬영한 이미지를 웹 브라우저에서 확인할 때 전혀 다르게 보이는 것은 이러한 이유 때문이다.

앞으로는 달라질 수 있지만 현재는 윈도우 사용자가 많고, 스마트폰이나 태블릿PC도 sRGB밖에 사용할 수 없으므로 sRGB로 이미지 파일을 작성하거나 변환하면 문제를 줄일 수 있다.

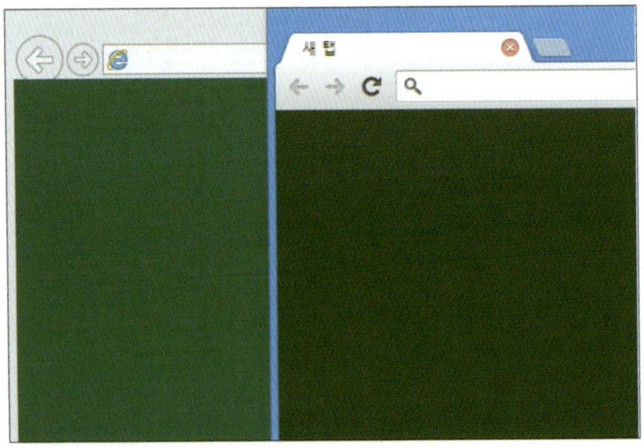

AdobeRGB로 작성한 이미지를 윈도우 인터넷 익스플로러(왼쪽)와 구글 크롬(오른쪽)으로 표시했다. AdobeRGB 색 체계에 대응하지 않는 크롬에서는 색이 달라진다.

실천편 _ Practice 3

균형 있는 배색

배색 계획대로 색을 사용하여 웹 디자인을 진행한다. 읽고 사용하기 편리하도록 화면 크기 등을 배려하면서 최종 색의 균형을 맞추고 배경, 텍스트, 버튼 디자인과 조정에 대하여 알아본다.

PRACTICE 3/01

화면 크기별 배색

스마트폰이나 태블릿PC 등 다양한 크기의 모바일 기기가 출시되면서 같은 콘텐츠를 보여주는 데도 다양한 레이아웃 디자인이 사용된다. 모바일 웹 사이트 사용자를 배려하기 위해서는 색을 잘 사용해야 하며, 색 면적이나 사용방법도 컴퓨터용 웹 사이트와 같아서는 제대로 이미지를 전달할 수 없다. 화면 크기에 따라 색 구분이 필요한 경우에 대해 알아본다.

화면 크기와 모니터 환경

스마트폰은 작은 화면 속에서도 컴퓨터용 웹 사이트를 그대로 나타낼 수 있다. 화면 크기가 작아지면서 전반적으로 표시되는 텍스트 크기도 작아진다. 작은 텍스트는 큰 텍스트에 비해 인식할 수 있는 정도가 떨어진다.

화면 크기에 따라 보다 쉽게 정보를 얻을 수 있도록 색을 바꾸는 경우 제목의 텍스트 색을 주의해야 한다. 컴퓨터용 웹 사이트에서는 흰색 배경에 검정 텍스트를 사용하면 배경과 대비가 강해져 화면이 다소 부담스럽지만 스마트폰은 크게 걱정할 필요가 없다.

스마트폰이나 태블릿PC 등을 사용하면 언제 어디서나 웹 사이트를 확인할 수 있지만, 맑은 날 햇빛이 강할 때에는 화면을 보기 힘들다. 특히 실외에서 확인할 일이 많은 웹 사이트라면 컴퓨터용 웹 사이트보다 고 대비색으로 신경 써서 배색한다.

기업의 로고는 사용 규칙이 정해져 있기 때문에 앞서 설명한 이유와 같이 쉽게 변경할 수 없는 경우가 많다. 로고를 인식하기 힘들다면 클라이언트에게 미리 로고 색을 조정해도 좋은지 확인한 후에 진행하는 것이 좋다. 새로운 로고를 만드는 경우에는 어떤 환경에서 자주 사용하는지 충분히 고려한 후 고 대비색을 선택한다.

■ 고 대비색 설정

실내에서 볼 때

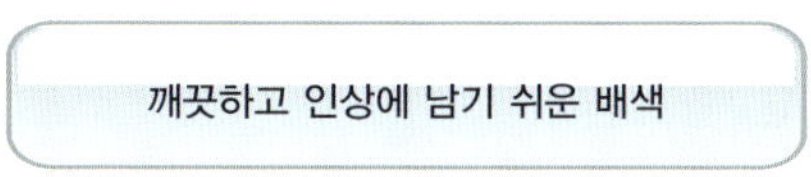

햇빛이 강한 곳에서 볼 때

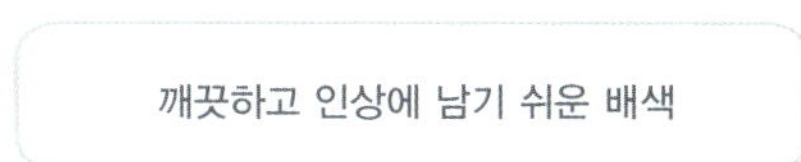

스마트폰용 모바일 웹 사이트는 실외에서 보는 경우도 많은데, 햇빛이 강한 장소에서는 대비가 떨어진다. 버튼 등은 형태를 알아보기 힘든 경우도 있으므로 전체적으로 고 대비색을 사용하는 것이 좋다.

화면 크기와 디자인에 알맞은 배색

스마트폰처럼 화면이 작은 기기에서는 표시되는 정보량이나 색을 사용할 수 있는 부분이 한정적이므로 색 이미지를 전달하기 어렵다. 이때 콘텐츠의 정보 전달을 목적으로 하면 레이아웃도 제한을 받는다.

스마트폰 정도의 화면 크기에서 색으로 강한 인상을 남기기 위해서는 제목이나 버튼 색을 확실하게 표현한다. 먼저 스크롤 중에 시선이 멈출 수 있도록 화면의 위에서 아래까지 색을 배치한다. 내용을 쉽게 전달하기 위해 제목을 장식하기도 하지만 반복적으로 같은 색을 나타내어 색 이미지를 전달할 수 있으며 작은 아이콘 등에 적용해도 좋다.

레이아웃에서 세로 단이 적을수록 시선의 이동은 위에서 아래가 중심이 된다. 스크롤하는 것을 전제로 요소마다 색을 적용한다.

■ 선을 이용한 시선 고정

작은 화면에서는 웹 사이트를 확인할 때 스크롤하다가 중요한 부분을 넘기기 쉽다. 스크롤 중에는 선을 사용해 중요한 부분을 표시하면 색 이미지 전달도 쉽다.

앱 화면에서의 배색

스마트폰용 앱이나 jQuery Mobile을 이용한 웹 페이지처럼 화면 레이아웃이 어느 정도 고정된 경우에는 상단 메뉴나 푸터(웹 브라우저의 맨 아래), 배경에 같은 색을 반복할 수 있다. 단, 색을 사용하는 면적이 좁으므로 다양한 색을 사용하거나 세밀한 표현이 어렵다. 실제로 사용자에게 전달되는 이미지는 콘텐츠 부분에 크게 의존한다. 이때 콘텐츠 부분에 주요색을 약간씩 사용하면 색 이미지를 쉽게 부각시킬 수 있다.

■ 다양한 부분에 주요색 사용

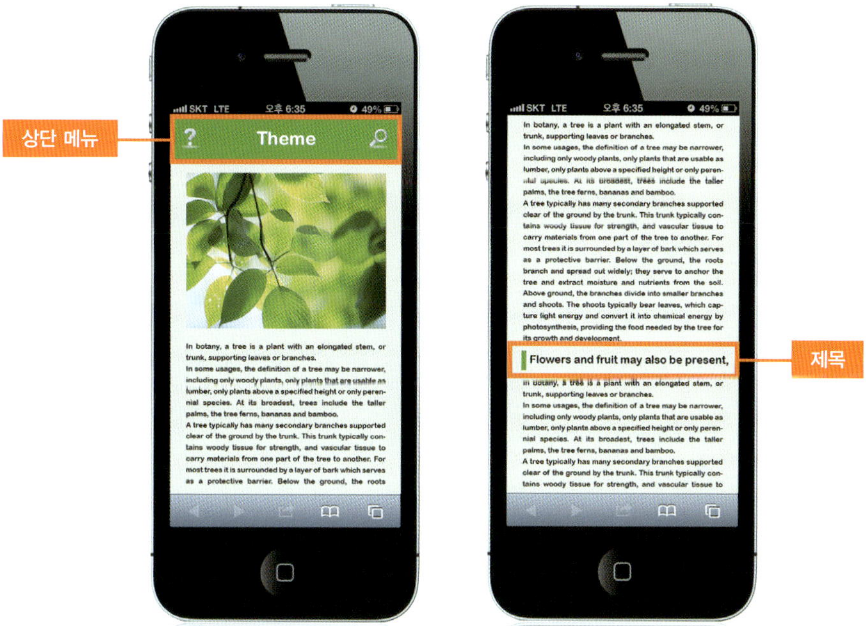

고정된 상단 메뉴는 물론 스크롤 중에 나타나는 제목 등 같은 색을 소량 사용하여 반복하면 색 이미지를 부각시키기 쉽다.

CHECK POINT

- 작은 크기의 화면에서 웹 페이지가 어떻게 보이는지 충분히 고려한다.
- 스크롤을 생각하며 요소마다 같은 색을 반복하여 인상에 남긴다.

PRACTICE 3/02

이미지를 좌우하는 배경색과 배경 사진

색을 사용할 때에는 반드시 배경색과 전경색(텍스트나 그림 색)을 조합해야 한다. 배경색은 주로 흰색으로 정해져 있지만, 웹 페이지의 경우 화면 크기에 따라 배경색이 콘텐츠보다 넓게 표시되어 배색 이미지를 좌우하기 때문에 신중하게 선택한다. 읽기 쉬운 텍스트나 보기 쉬운 그림도 배경색과 관계가 깊으므로 사용하기 쉬운 웹 사이트를 만들기 위해 배경색을 알맞게 선택하자.

이미지를 전달하는 배경색

대형 모니터 기기의 보급으로 인해 웹 사이트 배경색은 이전과 비교해서 보다 넓게 표시되어 배경색, 배경 사진을 이용하여 이미지를 강하게 전달할 수 있다. 깔끔한 인상의 웹 사이트 디자인을 목표로 한다면 흰색이나 밝고 엷은 배경색을 사용하며, 반대로 강한 색을 사용하여 강한 이미지를 줄 수도 있다.
이때 사진이나 그러데이션을 사용하면 훨씬 부드러운 인상을 줄 수 있다. 같은 색이라도 사용방법에 따라 이미지가 달라지므로 배경색 사용여부는 세부내용을 작성하기 전에 정한다.

■ 배경색 분량에 따른 이미지

이전 모니터

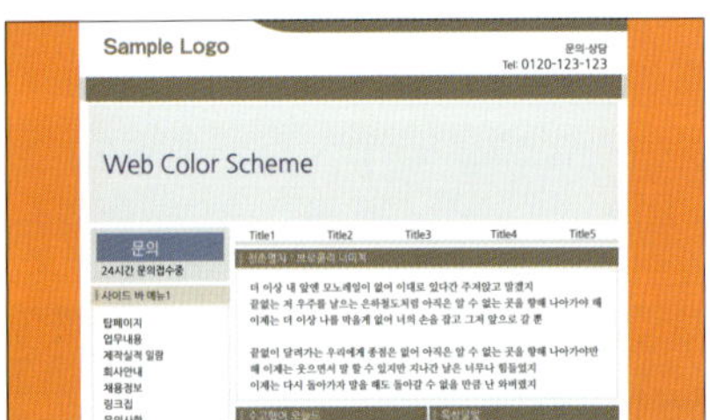

와이드 모니터

대형화된 모니터로 인해 컴퓨터용 웹 사이트에서 배경색의 분량이 늘어났다. 배경색은 분량이 많고, 채도가 높을수록 강한 인상을 주는 점을 고려해서 배색을 계획한다.

콘텐츠를 주목시키는 배경색

웹 페이지 전체 배경색과 레이아웃에 명암차를 나타내면 쉽게 레이아웃으로 시선을 집중시킬 수 있다. 강한 배경색으로 인해 시선이 분산될 것 같지만, 배경의 경계선 부근으로 시선이 집중되어 사용자는 이미 웹 페이지 가운데에 원하는 콘텐츠가 있다는 것을 알고 있다. 이와 같은 효과를 사용하여 색으로 레이아웃을 둘러싸고, 정보가 있거나 없는 부분을 차별화하면 보여주고 싶은 부분으로 시선을 집중시킬 수 있다.

■ 배경색과 콘텐츠 부분의 대비

배경색과 콘텐츠 부분의 대비가 강할수록 가운데가 비어있는 것처럼 보여 2가지 색의 경계부분으로 시선이 향한다. 배경색을 잘 이용하여 시선을 가운데로 집중시키자.

사진을 위한 배경색

사진의 배경색은 기본적으로 대비 현상이 일어나기 힘든 무채색이나 저채도 색을 사용한다. 고채도 색은 사진에 방해가 되는 경우가 많으므로 사용하지 않는 편이 좋다.

유채색을 사용하는 경우에는 난색보다 한색을 사용하는 것이 바람직하다. 후퇴색인 한색은 멀리 떨어져 보이는 성질이 있기 때문에 상대적으로 한색에 둘러싸인 부분이 앞으로 진출하듯이 나와 보인다.

트리밍(필요한 부분을 일정한 윤곽으로 다듬고 불필요한 부분을 잘라내는 동시에 그것이 판면에 들어갈 자리에 맞춰 일정 크기로 축소 또는 확대하는 것)된 상품 사진의 경우에는 틀(프레임)을 적용해도 좋다. 배경색과 사진이 분리되면 쉽게 상품 사진으로 시선을 집중시킬 수 있다.

■ 사진을 보여주기 위한 배경색

기본적인 무채색의 배경색

난색과 한색의 배경색

사진의 배경색은 무채색을 기본으로 색감에 영향을 받지만, 유채색을 사용하면 저채도인 한색에서 좀 더 사진에 시선이 집중된다.

텍스트 배경의 패턴

텍스트 배경에 강한 패턴을 적용하면 텍스트의 획과 패턴이 겹쳐서 가독성(인쇄물이 얼마나 쉽게 읽히는가 하는 능률의 정도)이 떨어지므로 천천히 읽는 경우에는 상관없지만 사용자에게 쉽게 외면당할 수 있다. 텍스트 배경에 패턴을 적용하려면 가능한 엷은 색을 사용하거나 텍스트와 배경 사이에 읽기 쉽도록 배경색을 추가한다.

텍스트에 그림자 등을 적용해서 대비를 높일 수도 있지만, 모니터 환경이나 서체에 따라 가독성이 떨어지므로 장문에는 부적합하다.

배경에 패턴을 적용하면 가독성이 떨어지므로 엷게 적용하거나 텍스트 뒤에 배경처럼 적용한다.

CHECK POINT

- 배경색을 잘 활용해서 웹 페이지 가운데에 있는 콘텐츠에 시선을 집중시킨다.
- 사진이나 텍스트가 잘 보이도록 주의하여 배경색을 선택한다.

PRACTICE 3/

03 중요한 정보 전달

중요한 정보를 확실하게 보여주기 위해서는 먼저 '주변보다 강한 색을 사용할 것', '텍스트를 제대로 읽을 수 있을 것', '시선 이동이 편리할 것'의 3가지 법칙을 알아둔다. 정보의 우선순위를 정하고 중요도에 맞게 전체 배색의 균형을 생각하면서 색의 강도를 바꾼다. 눈에 띌 목적으로 지나치게 강한 색을 많이 사용하면 읽기 힘들거나 정보를 발견하기 힘들기 때문에 인접한 색을 고려해서 배색한다.

중요한 부분에는 강한 색 사용

중요한 부분에 시선을 집중시키기 위해서는 원칙적으로 주변보다 '강한 색'을 사용한다. 강한 색이란 일반적으로 주목성이 높은 색을 말하지만, 강한 색을 사용한다고 해서 반드시 정보를 눈에 띄게 나타낼 수 있는 것은 아니다.
강한 색을 잘 사용하기 위해서는 주변 색과의 차이를 나타낸다. 이때 정보를 제대로 읽을 수 있어야 하며 정보를 이해할 수 없는 색 대비는 선택하지 않는다.

■ 포인트에만 강한 색 적용

웹 페이지 전체에서 강한 색을 많이 사용하면 오른쪽처럼 시선이 분산되므로 강한 색은 포인트로 활용한다.

면적별 중요도

주목성이 낮은 색이라도 배경색과 차이가 있고 면적이 넓으면 충분히 주목시킬 수 있다. 제목 배경색은 수수한 색에서도 눈에 띄고, 차분한 색조의 사진에서는 덩어리 형태의 색감으로 눈에 띄는 것이 좋다.

큰 텍스트를 사용하는 웹 사이트의 제목 등도 주변에 주목성이 높은 색이 적은 경우 색 면적의 차이를 이용하여 중요도를 표현할 수 있다. 주변에 강한 색이 있거나 인접한 요소와의 여백이 적으면 시선을 빼앗길 수 있으므로 주의한다.

■ 눈에 띄는 넓은 면적

소박한 색에서도 배경색과의 대비가 강하면 충분히 눈에 띄므로 색의 강약은 상대적인 것임을 기억한다.

시선의 이동에 알맞은 색

웹 사이트에서 사용자의 시선은 기본적으로 왼쪽 위에서 오른쪽 아래로 이동한다. 최근에는 로고가 가운데에 배치된 웹 사이트도 늘어나고 있지만 일반적으로 시선은 위에서 아래로 이동한다.

시선의 이동경로를 염두에 두고 색을 배치하면 정보전달이 한결 쉬워진다. 다음에서 소개할 정보의 중요도에 따른 색의 강약 기법을 사용하면 보다 효과적으로 콘텐츠를 보여줄 수 있다.

■ 시선의 이동 고려

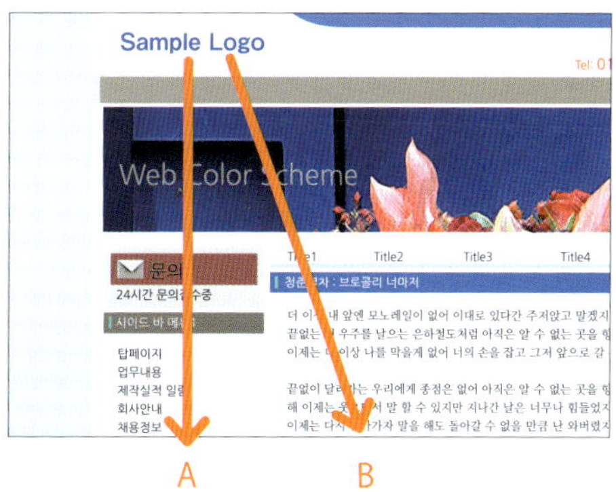

B와 같이 시선을 유도하고 싶지만, A 화살표 사이의 버튼 색이 강해서 시선이 A로 향하기 쉽다. 여기서는 버튼 색을 소극적으로 사용하거나 제목을 강하게 나타내야 한다.

중요도에 따른 색의 강약

정보의 중요도에 따라 색을 배치하기 위해서는 먼저 어떤 정보가 중요한지, 중요하지 않은 정보는 어떤 것인지를 정한다. 설정된 웹 사이트에서 아래에 위치하는 정보의 경우 사이드 바는 그리 중요하지 않다. 여기에는 강한 색을 사용할 필요가 없으므로 콘텐츠 부분에 강한 색을 배치한다. 사이드 바에 강한 색을 사용했다면 콘텐츠 부분에 더 강한 색을 배치하는 것이 좋다.

상위 페이지처럼 레이아웃이 일정하지 않은 경우에도 이미 와이어프레임이 완성되었다면 어떤 정보가 중요한지 가늠할 수 있다. 특히 중요하다고 생각되는 부분에는 강한 색을 사용하고, 그렇지 않은 부분에는 소극적으로 배색한다. 중요한 부분과 중요하지 않은 부분이 가까이 위치하면 정보의 중요도를 차별화하기 어렵기 때문에 여백을 사용하여 확실하게 분리한다.

■ 콘텐츠에는 강한 색 사용

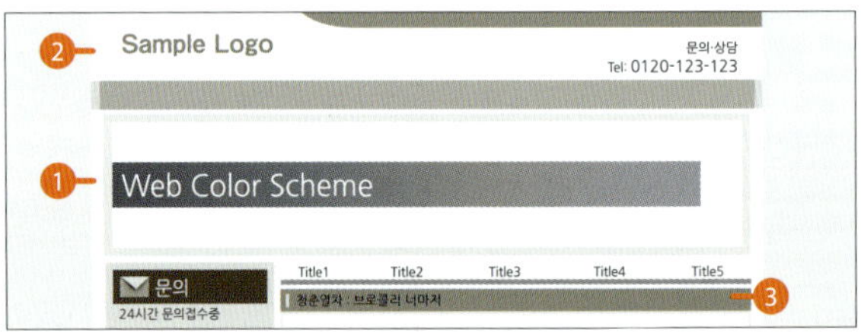

정보의 중요도에 따라 번호를 매겼다. 색을 적용하면 알기 쉬우며, 가운데 예는 가장 중요도가 높은 표어가 눈에 띄지 않으므로 중요한 부분에는 확실하게 강한 색을 사용하자.

주변과의 명도차로 시선 유도

눈에 띄는 정보를 위해 배경색이나 주변 색과의 명도차를 나타내는 것도 중요하다. '색의 시인성(대상물의 존재 또는 모양이 원거리에서도 식별이 쉬운 성질)'이라는 효과로 형태가 뚜렷하지 않으면 정보의 존재를 인식할 수 없다. 주목성이 높은 색이 많이 모여 있으면 복잡하므로 중요한 부분에는 특히 명도차를 크게 나타낸다. 필연적으로 주변 색과 톤도 달라지므로 좀 더 강한 인상을 남길 수 있다.

■ 명암에 의한 강약

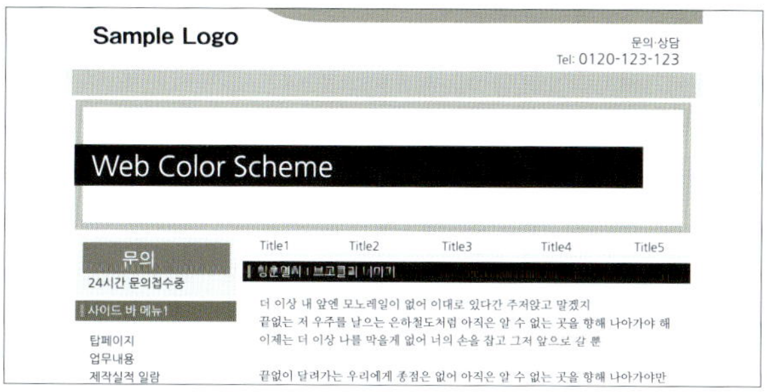

화려한 색을 사용하지 않아도 흑백 명암에 따라 배색의 강약으로 시선을 끌 수 있다. 반드시 특별한 색을 사용해야만 좋은 것은 아니다.

지나치게 눈에 띄지 않는 색의 조정

정보가 쉽게 눈에 띄도록 주목성이 높은 색을 많이 사용하기도 하지만, 텍스트를 조합하는 경우에는 반드시 가독성을 확인해야 한다. 빨강, 초록과 같은 고채도의 바탕색에서는 대비가 높고 읽기 쉬운 조합이라도 사용자가 '읽기 어렵다'고 외면하는 경우가 있다. 고채도의 배경색을 사용하는 경우에는 채도를 약간 낮추거나 사용 면적을 줄이는 등 융통성 있게 표현하자.

■ 읽기 쉬운 저채도 색 사용

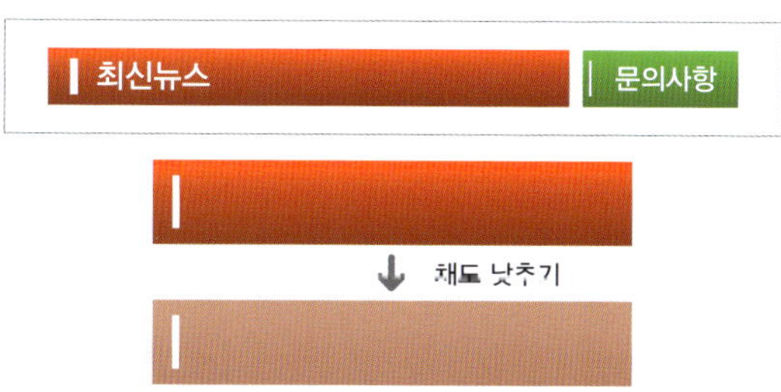

고채도 색은 넓은 면적에서 복잡하게 느껴지고 기부감이 생길 수 있으므로 채도를 약간 낮추는 등의 조정이 필요하다.

PRACTICE 3/04 가독성을 높이는 배색

흰색 배경과 검정 텍스트의 조합은 최소한 읽을 수 있지만 '읽을 수 있는 것' 과 '이해할 수 있는 것' 은 다르다. 강조하고 싶은 부분이나 링크 등 흑백 이외의 색이 사용된 웹 페이지에서 텍스트를 읽고 내용을 이해시키기 위해서는 각 부분에 알맞은 색을 사용하는 것이 중요하다. 웹 비즈니스에서 가장 중요한 텍스트에는 본문 이외에 어떤 요소가 있고, 어떤 의도로 색을 선택해야 하는지 알아둔다.

가장 중요한 제목

콘텐츠 내용을 이해하는 데에는 대부분 표어나 제목의 중요성을 인식한다. 신문을 읽을 때 먼저 제목에서 기사의 개요를 파악하고 자세한 내용을 확인하기 위해 본문을 읽는다. 한편, 주식 등의 정보를 볼 때는 원하는 정보의 위치가 정해져 있으므로 굳이 제목을 보지 않아도 상관없다. 웹 사이트는 대부분 콘텐츠의 내용을 모르는 상태에서 텍스트 정보를 확인하기 때문에 제목만으로도 바로 내용을 이해할 수 있도록 눈에 띄는 색을 선정한다.

■ 제목의 목적은 읽히는 것

색 도해 DTP & 인쇄 슈퍼 장치 사전

올해 이 책의 테마는 '변용과 회귀'입니다. 작년 전자책이 급속도로 성장하여 다양한 하드웨어와 콘텐츠가 나타났으며 서비스를 시작했습니다. 가볍고 처리속도가 향상된 PC 의 등장으로 미디어의 사용방법도 변화했습니다. 인쇄분야에서도 디지털 인쇄가 보급되어 알려졌습니다. 변화하는 사용자 의식과 선도하는 사용자에게는 보이지 않는 기술로, 그것을 지탱하는 것은 다름 아닌 기초적인 지식입니다.

색 도해 DTP & 인쇄 슈퍼 장치 사전

올해 이 책의 테마는 '변용과 회귀'입니다. 작년 전자책이 급속도로 성장하여 다양한 하드웨어와 콘텐츠가 나타났으며 서비스를 시작했습니다. 가볍고 처리속도가 향상된 PC 의 등장으로 미디어의 사용방법도 변화했습니다. 인쇄분야에서도 디지털 인쇄가 보급되어 알려졌습니다. 변화하는 사용자 의식과 선도하는 사용자에게는 보이지 않는 기술로, 그것을 지탱하는 것은 다름 아닌 기초적인 지식입니다.

제목을 이해하지 못하면 본문을 읽기 어렵다. 제목의 가장 중요한 목적은 '읽히는 것'이라는 점을 잊지 말자.

제목은 크게

색을 바꾸지 않은 채 제목의 텍스트를 확대해서 색 면적을 넓혀 주목성을 높일 수 있다. 뉴스 사이트 등에서는 대부분 검정 텍스트 색 그대로 큰 제목을 사용해도 개별 기사에서는 제목에 링크를 적용하지 않기 때문에 문제가 없다. 제목 텍스트를 확대하여 다양한 모니터 환경에서도 쉽게 확인할 수 있도록 한다.

■ 큰 제목의 텍스트

색 도해 DTP & 인쇄 슈퍼 장치 사전

올해 이 책의 테마는 '변용과 회귀'입니다. 작년 전자책이 급속도로 성장하여 다양한 하드웨어와 콘텐츠가 나타났으며 서비스를 시작했습니다. 가볍고 처리속도가 향상된 PC 의 등장으로 미디어의 사용방법도 변화했습니다. 인쇄분야에서도 디지털 인쇄가 보급되어 알려졌습니다. 변화하는 사용자 의식과 선도하는 사용자에게는 보이지 않는 기술로, 그것을 지탱하는 것은 다름 아닌 기초적인 지식입니다.

색 도해 DTP & 인쇄 슈퍼 장치 사전

올해 이 책의 테마는 '변용과 회귀'입니다. 작년 전자책이 급속도로 성장하여 다양한 하드웨어와 콘텐츠가 나타났으며 서비스를 시작했습니다. 가볍고 처리속도가 향상된 PC 의 등장으로 미디어의 사용방법도 변화했습니다. 인쇄분야에서도 디지털 인쇄가 보급되어 알려졌습니다. 변화하는 사용자 의식과 선도하는 사용자에게는 보이지 않는 기술로, 그것을 지탱하는 것은 다름 아닌 기초적인 지식입니다.

텍스트가 커지면 사용 면적도 늘어나므로 차별화를 나타내기 위해 무리하게 색 면적을 늘릴 필요는 없다.

제목 텍스트 색 변경

얇은 텍스트 색은 눈에 띄지 않는 것처럼 제목 텍스트 색에 따라 가독성이 떨어지기도 한다. 주목성을 높이기 위해 주로 제목에 밝은 주황이나 빨강을 사용하는데, 실제로는 눈에 띄지 않고 정보를 이해하는 데 오히려 방해가 된다.

쉽게 읽히는 제목을 위해서는 대비를 높이거나 텍스트를 확대한 후 색을 바꾸고, 더욱 눈에 띄게 하기 위해서는 배경색이나 장식을 이용하는 것이 좋다.

■ 제목 텍스트 색과 주목성

색 도해 DTP & 인쇄 슈퍼 장치 사전

올해 이 책의 테마는 '변용과 회귀'입니다. 작년 전자책이 급속도로 성장하여 다양한 하드웨어와 콘텐츠가 나타났으며 서비스를 시작했습니다. 가볍고 처리속도가 향상된 PC 의 등장으로 미디어의 사용방법도 변화했습니다. 인쇄분야에서도 디지털 인쇄가 보급되어 알려졌습니다. 변화하는 사용자 의식과 선도하는 사용자에게는 보이지 않는 기술로, 그것을 지탱하는 것은 다름 아닌 기초적인 지식입니다.

색 도해 DTP & 인쇄 슈퍼 장치 사전

올해 이 책의 테마는 '변용과 회귀'입니다. 작년 전자책이 급속도로 성장하여 다양한 하드웨어와 콘텐츠가 나타났으며 서비스를 시작했습니다. 가볍고 처리속도가 향상된 PC 의 등장으로 미디어의 사용방법도 변화했습니다. 인쇄분야에서도 디지털 인쇄가 보급되어 알려졌습니다. 변화하는 사용자 의식과 선도하는 사용자에게는 보이지 않는 기술로, 그것을 지탱하는 것은 다름 아닌 기초적인 지식입니다.

제목 텍스트와 배경색의 대비가 작으면 제목을 제대로 읽기 어렵다. 주목성을 높이기 위해서는 텍스트 색이 아닌 제목의 배경색을 바꾸는 것이 효과적이다.

배경색이나 주변 장식

제목 텍스트 외에 장식으로 배경색이나 아이콘 등을 사용하여 주목성을 높일 수 있다. 고채도의 배경색을 사용하면 쉽게 눈에 띄지만 가로 형태의 제목에서는 약간 복잡하게 느껴질 수 있다. 이때 배경색의 채도를 낮추거나 아이콘 등을 제목 왼쪽에 배치하고, 경계선을 그어 문장과 색의 차이를 나타낼 수 있다. 깔끔하게 정리하고 싶다면 강한 색은 많이 사용하지 않는다.

■ 배경색과 장식 적용

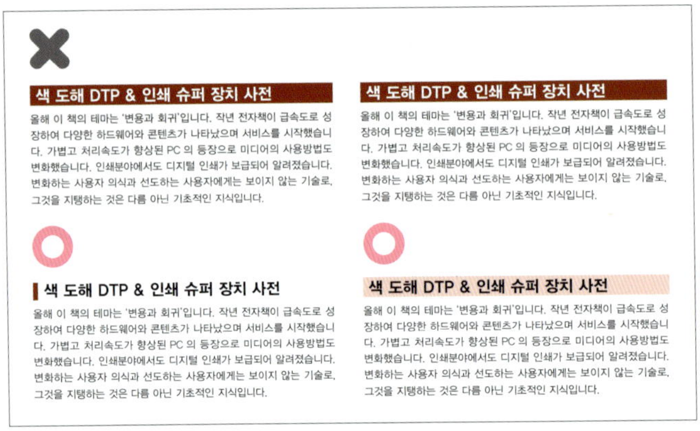

얇은 텍스트의 색을 바꾸기보다 배경이나 장식을 사용하면 주목성과 가독성이 높아진다. 제목의 고채도 배경색이 가로로 여러 줄 배열되면 복잡해 보이므로 주의한다.

링크와 본문 강조의 차별화

웹 사이트 본문 일부에 색을 다르게 지정해서 강조하는 경우 '파랑'은 피하는 것이 좋다. 대부분의 웹 사이트에서 텍스트 링크에 파랑을 사용하기 때문에 텍스트 링크로 오해하기 쉽다. 파랑이 아닌 다른 색을 텍스트 링크로 사용하더라도 강조색으로는 파랑을 피한다.

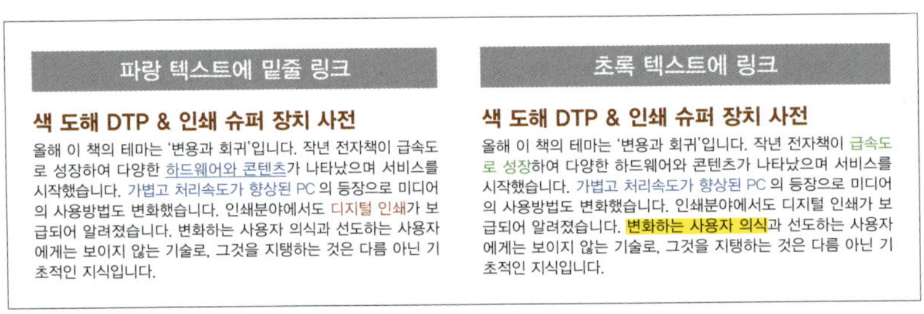

오른쪽은 텍스트 링크를 초록으로 적용하고 밑줄을 사용하지 않아 단순히 강조를 나타낸 것인지 알 수 없기 때문에 헷갈린다.

본문 강조에서는 색상 수를 적게

제목과 본문을 차별화하기 위해서는 본문에 지나치게 많은 색을 사용하지 않는다. 텍스트 링크에서는 주로 파랑을 사용하기 때문에 본문을 화려하게 강조해도 읽기 힘들다. 본문 강조는 특별한 의미가 있는 텍스트 확대 강조, 보통 강조, 예비 강조 정도로도 충분하다. 변경한 텍스트 색과 배경색을 함께 사용해서 중요도의 차이를 나타낸다.

■ 본문 강조색의 예

제목
#0051A1 + 큰 텍스트

텍스트 링크
#317FD4 + 밑줄

강조 1
#A10000 + 큰 텍스트

강조 2
#357846

강조 3
#FFD4F7(배경색)

색 도해 DTP & 인쇄 슈퍼 장치 사전

올해 이 책의 테마는 '변용과 회귀'입니다. 작년 전자책이 급속도로 성장하여 다양한 하드웨어와 콘텐츠가 나타났으며 서비스를 시작했습니다. 가볍고 처리속도가 향상된 PC의 등장으로 미디어의 사용방법도 변화했습니다. 인쇄분야에서도 디지털 인쇄가 보급되어 일려졌습니다. 변화하는 사용자 의식과 선도하는 사용자에게는 보이지 않는 기술로, 그것을 지탱하는 것은 다름 아닌 기초적인 지식입니다.

본문에 강조색이 많으면 정보의 중요도를 쉽게 구별하기 어려우므로 비즈니스 사이트에서 텍스트를 강조하기 위해서는 2~3가지의 색을 사용한다.

CHECK POINT

- 제목 부분에는 사용자의 관심을 끄는 배색을 생각한다.
- 제목은 배경색이나 장식으로도 강조할 수 있다.
- 본문 강조에서는 텍스트 링크에 자주 사용하는 '파랑'을 피한다.
- 본문 강조에 사용하는 색은 2~3가지 정도로 제한한다.

PRACTICE 3/05

접근성을 높이는 텍스트 링크 색

대부분의 웹 브라우저에서는 텍스트 링크에 파랑을 사용하지만 다른 색을 사용하는 경우도 많다. 사용성과 접근성을 최우선으로 생각한다면 배경색을 포함하여 웹 브라우저의 기준색을 사용하는 것이 바람직하다. 작업 중 링크 색을 바꾸거나 웹 페이지 안에 여러 개의 텍스트 링크 색을 사용하는 경우 어떻게 지정해야 하는지 알아본다.

기본 텍스트 링크 색

웹 브라우저의 기본 텍스트 링크 색은 미방문 링크는 '파랑', 방문 링크는 '보라'로 정해져 있으며, 브라우저마다 약간씩 다른 색을 사용한다. 웹 디자인에서는 브라우저마다 달라지는 색 차이를 없애기 위해 CSS로 일치시킨다. 물론, 배경색이 검정인 경우에는 링크 색을 정해진 대로 사용할 수 없다. 텍스트 링크 색을 바꾸는 경우에는 아이콘이나 밑줄 등을 사용한다.

■ 텍스트 링크 색

	IE 8	IE 9	Chrome	Firefox	Safari	iOS Safari	안드로이드 브라우저
미방문 링크	0000FF	000080	0000EE	0000EE	0000EE	0000EE	0000EE
방문 링크	800080	800080	551A8B	551A8B	551A8B	551A8B	551A8B
포인트 링크	없음	FF0000	FF0000	EE0000	FF0000	없음	없음

브라우저에 따라 링크 색이 달라지므로 CSS를 사용하여 일치시킨다. 배경색이 흰색인 경우에는 무리해서 텍스트 링크 색을 일치시킬 필요는 없으며, 항상 똑같이 보여줘야 하는 것은 아니다.

텍스트 링크 밑줄은 강조색과 차별화

텍스트 링크는 밑줄이 있어야만 사용자가 쉽게 링크로 인식할 수 있다. 반대로 링크가 아닌데 밑줄이 있다면 오해를 불러일으키기도 한다.

텍스트 링크에서 밑줄을 없애고 다른 방법으로도 나타낼 수 있다. 단순히 밑줄을 그어 강조 효과를 기대하기는 어려우므로 무조건 밑줄을 사용하지 않는다.

■ 밑줄에 의한 혼란

✕

옛날 어느 숲속에 가난한 나무꾼이 아내와 두 명의 아이들과 함께 살고 있었습니다. 한 명은 헨젤이라는 남자아이였고, 또 한 명은 그레텔이라는 여자 아이였습니다.

✕

옛날 어느 숲속에 가난한 나무꾼이 아내와 두 명의 아이들과 함께 살고 있었습니다. 한 명은 헨젤이라는 남자아이였고, 또 한 명은 그레텔이라는 여자 아이였습니다.

본문에서 '나무꾼'은 링크, '헨젤', '그레텔'은 강조인데 링크의 밑줄을 없애거나 링크 외의 부분에 밑줄을 그으면 혼란이 생긴다. 이때 링크 색이 파랑이 아닌 다른 색인 경우 더욱 혼란스러워진다.

이미지 링크

이미지 링크에서는 텍스트 링크와 같이 밑줄로 링크를 나타낼 수 없다. 본래 이미지 요소에는 보더(이미지 박스를 다른 부분과 구분하거나 강조하기 위해 사용하는 윤곽선)가 나타나지만 거의 사용하지 않는다. 확실하게 버튼을 확인할 수 있는 모양(경사면이나 둥근 모서리)이나 클릭 등의 표시만으로 링크를 나타낼 수 있다. 단순한 이미지인지, 클릭 가능한 이미지인지 알아보기 힘든 경우도 많으므로 이미지 나열 방법이나 내용에 따라서는 클릭을 유도하는 아이콘 등을 함께 사용한다.

✕

○

이미지 중에서 맨 오른쪽 사진에만 링크가 적용되어 있다. 사진만으로 링크인지 알 수 없다면 클릭을 유도하는 정보를 나타낸다.

장소와 역할에 따른 링크 색

웹 페이지 안의 모든 링크는 같은 색일 필요가 없다. 글로벌 내비게이션 바 부분에 버튼 모양의 배경과 함께 문장이나 '제품 정보'라는 텍스트가 있는 경우, 사용자는 '제품 정보 페이지로 이동할 수 있는 링크'라고 생각한다. 마찬가지로 블로그 사이드 바에 텍스트 목록이 있는 경우 개별 기사나 카테고리 링크라는 것을 알 수 있다. 푸터에 있는 '개인정보 취급 방침과 같은 법률 정보' 등의 링크는 원칙적으로는 밑줄로 링크임을 표시하는 것이 좋지만, 주요 콘텐츠는 아니므로 웹 사이트에 지장을 주지 않는다.

텍스트 링크도 위치에 따라 인식되는 정도나 중요도가 다르다. 로고, 글로벌 내비게이션 바, 콘텐츠, 사이드 바, 푸터에서 각 부분의 화면을 나눠 배경에 알맞은 링크 색을 적용한다. 디자인을 위해 다양한 링크 색을 적용하면 복잡해질 수 있기 때문에 피하고 배경색(흰색 등) 부분은 같은 링크 색으로 통합하는 것이 좋다.

■ 상황에 맞는 링크 색의 구분

로고 아래의 메뉴나 사이드 바 내비게이션에서는 밑줄이 없거나 색이 달라도 쉽게 링크임을 확인할 수 있다.

■ 밑줄로 구분

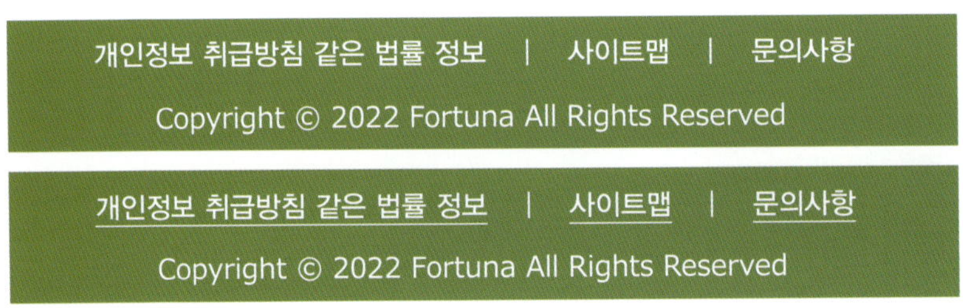

3가지 모두 하나의 링크로 연결되었다면 아래의 예와 같이 밑줄을 그어 링크를 나타내는 것이 바람직하다.

클릭 가능한 범위의 설정

버튼을 클릭하도록 유도하기 위해서는 링크를 사용하여 클릭 가능한 범위를 나타낸다. 실제 보이는 부분보다 링크 범위가 크면 예상과 달리 다른 페이지로 이동할 수 있다. 반대로 보이는 부분보다 링크 범위가 작으면 이전 웹 사이트의 플래시 페이지나 클릭 가능한 맵 등에서 종종 볼 수 있었던 것처럼 클릭해도 원하는 페이지로 이동하지 못할 수 있다. 최근에는 스마트폰이나 태블릿PC에서 손가락으로 터치하여 링크를 조작하므로 링크 범위 설정에 충분한 배려가 필요하다.

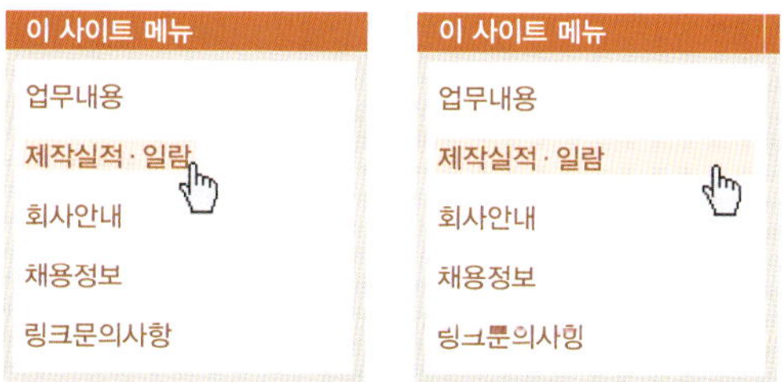

위의 내비게이션에서 클릭할 수 있는 범위는 2가지 정도로 생각할 수 있다.

버튼의 경우 위의 링크 범위 설정이 바람직하다. 아래는 CSS로 만든 버튼에서 가끔 발생하는 문제와 같이 링크 범위를 클릭해도 반응이 없을 수 있으므로 주의한다.

링크의 변화

대부분의 사용자는 웹 표준을 이해하므로 밑줄이 없어도 링크라는 것을 안다. 최근에는 스마트폰만으로도 웹 사이트를 활용하는 사용자가 늘어나고 있으며, 태블릿PC와 같은 스마트 기기나 윈도우 8의 등장으로 지금까지와는 다른 인터페이스가 등장했다. 최신 모바일 기기에서 링크는 클릭만으로 작동하는 것이 아니라는 점을 명심한다.

■ 윈도우 8 인터페이스

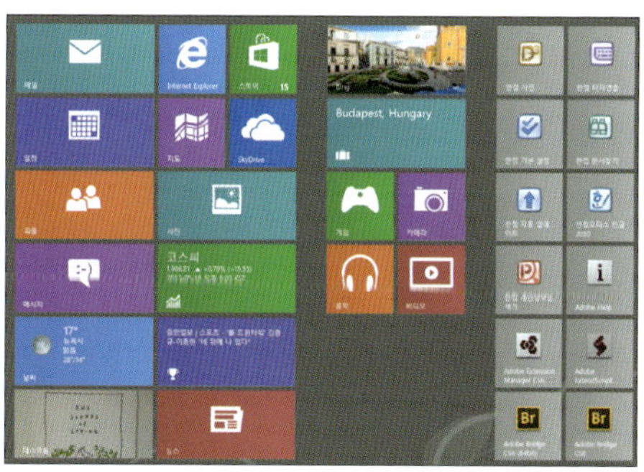

윈도우 8은 지금까지의 버튼과 다른 인터페이스로 조작한다. 이미 영향을 받은 사이트도 있으며, 웹 디자인에 미치는 영향은 더욱 커질 것이다.

3/ PRACTICE **06**

눈에 띄는 버튼 색

'문의사항', '구매', '장바구니' 등 구매를 결정하는 데 중요한 역할을 하는 링크는 텍스트가 아닌 버튼(CSS를 사용한 그래픽 버튼 등)을 이용하는 경우가 많다. 클릭이나 터치를 유도하기 위해서는 눈에 띄는 디자인을 완성하는 것도 중요하지만, 무엇보다 읽기 쉬운 버튼 내용과 버튼에 인접한 색을 고려하는 것이 중요하다. 효과적으로 버튼 색을 선택하기 위해 파악해야 할 요소를 확인하자.

누르기 쉬운 버튼 색

사용성 측면에서 '누르기 쉬운 버튼의 색'이란 배경색과 명도 대비가 강한 색이다. 이처럼 버튼은 웹 사이트 이미지에 맞추거나 보색을 사용하여 확실하게 '보이는 것'이 중요하다. 콘텐츠를 확인한 후 다음 과정으로 쉽게 넘어갈 수 있도록 누르기 쉽고 눈에 띄게 만든다.

■ 잘 보이는 버튼

중요한 버튼이라고 해서 반드시 눈에 띄는 난색을 사용할 필요는 없다. 웹 사이트에 전체적으로 난색을 사용하면 오히려 주변 색에 묻히는 경우도 있기 때문이다.

■ 모양과 텍스트가 잘 보이는 버튼

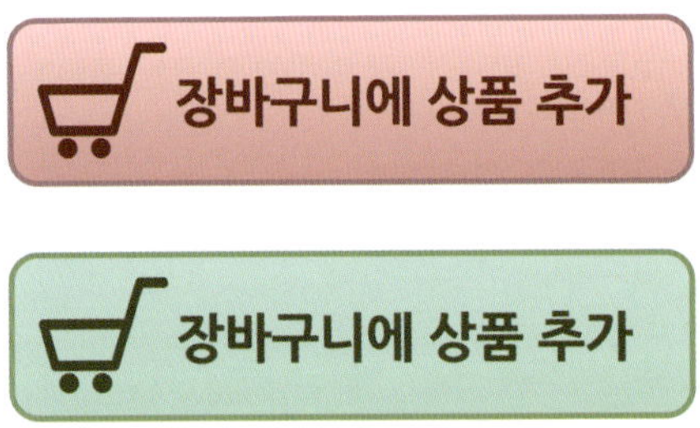

버튼의 배경색이 옅어도 뚜렷하게 모양을 나타내는 테두리 선을 사용하여 텍스트를 읽기 쉽게 한다. 이때 버튼 모양과 텍스트가 보이지 않으면 안 된다.

중요도에 따른 버튼 색 구분

여러 개의 이미지 버튼이 나란히 배열된 부분에서는 내용에 따라 버튼 색을 구분하는 것이 좋다. '문의사항'과 '장바구니에 상품 추가' 버튼이 나란히 배열된 경우 '장바구니에 상품 추가' 버튼이 중요하면 강한 색을 사용하고, '문의사항' 버튼은 보다 약한 색을 사용한다. 이때 각 버튼에 전혀 다른 색을 사용하면 디자인 통일성이 떨어지므로 동계색의 농담이나 텍스트 색과 배경색을 바꾸는 것이 좋다. 중요도가 낮다고 해서 가독성이 떨어지도록 농담을 사용하면 안 된다.

■ 버튼의 중요도에 따른 색 차이

'문의사항'보다 '장바구니에 상품 추가' 버튼이 중요하면 색에 차이를 나타내도 상관없지만 엷고 잘 보이지 않는 색은 사용하지 않는 것이 좋다.

버튼 인접 색과의 강약 고려

버튼에 텍스트나 이미지가 가까운 경우 주변에 비슷한 색을 사용하면 버튼의 주목성이 낮아진다. 주변 색이 일정하지 않거나 버튼 색을 바꿀 수 없는 경우 버튼과 그 외의 여백을 넓게 설정하여 주변 색에서 독립시킨다. 이때 인접 색 속에 버튼이 묻히지 않도록 하는 것이 중요하다.

■ 버튼 인접 색 고려

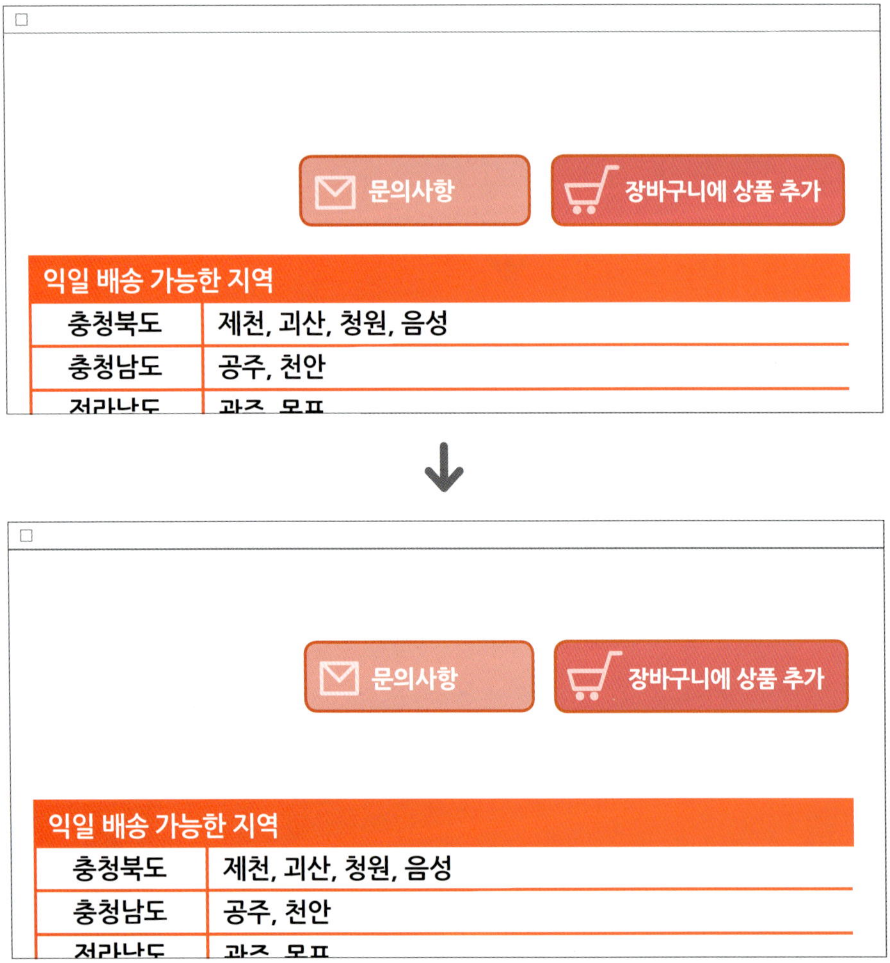

버튼 가까이에 비슷한 색이 있으면 버튼이 눈에 띄지 않는다. 버튼이나 주변의 색을 바꾸기 어려운 경우에는 여백을 좀 더 넓게 설정하여 주목성을 높인다.

버튼 위의 텍스트 대비는 강하게

생각보다 이미지 버튼 위의 텍스트를 읽기 힘든 경우가 많다. 주목성이 높은 빨강이나 주황은 중명도이므로 텍스트를 배치하는 것만으로는 충분한 명도차를 나타내기 어렵다. 사용자에게 다음 행동을 유도하는 경우 그 행동을 확실하게 보여주지 않으면 버튼을 클릭하기 쉽지 않으므로 텍스트에 그림자나 테두리 선 또는 버튼 배경색을 바꾸는 등 텍스트를 읽기 쉽도록 충분히 배려해야 한다.

■ 버튼 텍스트는 읽기 쉽게

이미지 버튼에서는 텍스트 정보가 중요하기 때문에 대비가 작은 경우에는 그림자나 테두리 선을 적극적으로 활용한다.

CHECK POINT

- 중요한 버튼은 주변 색과의 균형을 고려해서 배색한다.
- 버튼 위의 텍스트는 확실하게 읽을 수 있도록 표현한다.

PRACTICE 3/07

선명한 사진 표현

사진은 '색 덩어리'로 표현되어 강력한 호소력을 가지며, 사진을 많이 사용한 웹 사이트는 그만큼 사진의 힘이 강해진다. 기본적인 사진 사용방법이나 배경과의 조화, 주변 색과의 위치 등을 세심하게 배려하여 사진을 보다 선명하고 매력적으로 표현할 수 있다. 사진을 제대로 보여주지 않으면 사진 본래의 힘을 살릴 수 없고, 사진만으로 웹 사이트 이미지가 바뀌는 경우도 있으므로 신중하게 표현한다.

슬라이드 이미지 변경 시의 배색

슬라이드처럼 메인 이미지가 바뀌는 웹 사이트의 경우 배색 정돈이 어렵다. 특히 사진은 어떤 색이 사용되는지 모르기 때문에 색을 무리하게 맞출 필요가 없다. 일러스트나 표어를 사용하는 경우 어느 부분에 사용하는 색인지 색 팔레트에서 색을 선택하면 쉽게 맞출 수 있다. 마지막에 정지하는 슬라이드 이미지의 경우 주요색을 보여주면 색 이미지를 강하게 나타낼 수 있다.

웹 페이지 배색에 슬라이드 한 장을 맞추면 임팩트가 부족하다. 슬라이드의 목적이 시선을 사로잡는 것이라면 대비가 강한 사진을 선택한다.

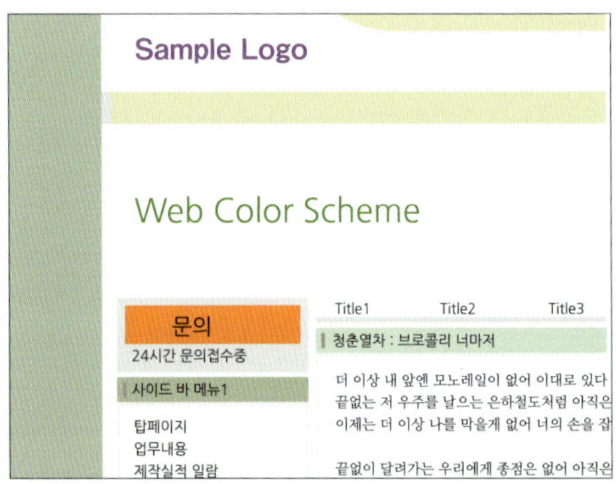

여백이 많은 슬라이드나 메인 이미지는 주요색을 섞어 안정시킬 수 있다. 맨 마지막 장은 정지하는 슬라이드를 사용하자.

선명한 사진을 위한 배경색

사진 배경에는 기본적으로 무채색을 사용하여 대비 현상으로 인해 색이 크게 달라지는 것을 방지한다. 사진보다 배경이 눈에 띄는 것을 막기 위해 고채도의 배경색을 피한다.
전체 배경색이 흰색이고 사진 주위에 액자처럼 배경색을 사용하는 경우 명도 대비가 너무 강하면 사진보다 액자와 배경색 대비에 시선이 모일 수 있으므로 배경과의 명도차가 크지 않은 색을 선택한다.

■ **고채도의 배경색**

고채도의 강한 배경색이나 액자는 사진보다 시선을 사로잡으므로 사용하지 않는 것이 좋다.

■ **사진과 배경색의 대비**

어두운 사진은 액자 바깥쪽과의 대비가 우려되므로 너무 강한 대비의 배경색은 피한다.

사진 테두리 사용

트리밍된 사진은 사진과 배경의 흰색 부분 경계선이 없어져 상품만 강조된다. 다양한 상품을 보여주는 웹 사이트에서 적절한 크기의 사진을 사용하는 것은 문제가 없지만, 상품 목록처럼 작은 사진이 나열된 경우에는 각각의 사진에 대한 이미지가 약해진다.

사진에 테두리 선을 적용하면 잘 보인다. 명암 대비가 강한 테두리는 테두리 선만 강조되므로 살짝 보일 정도의 옅은 색의 테두리 선을 사용한다.

■ **트리밍된 사진 테두리**

일반 사진과 트리밍된 사진이 섞여 있으면 여백의 크기가 각각 다르므로 테두리를 넣어 깔끔하게 나타낼 수 있다.

사진 사이의 여백 설정

배경색과 사진의 명도 대비가 강한 경우 여백이 좁으면 하만그리드 현상으로 인해 경계선이 잔상처럼 보여 시선이 분산된다. 이때 배경색을 사용하여 색 대비를 낮추면 잔상을 줄일 수 있다. 어떤 사진이든 착시 효과가 생기지 않도록 여백을 넓게 설정하자.

■ 넓은 여백 설정

사진과 배경의 대비가 강하고 여백이 좁은 경우에는 경계부분이 잔상처럼 보일 수 있다. 배경색을 적용하여 대비를 낮출 수 있지만 여백을 넓게 설정하는 것이 더욱 좋다.

CHECK POINT

- 사진 배경에는 기본적으로 무채색을 사용하며, 고채도의 배경색은 피한다.
- 사진 이외의 주변으로 시선이 분산되지 않도록 주의한다.

PRACTICE 3/08

최종 색 조정

대부분의 디자인은 디자이너가 만족해도 클라이언트나 임원 등의 최종 결정권자의 승인에 따라 채택된다. 최종 결정권자(단체)의 취향에 따라 디자인이 채택되지 않는 일이 없도록 디자이너는 결과물의 장점을 제대로 설명해야 한다. 디자인 채택률을 높이기 위해서는 세부적인 부분까지 꼼꼼하게 체크해서 미흡한 부분을 지적받는 일이 없도록 한다.

전체 균형과 요소별 색

최종 색 조정에서는 작업 중이던 모니터에서 1~2m 정도 떨어져 전체 배색을 점검하며 표어나 중요한 요소가 한눈에 들어오는지 확인한다. 사용자는 디자이너만큼 집중해서 화면을 보지 않지만, 전체적인 디자인을 점검했을 때 문제점이 발견되면 세부내용을 확인한다. 전체 배경색과 요소별 색, 부분별 배경색과 배치된 텍스트 등 배경색을 기준으로 선택한 색이 적절한지 확인한다. 모든 부분을 확인하는 것은 어렵지만 중요한 요소만이라도 꼼꼼하게 살펴보면 쉽게 개선점을 찾을 수 있다.

문제점

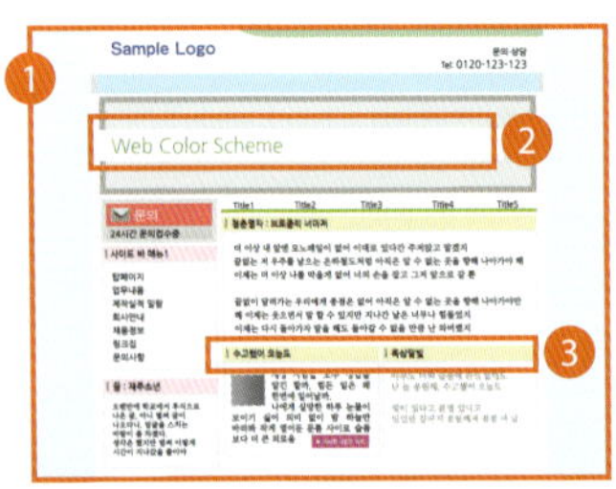

① 배경색과 콘텐츠 부분의 강약 부족
② 읽기 힘든 표어
③ 아래 제목의 약한 임팩트

해결

① 배경색 톤 변경
② 표어의 명도 변경
③ 제목의 색상, 명도 변경

전체 디자인을 확인하여 문제점을 찾아낸 후 세부적으로 해결한다. 부분별 수정을 마치고 다시 전체를 조정하는 작업을 반복하여 한층 더 깔끔하게 정리한다.

정보를 분리하기 위한 여백

정보를 쉽게 제공하기 위해서는 정보에 관한 주위 여백 설정이 중요하다. 정보를 가득 채우기 위해 여백을 줄이면 시선을 유도할 수 있는 부분이 없어진다. 충분한 여백으로 명도가 비슷한 색이 밀집되지 않도록 하고, 각각의 정보를 충분히 보여주기 위해서는 배경색과의 명도차가 중요하다.

화면이 작은 스마트폰용 모바일 웹 사이트 등에서는 주로 콘텐츠를 세로로 나열하고, 터치하기 편하도록 정보 사이의 여백을 넓게 설정한다. 일반적인 컴퓨터용 웹 사이트에서는 여백 설정에 주의해야 한다. 처음 방문한 웹 페이지에서는 원하는 정보의 위치를 바로 확인하기 어렵기 때문에 정보를 보여주기 위해서라도 충분한 여백 설정이 필요하다.

■ 여백 부족으로 인한 문제

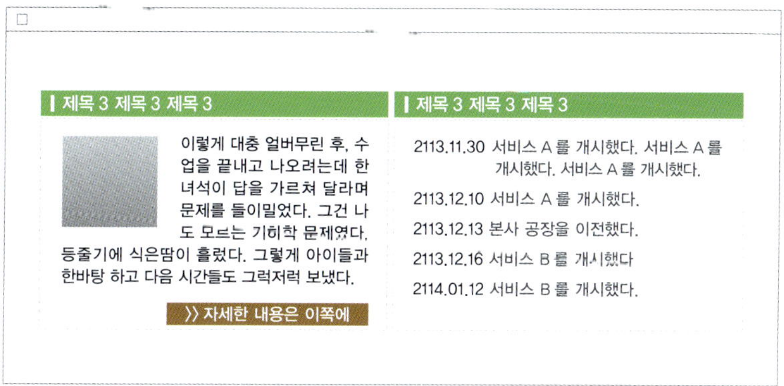

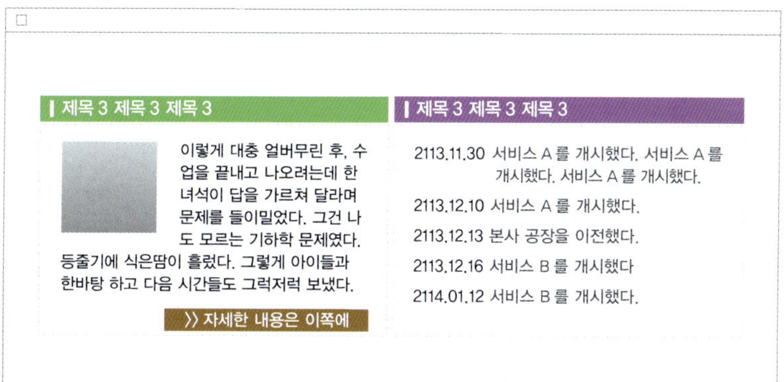

위아래의 두 칼럼은 같은 내용이지만 약간 떨어져서 보면 위의 경우 하나의 정보처럼 보인다. 나열한 칼럼은 항상 다른 색으로 장식하지 않으므로 여백을 충분하게 나타내는 것이 좋다.

흑백 화면에서의 가독성 확인

흑백 화면에서는 단순히 가독성뿐만 아니라 정보가 제대로 나타나는지 확인한다. 텍스트의 주목성을 높이기 위해 주황을 사용해도 흑백에서는 전혀 눈에 띄지 않는다.

사용하는 모니터나 기기 환경은 각각 다르므로 모니터의 명암 대비를 낮추면 그 자체로 중요한 정보가 전달되지 않을 수 있다. 흑백 화면에서의 디자인 확인은 폭넓은 모니터 환경에 대응할 수 있도록 한다.

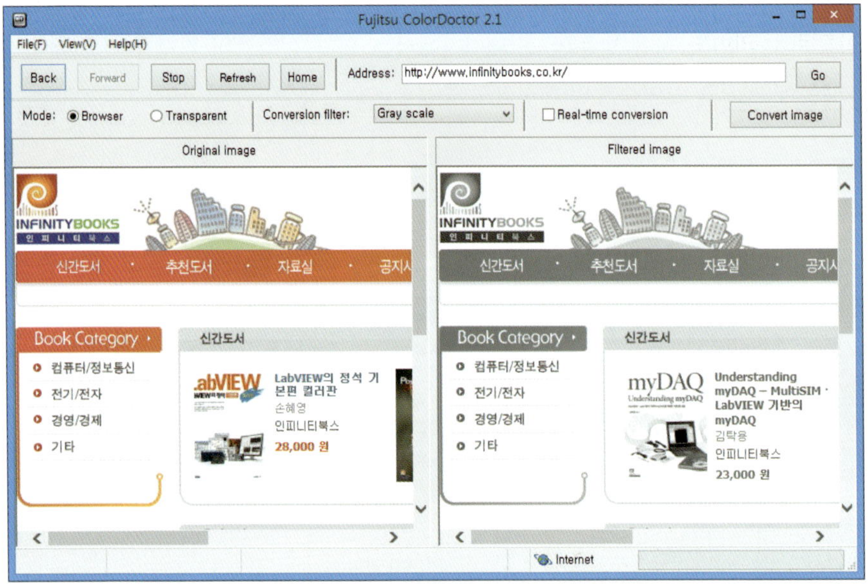

흑백 화면에서는 색 사용이 어려운 경우가 있다. 왼쪽은 주황색 부분의 대비가 부족하다.

후지쯔 ColorDoctor

클라이언트의 요구 반영

최종 색 조정에서는 클라이언트의 요구를 제대로 반영했는지 확인한다. 계획대로 색을 사용하지 않은 경우에는 클라이언트가 납득할 만한 이유가 필요한데, 이때 제대로 설명하지 않으면 디자인이 채택될 확률은 적어진다. 배색의 방향성 등 클라이언트와의 협의 내용이 디자인에 반영되지 않는다면 불신을 심어줄 수도 있다.

색 문제는 취향에 좌우되기 쉬운 만큼 클라이언트의 요구가 제대로 반영되었는지 꼼꼼하게 확인하자. 만약 클라이언트의 요구가 디자이너에게 제대로 전달되지 않았다면 상사나 영업자의 책임이므로 주의한다.

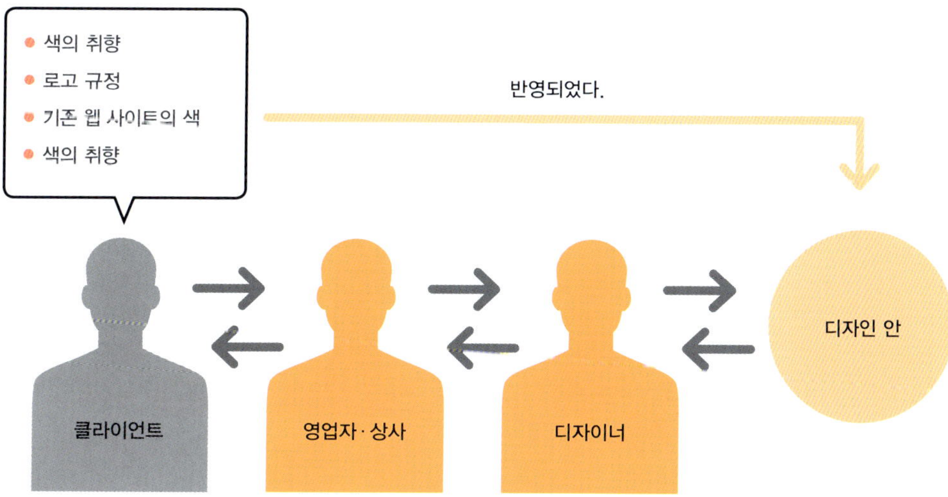

위의 그림에서 대리점 등이 추가되는 경우가 있고, 클라이언트부터 디자이너까지의 전달 경로가 꽤 멀어 복잡해지는 경우도 많다. 클라이언트의 요구나 규칙이 제대로 전달되어 실제로 적용되었는지 반드시 확인하자.

CHECK POINT

- 작업 화면과 약간 떨어진 곳에서 전체 배색을 살펴보고 세부적인 문제점을 찾는다.
- 클라이언트의 요구가 정확히 반영되었지 꼼꼼하게 확인한다.

COLUMN 4

2 가지의 색 공간 sRGB 와 AdobeRGB (2)

웹 디자인에서 가장 자주 사용하는 그래픽 프로그램은 어도비의 포토샵, 일러스트레이터, 파이어웍스다. 파이어웍스에서는 현재 AdobeRGB를 다루지 못하기 때문에 포토샵이나 일러스트레이터로 AdobeRGB를 사용해서 이미지를 완성해도 파이어웍스에서는 색이 달라질 수 있다. AdobeRGB의 넓은 색 공간을 이용하는 환경에서도 최종적으로 이미지를 웹에 올리는 경우 sRGB 색 공간으로 작업하고, 'Color Settings' 대화상자에서 개요를 보존하자.

물론, 도구에 의존한 네이티브 앱 등 제한적인 환경에서만 사용할 수 있는 경우에는 환경에 맞는 색 공간을 이용한다. 어떤 환경이라도 색을 똑같이 보여줄 수는 없지만 제작 문제로 색이 바뀌면 대화로 해결할 수 없기 때문에 작업 환경에 대한 지식과 규칙은 최소한 파악해야 한다.

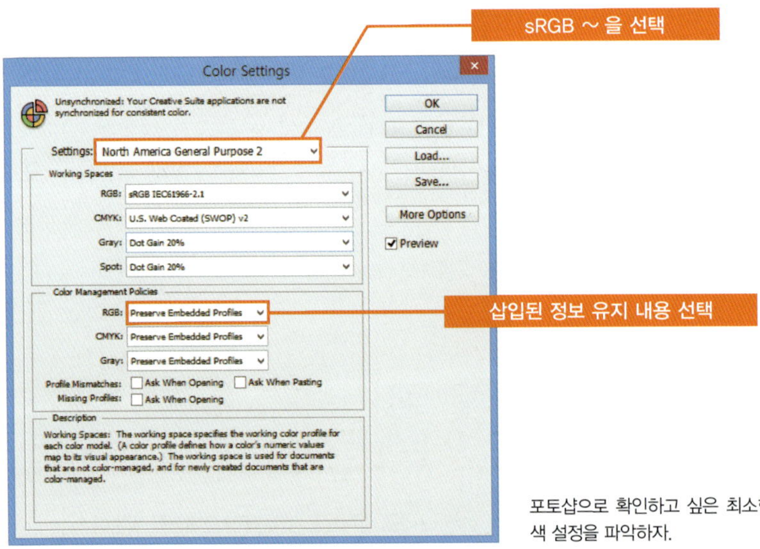

포토샵으로 확인하고 싶은 최소한의 색 설정을 파악하자.

응용편 _ Apply 1

색에 관한 설득의 기술

클라이언트와 배색 이미지나 목표를 공유하는 경우 취향이나 주관적인 부분이 소통을 방해하기도 한다. 실무에서 발생할 수 있는 다양한 사례를 토대로 해결 방법에 대해 알아본다.

APPLY 1/ 01

다루기 어려운 색을 사용하는 경우

로고 색과 같이 의미 있는 색으로 배색하는 경우에는 문제가 없지만, 무작정 떠오른 배색을 사용하는 경우 클라이언트에게 배색의 이유에 관해 자세히 설명하기 어렵다. 또한 웹 사이트 이미지와 맞지 않는 색을 사용하면 배색이 전혀 달라지므로 특정 색을 사용하는 경우 어떻게 유도하여 사용해야 할지 알아본다.

웹 사이트 이미지 확인

사용하려는 색이 웹 사이트 이미지와 맞을 수 있지만 반대의 경우에는 곤란하다. 먼저 사용하려는 색의 의미를 확인하여 타당한 이유가 있다면 보조색이나 강조색으로 작은 면적에 사용할 수 있다. 만약 배색에 특별한 이유가 없다면 사용하려는 색이 일반적으로 갖는 의미나 그에 따른 단점을 설명해서 사용하지 않거나 최소한으로 사용한다.

■ 사용하기 어려운 색

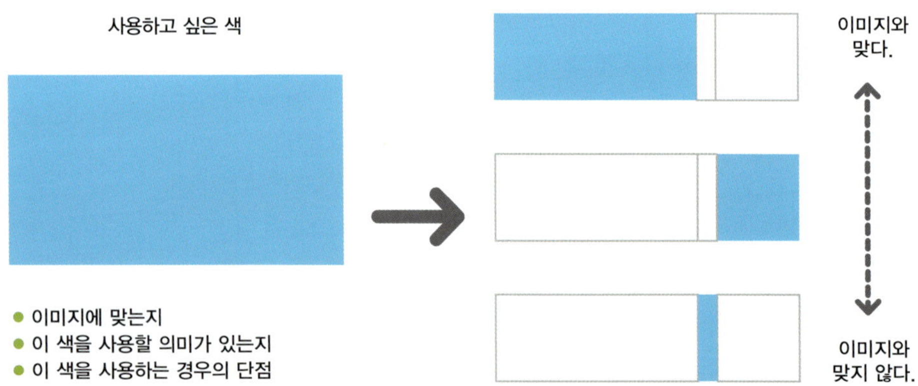

이미지와 맞지 않는 색은 최소한으로 사용해서 단점이 장점보다 많다는 것을 보여주면 클라이언트가 쉽게 이해한다.

경쟁 사이트 색의 배제

사용할 수 없는 색에 관해 클라이언트에게 가장 쉽게 설명할 수 있는 방법은 '경쟁 사이트에서 사용하기 때문에 그 색의 이미지에서 벗어나야 한다'는 것이다. 먼저 경쟁 사이트를 꼼꼼하게 조사하여 자주 사용하는 색을 파악한다. 구체적인 수치는 필요 없지만 디자인으로 소통할 때 경쟁 사이트의 스크린샷을 정리해 두면 편리하다. 실제로 경쟁 사이트에서 사용하는 색의 분량을 조정하여 얼마든지 응용할 수 있지만 '경쟁 사이트와 차별화하기 위해 해당 색은 모두 배제해야 한다'고 강하게 주장하자.

인상적인 경쟁 사이트의 배경색 배제

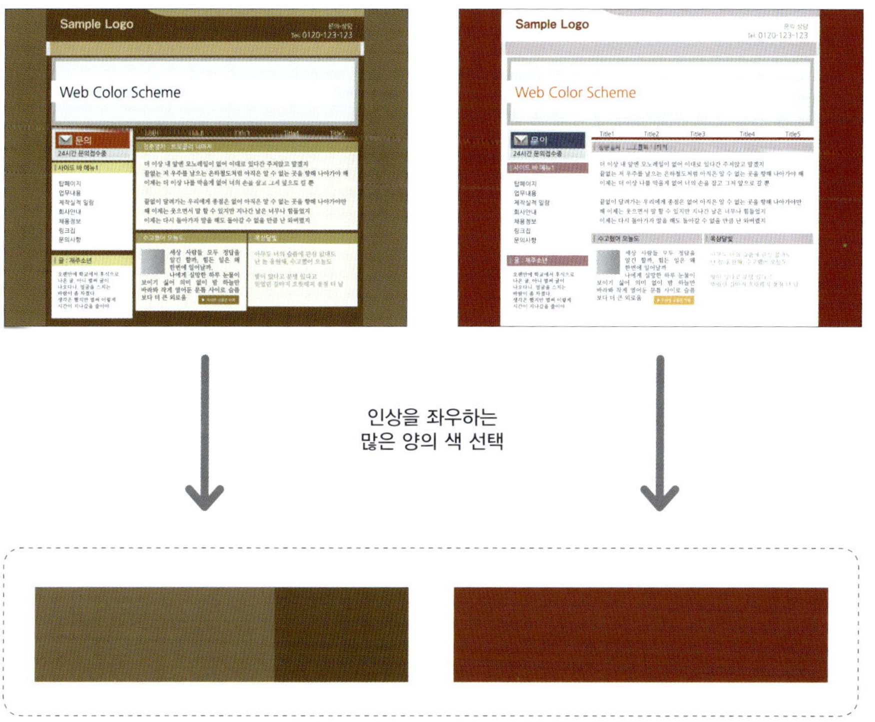

갈색이나 자주색을 배제하여 클라이언트에게 특정 색이 인상적인 경쟁 사이트의 색은 피하자고 주장한다.

강조색으로 사용

클라이언트가 고채도의 강한 색을 요구하면 강조색으로 사용하는 것이 가장 좋다. 웹 사이트와 맞지 않는 색이라면 디자이너가 계획한 색 이미지와 색상·명도·채도 등이 크게 달라진다. 즉, 바탕색과 다른 색을 작은 면적에 쓰는 강조색의 정의와 일치한다.

주어진 색이 저채도이며 소박하고 눈에 잘 안 띄는 등 강조색으로도 사용하기 힘든 경우에는 보조색으로 분할하여 사용한다.

■ 강조색으로 소량 사용

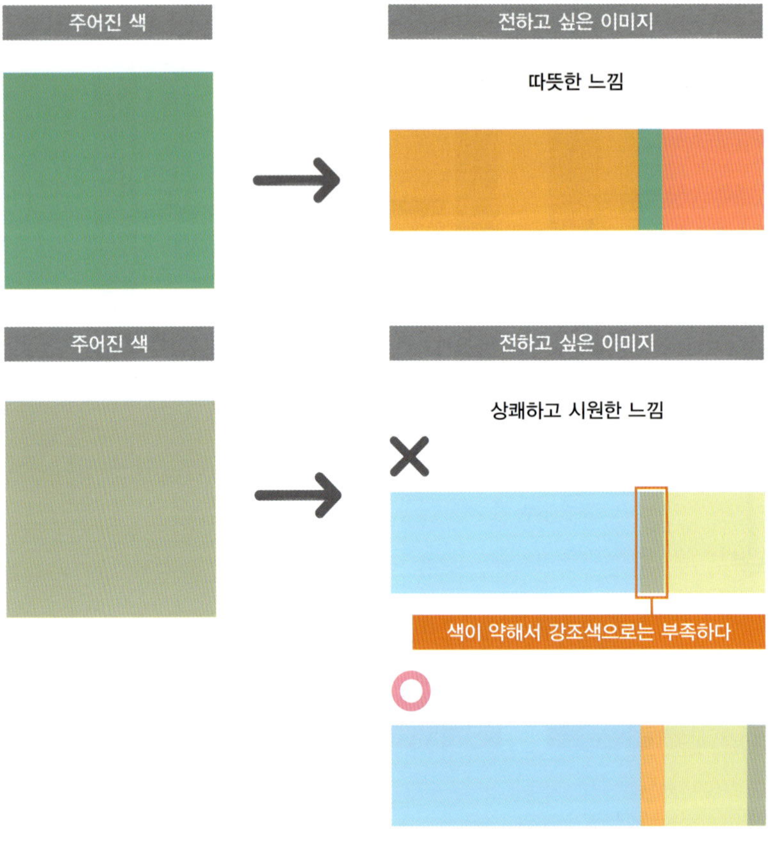

사용하기 힘들다는 이유로 주어진 색을 전혀 사용하지 않으면 클라이언트와의 소통이 매끄럽지 못하다. 색 사용이 힘든 이유를 명확하게 설명한 후 주어진 색을 강조색으로 소량 사용하는 배색을 제안하자.

보이지 않는 곳에 소량 사용

클라이언트가 지목했지만 웹 사이트 이미지와 도저히 맞지 않는 색은 시작 화면 외부에 사용한다. 주어진 색을 시작 화면에서 보여주지 않는 데는 타당한 이유가 있어야 하므로 주의가 필요하다. 배경색과 대비되는 색은 '문의사항', '구매' 등의 아이콘이나 버튼에 사용할 수 있다. 실무에서 자주 사용하는 기법으로, 눈에 띄어야 하는 부분에 어울리지 않는 색을 사용하여 주목시킨다. 메인 이미지에서 슬라이드의 가운데나 색이 밀집되어 자주 바뀌는 배너에 사용할 수도 있다.

다루기 어려운 색은 잘 보이지 않는 곳에 사용

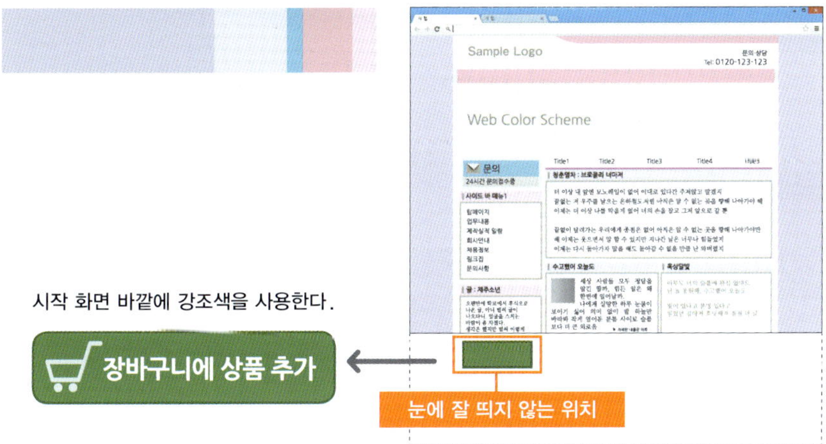

웹 사이트와 도저히 어울리지 않는 색은 시작 화면 밖에 사용하거나 화면 위의 파트 색으로 사용할 수 있다.

CHECK POINT

- 클라이언트가 요구한 색이 웹 사이트 이미지와 맞지 않는다면 강조색으로 소량 사용한다.
- 색 사용에 관한 타당한 이유를 클라이언트에게 명확하게 설명한다.

APPLY 1/02 색에 관한 의견이 다른 경우

클라이언트와 협의 중에는 색에 관한 의견이 어긋나기도 한다. 색에 관한 지식이 있는 클라이언트의 경우 배색에 관한 의견에 일리가 있지만, 색을 전혀 모르는 경우에는 고집스럽게 취향만을 요구하는 경우도 있다. 배색에는 정답이 없으므로 클라이언트의 의견을 수렴하면서 타협점을 찾아 색 사용 이유가 명확한 배색을 완성한다.

경쟁 사이트의 색 제안

클라이언트와 배색에 관한 의견이 다른 경우 경쟁 사이트와의 비교는 디자이너의 주장을 뒷받침하는 큰 무기가 된다. 클라이언트는 경쟁 사이트 색을 의식하지 않으므로 지정된 색이 2가지인 경우 '타사 이미지를 피하기 위해서는 보색을 선택하는 것이 바람직하다' 등으로 협의할 수 있다.

모든 경쟁 사이트의 색을 확인하기는 어렵지만, 인상적인 색을 사용한 경쟁 사이트 이미지는 피할 수 있으므로 경쟁 사이트 목록과 스크린샷을 정리해둔 서류를 항상 준비한다.

주요색 후보

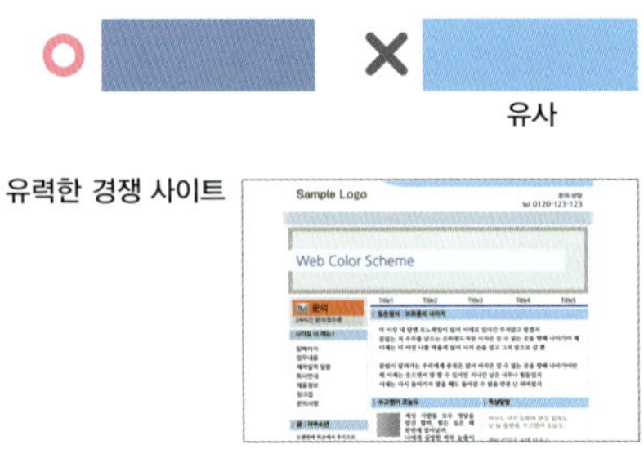

하늘색은 유력한 경쟁 사이트의 주요색과 비슷하기 때문에 무난하게 파란색을 선택한다.

배경색 사용

웹 사이트에 배경색을 사용하면 같은 배색이라도 인상이 달라지므로 하늘색을 주요색으로 선택할 수 있다.

제3자의 의견 수용

클라이언트와의 1대 1 대화에서는 디자이너가 원하는 색이 있더라도 결국 클라이언트 의사에 따르는 경우가 많다. 양쪽 주장에 타당한 이유가 있다면 의견은 더욱 팽팽해진다.
좀처럼 의견 차이가 좁혀지지 않는다면 제3자의 의견을 듣는다. 3명 이상인 경우에는 다수결로 정할 수 있다. 클라이언트가 여러 명이라면 먼저 담당자들의 의견을 통합하되 가능하면 상사나 결정권자를 포함하여 의견을 수용하면 좋다.
단, 시작 단계부터 여러 사람이 개입하면 의견이 분분해서 혼란스러워진다. 최종 결정 전까지 소통에 참여하지 않은 사람의 다양한 의견을 듣고, 사용자 입장을 고려한 건의안을 바탕으로 결정하면 쉽게 의견을 통합할 수 있다.

■ 제3자를 포함한 협의

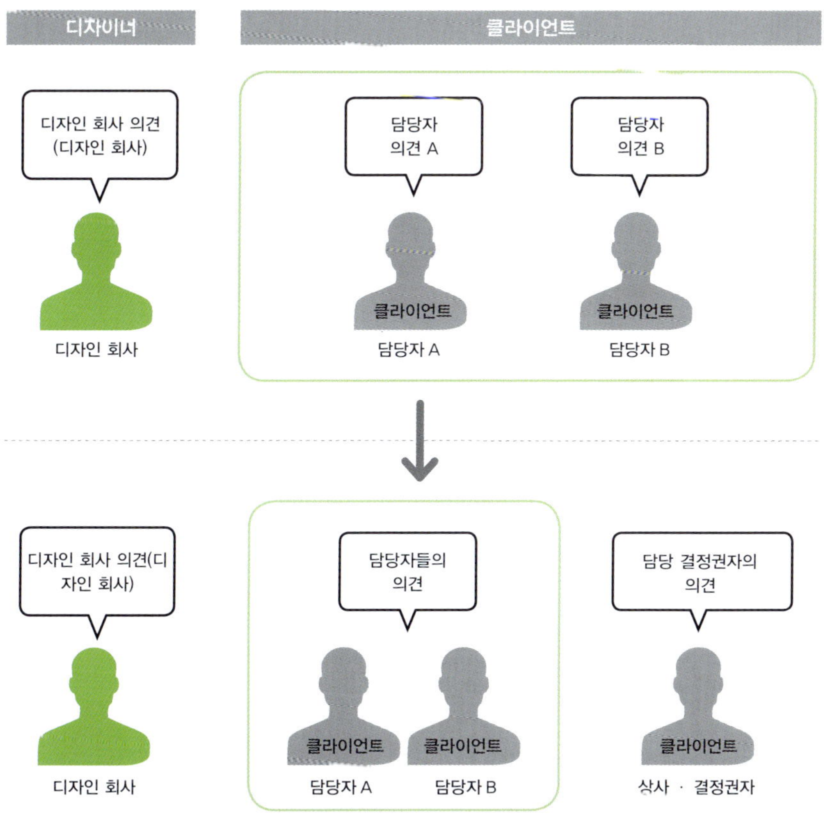

취향이나 기호에 따라 달라지기 쉬운 배색 문제는 여러 사람이 함께할수록 복잡해진다. 최종 결정까지 최대한 의견을 모으고 가능한 2가지 안 중에서 선택하는 것이 이상적이다.

배색에 관한 문서 공유

색 승인 과정은 배색에 관한 서류를 준비한 후 시도한다. 배색에 관한 내용을 구두로 승인 받을 경우 쉽게 잊을 수 있고 다른 클라이언트의 의견으로 인해 번복될 수도 있다.

간단한 형식도 좋지만 PDF(Portable Document Format : 어도비에서 만든 문서 파일 유형) 등의 포맷으로 간편하게 문서화한다. 사내에서는 출력물이나 파일을 공유하면 담당자가 아니더라도 쉽게 회람할 수 있다. 서류를 확인한 다양한 사람의 의견을 수용하여 다음 작업을 위한 참고 자료로 삼는다. 디자인과 전혀 다른 의견이 나오면 곤란하지만 색에 관한 인식은 사람마다 다르다는 점을 설명할 수 있으므로 적절한 순간에 제3자에게도 색을 전달하여 공유할 방법을 준비한다.

■ 문서에 의한 색 정보 공유

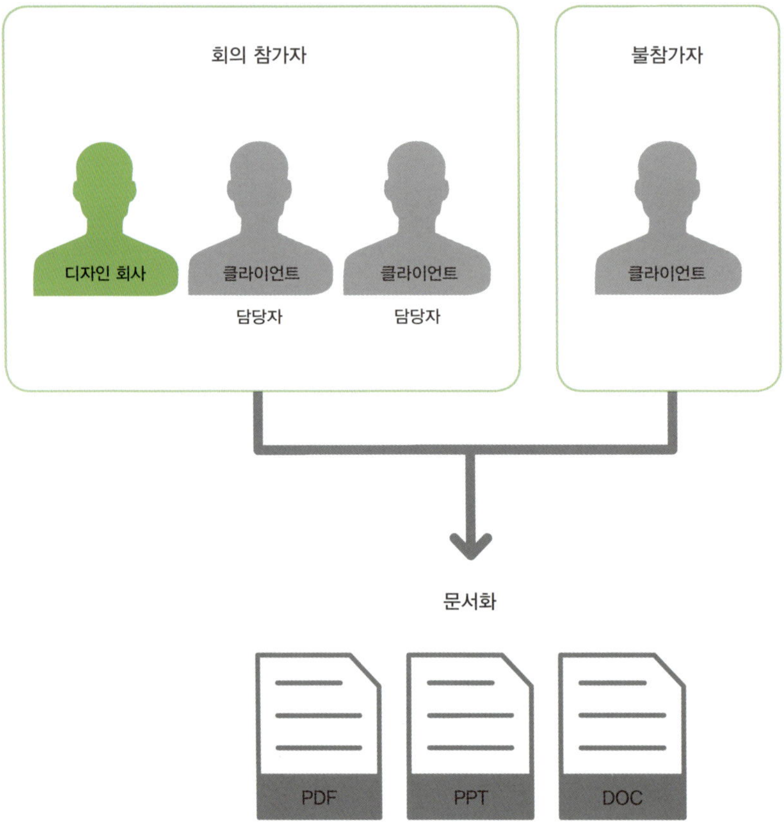

회의에 참가하지 않아도 서류를 통해 회람할 수 있다. 구두로는 이미지를 전달하기 어렵지만 배색에 관한 이유를 토대로 간단한 문서를 만들어 실제로 색을 확인하면 이미지를 상상하기 쉽다.

투표·다수결로 의견 통일

투표나 다수결로 색을 결정하는 것에는 장·단점이 있다.

장점은 클라이언트가 최종 색 결정에 참여하여 '직접 선택했다'는 자부심을 가지는 것이다. 웹 사이트 배색이나 기업 색상의 의미를 알 수 있고 영업 방침으로도 사용할 수 있으며 기업 이미지를 확실하게 이해시켜 사기를 높일 수 있다.

단점은 최종 판단을 전문가가 아닌 비전문가에게 맡긴다는 것이다. 여러 디자인 중에서 이따금 좋아 보이지 않는 디자인이 채택되는 경우가 있는데, 색도 마찬가지로 웹 사이트와 어울리지 않는 배색이 채택되기도 한다. 대부분의 경우 디자이너의 의견을 존중하므로 가능한 디자이너도 소중한 1표를 가져 투표나 다수결에 참여하자.

■ 사원 투표

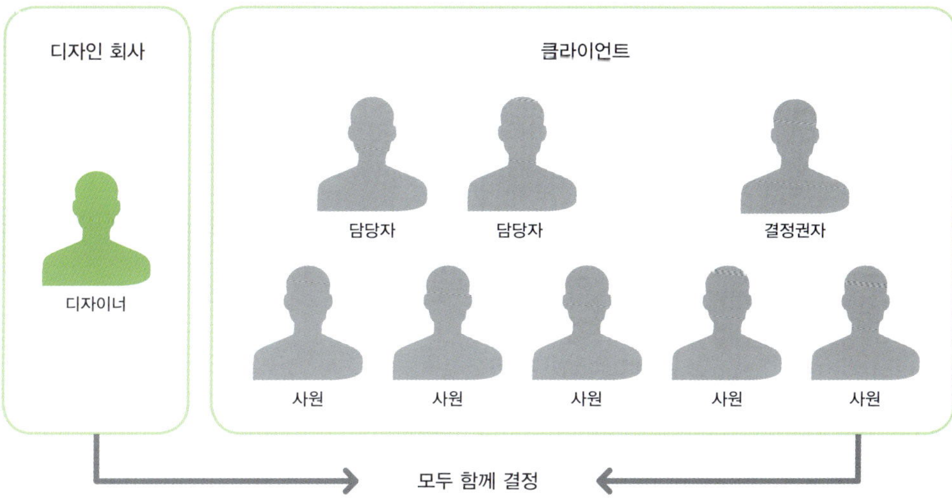

다수결에서 가장 중요한 것은 '모두 함께 결정했다'는 참여의식이다. 총회에서 정한 것은 한 사람의 의견으로 번복하기 힘들기 때문에 번거롭더라도 의도적으로 다수결의 원칙을 사용하기도 한다.

CHECK POINT

- 디자이너의 의견을 주장하는 경우 경쟁 사이트와 비교하여 설명한다.
- 의견이 통합되지 않으면 제3자(단체)와 함께 최종적으로 결정한다.

APPLY 1/ 03

부득이하게 색상 수를 추가하는 경우

'허전해서 색상 수를 늘리고 싶다'는 클라이언트의 요구에 흔히 사진이나 색을 추가하기도 한다. 보통 허전하다고 느끼는 것은 영역에 비해 내용이 적기 때문에 근본적으로 색을 사용해 해결할 수 없다. 이때 클라이언트와의 매끄러운 소통을 통해 해당 영역에 색이 없는 이유를 설명한다. 또한 공백 자체가 아닌 주변 색으로 문제를 해결하여 허전하다고 느끼는 부분 외의 색을 수정할 수 있다.

무조건적인 색상 추가는 금물

대부분 허전하다고 느끼는 부분은 공백인 경우가 많지만 아무것도 배치할 필요가 없는 필연적인 이유가 있기도 하다. 문장이나 단어의 길이가 짧아 공백이 생기거나 내용 사이의 공백이 넓어 옆 내용과 간격이 떨어져 보일 수도 있다.

인접한 내용 사이에 경계선이 없다면 공백을 적용하는 것만으로도 균형있게 나타낼 수 있다. 무조건 색상 수를 늘리는 것이 아니라 먼저 기존의 배치부터 다시 살펴본다.

■ 경계선으로 공백 제거

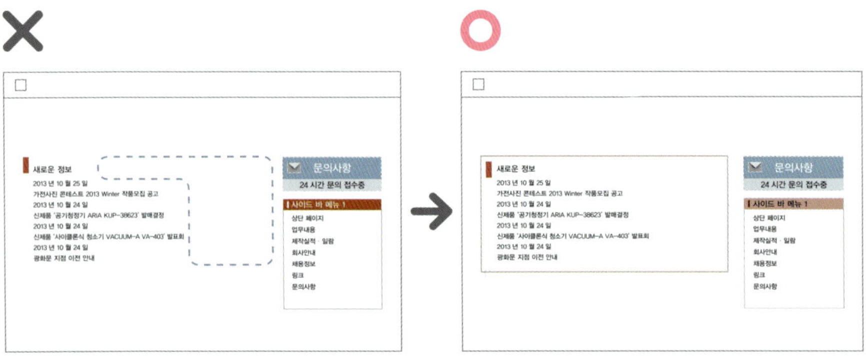

공백이 많더라도 새로운 요소를 추가하는 게 아니라, 기존 요소를 재검토하면 문제가 해결되기도 한다. 이때 경계선 등을 표시하는 것만으로도 충분히 달라진다.

추가한 색의 단점 검토

허전하다고 느끼는 부분에 색을 추가하면 공백이 없어져 확실히 안정감을 찾을 수 있다. 그 색이 지금까지 없었던 것은 '필요 없었기' 때문이다. 불필요한 요소를 추가해서 오히려 그 부분이 눈에 띄어 강조해야 하는 부분이 묻힐 수 있다.

색상 추가에는 장·단점이 있다. 어떤 색을 추가하는 것이 좋은지, 기존 색의 사용방법을 변경하는 것이 좋은지 판단한 후 색을 추가한다.

■ 정보의 주목성을 높이는 요소의 고려

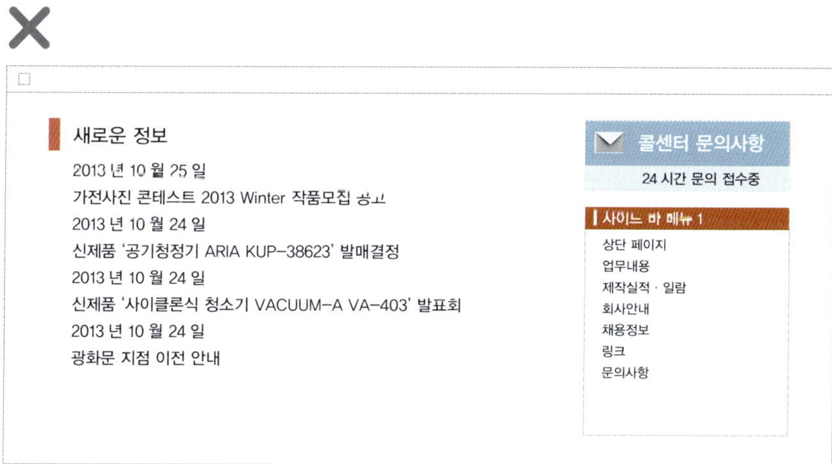

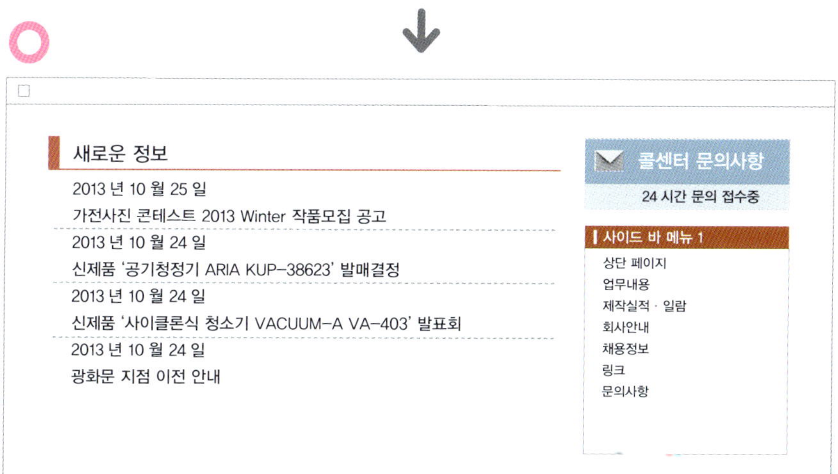

배치나 색 추가와 마찬가지로 새로운 요소를 추가하면 필요 이상으로 시선을 끌어 중요한 정보가 보이지 않을 수 있기 때문에 가능한 색을 추가하지 않는다.

색 면적 조정

색이 부족하다고 느껴지면 사용 중인 색을 약간 늘리거나 옅은 배경색을 사용하는 것만으로도 해결할 수 있다. 특히 배경색이나 테두리 선을 이용하면 정보의 덩어리감을 확인하기 쉬워 색을 바꾸거나 일러스트 등을 배치하지 않아도 된다.

'공백이 커서 너무 허전하다'는 의견이 있다면 경계선 → 배경색 → 사진 → 일러스트 순으로 해결할 수 있으며 좁은 공간에 무리하게 채워서는 안 된다.

■ 경계선과 옅은 배경색 사용

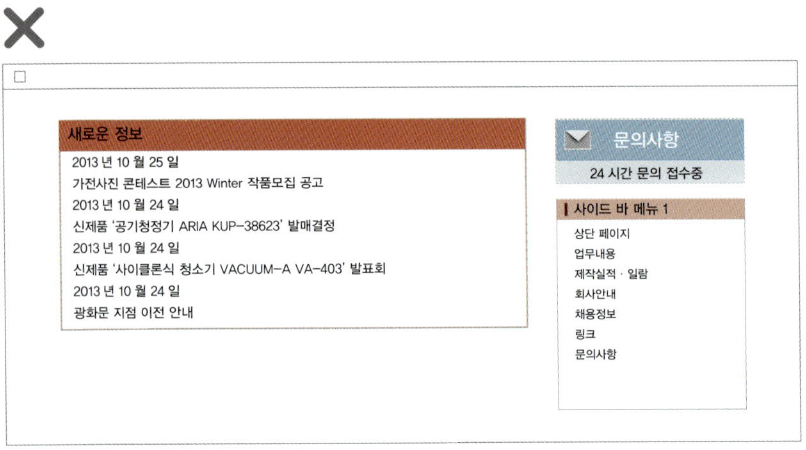

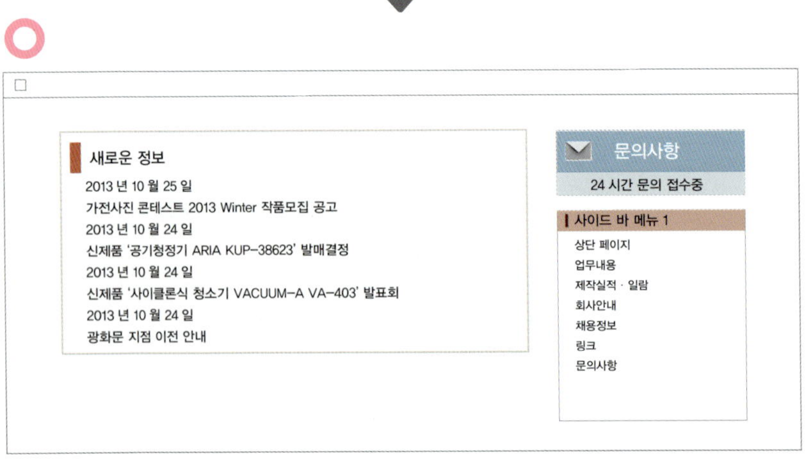

사진이나 일러스트를 추가하지 않고 경계선을 표시하는 것만으로도 공백을 없앨 수 있다. 옅은 배경색을 사용해도 인상이 크게 달라지지 않으므로 매우 효과적이다.

공백 처리

허전한 부분에서는 공백이 눈에 띄지만 그리 중요하지 않다. 원래 전하고 싶은 부분에 더 강한 색을 배치하여 공백에서 시선을 돌려야 하므로 공백 위아래의 색을 주의한다. 위아래 파트와의 대비가 강하면 공백이 훨씬 더 강조되므로 옅은 색의 경계선 등을 사용하여 공백을 완화한다.

■ 위아래 공백에 의한 대비 주의

공백이 넓은 부분에서 위아래에 대비가 강한 색을 적용하면 2가지 색 사이의 공백은 훨씬 더 강조된다. 아래의 예는 아이콘을 추가하여 시선을 왼쪽으로 유도한다.

CHECK POINT

- 무조건 색을 늘리기 전에 기존의 배색을 다시 검토한다.
- 공백이 크게 느껴지는 부분은 경계선이나 옅은 배경색을 사용한다.

APPLY 1/04

다양한 배색을 요구하는 경우

클라이언트는 시안을 비교 및 검토하기 위해 다양한 디자인을 요구하기도 한다. 미리 사용해야 하는 색을 선정하지 않았다면 단순한 비교일 뿐더러 여러 안을 생각해야 하는 만큼 작업이 늘어난다. 어떤 색으로 어떤 메시지를 전하고 싶은지 명확하게 협의한 후 배색 방향을 정하면 불필요한 작업을 피할 수 있다.

디자인 목표의 재확인

색으로 전하려는 메시지가 확실하면 필연적으로 사용해야 할 색이 좁혀진다. 디자인 목표가 없는 상태에서 여러 개의 배색 디자인을 제출하는 것은 예산 낭비이며 불필요한 일이다. 클라이언트가 '밝은 패턴과 어두운 패턴, 2가지 모두 만들어 달라'고 한다면 시작부터 제대로 소통이 되지 않은 데다 목표도 정해지지 않았다는 것이다. 요구한 대로 명암이 전혀 다른 2가지의 디자인을 만들어 클라이언트의 취향에 따르는 것은 디자이너의 무책임이다. 협의 후 의견이 1가지로 좁혀지지 않을 때는 여러 안을 내야 하는 경우도 있으므로 유의한다.

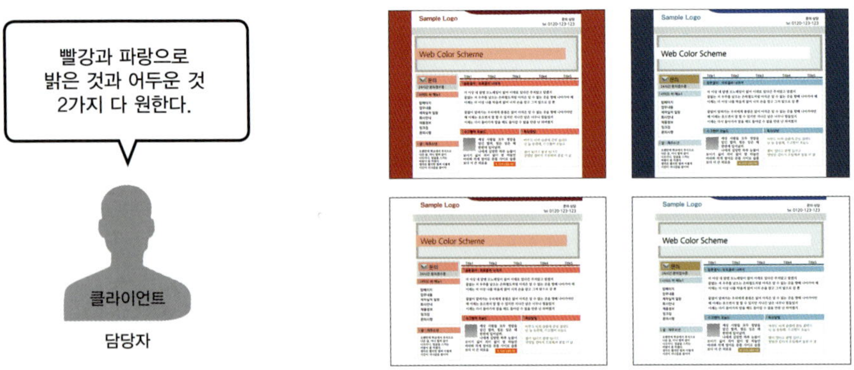

클라이언트가 빨강, 파랑과 같이 전혀 다른 색의 디자인을 요구하는 것은 디자인 목표가 정해지지 않았기 때문이다. '빨강과 파랑 디자인을 확인하고 싶다'고 한다면 먼저 그 이유를 살펴보자.

단어에 관한 구체화된 이미지 확인

색 선택의 어려움 중 하나는 단어에 관한 이미지를 색으로 연결하지 못하는 데 있다. 예를 들어, '고급스런 느낌'을 요구하는 경우 클라이언트에게 왜 필요한지, 어떤 부분에 나타내기 원하는지 되물으면 명확한 대답이 돌아오는 경우는 많지 않다.

'축구팀 웹 사이트'라는 단어에 관한 이미지는 쉽게 이해할 수 있을 것 같지만 배경색이 흰색인지 검정인지 명확하지 않다. '전남 드래곤즈 웹 사이트'라고 설명하면 비로소 검정을 바탕으로 고채도 색을 추가해야 하는 것을 이해한다.

확실하게 색을 정하면 '밝은 패턴과 어두운 패턴 2가지 모두 만들어 달라'는 모호한 요구가 없다. 레이아웃은 달라도 최소한 배색에 관해서는 작업을 단순화해야 한다.

■ 다양한 디자인을 요구하는 경우

재검토

- **고급스런 느낌은 배색을 결정하기 위한 기준이 아니나.**
  클라이언트가 생각하는 고급스런 느낌이란?
  고액의 차 · 집 · 보석…?
  위의 '고급스런 느낌'은 목적에 맞는가?
- **고급 이외의 키워드는 없나?**
  다른 키워드가 있나면 그것에 부합하는 것은 밝은 색일까, 어두운 색일까?
- **사용자가 요구하는 색은 어떤 것인가?**
  클라이언트가 생각하는 이미지와 사용자가 요구하는 이미지는 일치한다고 할 수 없다.
  필요한 색은 어느 쪽일까…?

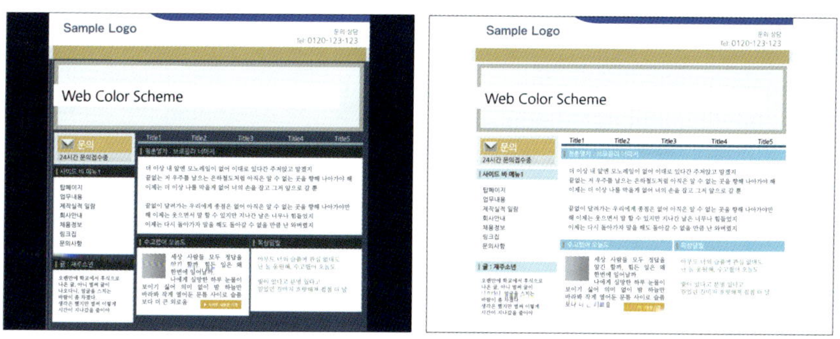

단어에 관한 이미지가 좀처럼 좁혀지지 않는다면 요구 조건을 만족시키는 색이 어느 쪽인지 다시 확인한다. 협의 과정에서는 처음에 생각한 내용과 달라지는 경우가 많다.

APPLY 1/ **05**

모순된 요구에 대응하는 방법

클라이언트가 직접 조사하고 확인한 참고 웹 사이트의 배색이나 디자인은 이론적으로 설명하기 힘들고, 막연한 질문과 함께 이야기를 번복하는 경우도 있다. 클라이언트 자신도 파악하지 못한 내용을 디자이너에게 전달하는 경우 한번에 디자인이 갖춰지기 힘드므로 먼저 모순된 내용을 정리한다.

극단적인 예에 관한 설명

색에 대한 형용이 모순되면 디자이너의 사고는 멈춘다. 극단적인 예를 들어, 클라이언트가 '차분한 아메리칸 팝'이나 '즐겁고 고상한 노선' 등의 이미지를 요구하면 어떻게 처리해야 할지 당황스럽다. 만약 이대로 디자인을 진행해도 좋은 결과를 기대하기는 어렵다.
불안정한 키워드가 제시된 경우에는 구글 이미지 검색 등을 이용하여 2가지 정도의 예를 비교하여 보여준다. 극단적인 비교에 관한 색을 모두 보여주고, 어느 쪽이 희망하는 디자인에 가까운지 여러 차례 질문하면 원하는 방향으로 의견을 좁힐 수 있다.

즐거운 일러스트

단순한 일러스트

색 표현에 일관성이 없는 경우에는 이미지 검색을 이용한다. 관계없는 이미지도 포함되지만 대략적으로 이미지나 색을 파악할 수 있으므로 '일러스트', '소재' 등의 단어와 연결하여 검색하면 더욱 편리하다.

단어에 가까운 이미지 유도

SD법(Semantic Differential : 통계 기법)과 같은 차트에 다양한 단어를 적어보자. '밝다'와 '어둡다', '딱딱하다'와 '부드럽다' 등 상반된 형용사를 나열하여 어느 쪽 이미지에 어느 정도 가까운지를 그래프 형태로 나타낸다.

통계를 위한 것이 아닌 '앞으로 어떤 웹 사이트를 만들고 싶은가?'라는 질문에 관한 클라이언트의 생각을 확인하거나 정리할 수 있다. 기존 웹 사이트의 이미지도 확인할 수도 있어 클라이언트가 갖고 있는 사고의 모순을 정리하는 데 알맞다.

■ 단어에 관한 이미지

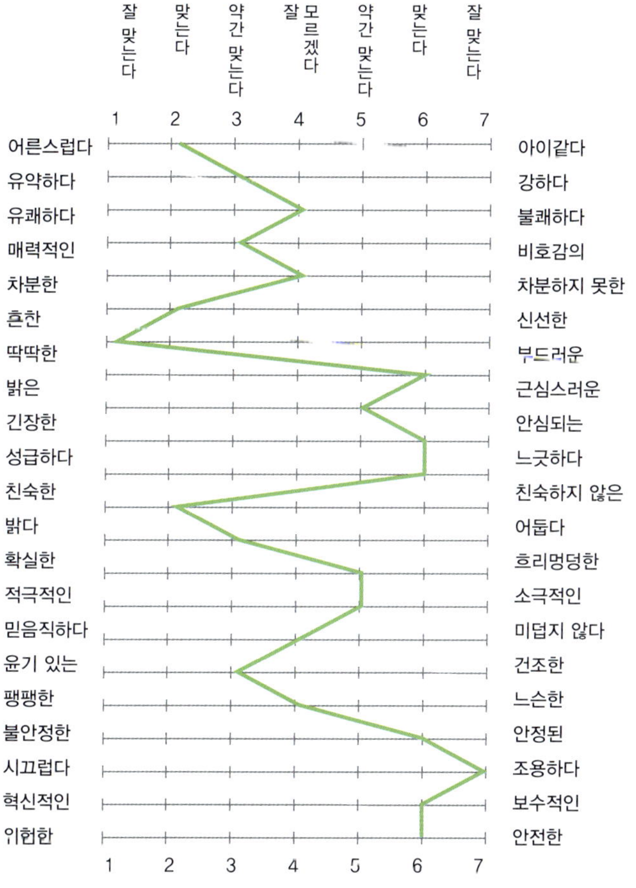

차트는 주로 통계학에서 사용하지만 클라이언트나 여러 사람이 목표하는 이미지를 좁히는 데 사용해도 좋다. 반대 의미의 형용사를 20개 정도 나열하면 충분히 참고할 수 있다.

APPLY 1/06 불규칙한 색의 통일

웹 사이트뿐 아니라 사보나 명함 등 다양한 서식에 사용하는 색에 일관성이 없는 경우가 상당히 많다. 이것은 정해진 기업 색상이 없어 디자인 시점의 담당자 취향이나 상황에 맞춘 결과물이다. 기업에서는 웹 사이트만 색을 바꾸면 되는지, 다른 서식도 수정해야 하는지 검토한 후 구체적으로 통일된 배색을 진행한다.

색 변경과 예산 설정

웹 사이트 배색을 변경하는 작업은 CSS나 이미지 수정만으로도 가능하지만, 인쇄와 같이 비용이 발생하는 부분에 대해서는 그리 간단하지 않다. 기업 규모에 따라 고액의 비용이 발생하면 곤란한 경우도 있다. 기업 브랜딩 관점에서 색은 통일하는 것이 바람직하며, 신규 서비스나 새로운 회사의 경우 처음부터 색을 통일시킨다.

기업 색상이 각각 다르다.　　기업 색상이 통일되었다.

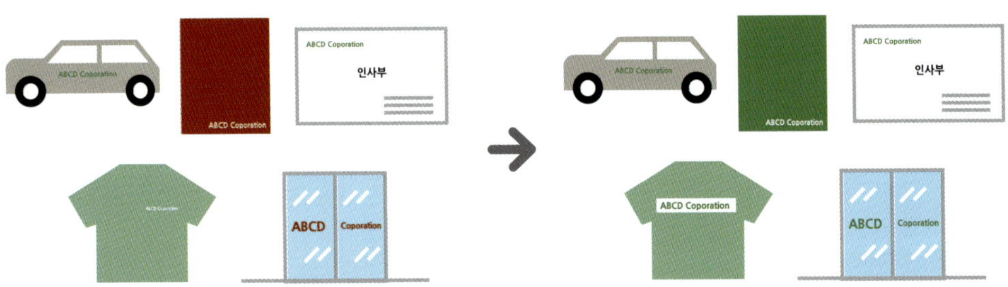

기업 색상을 통일하는 것은 비용 면에서도 어려우므로 웹 사이트를 만들 때에는 어떤 색에 맞출 것인지 충분히 검토해서 계획한다.

웹 사이트만 다른 색을 사용하는 경우의 단점

기업 브랜딩에서 웹 사이트만 색이 다른 경우 다른 미디어와의 이미지 차이가 생긴다. 이것은 고객이 직접 기업을 방문한 후 웹 사이트를 방문하는 경우 문제가 생긴다. 검색 엔진을 통해 처음부터 웹 사이트를 방문한 고객에게는 명함이나 회사 팸플릿 등 서식에 사용된 색은 크게 상관없다. 하지만 명함을 교환했다거나 전시회 등에서 제품에 흥미를 가진 고객이 웹 사이트를 방문하는 경우 기존 서식과 웹 사이트의 색 이미지가 다른 부분에서 위화감을 느낄 수 있고 볼 때마다 색이 다르면 기억에 남기기 힘들다. 실제로 접대, 상담하는 기업이나 서비스 웹 사이트일수록 다른 미디어와의 통일된 색이 중요하다.

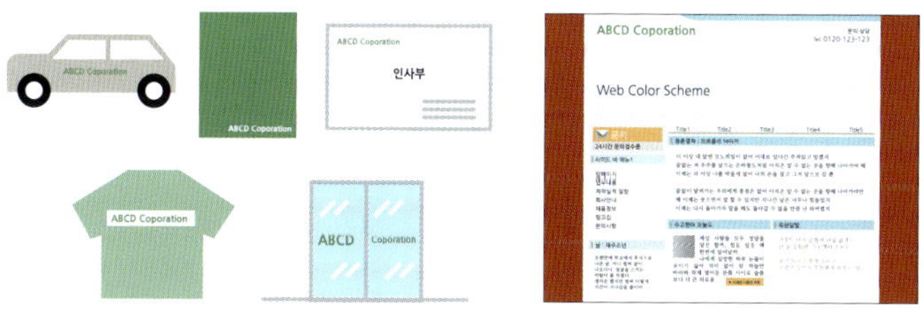

색이 통일되지 않으면 웹 사이트를 방문한 사용자는 위화감을 느껴 기억에 남기기 어렵다.
방문 전에 보여준 색과 웹 사이트 색을 통일시키는 것은 컬러 브랜딩의 기본이다.

색 변경의 우선순위

기존 웹 사이트와 카탈로그, 사보 등의 색이 다른 경우 표현하고 싶은 이미지에 가까운 쪽으로 색을 통일하는 것이 바람직하다. 먼저 기업 색상을 통일하여 신규 고객이 접하기 쉬운 명함이나 안내 책자, 봉투 등에 적용하면 자연스럽게 웹 사이트로의 유입을 기대할 수 있다. 중소기업의 경우 미방문 고객을 위해서라도 컬러 브랜딩에 신경 쓸 필요가 있다.

고객의 눈에 접하는 것

- 웹 사이트
- 명함
- 회사 안내 책자, 팸플릿
- 간판
- 봉투
- 상품에 붙은 상표

한꺼번에 다양한 미디어의 색을 통일하기 힘든 경우 우선적으로 '고객의 눈에 직접 접하는 것', '비용이 발생하지 않는 것', '빨리 바꿀 수 있는 것'을 변경한다. 이때 웹 사이트만 색이 다르다면 웹 사이트의 색 변경을 최우선으로 한다.

새로운 색의 장점

클라이언트의 서비스나 조직 개편을 계기로 어느 정도 비용이 발생하지만 '이미지를 교체하고 싶다', '강하게 어필하고 싶다'고 요구하는 경우 기업 색상이나 로고를 변경하기도 한다. 합병 등으로 인해 회사 이름이 바뀌면 로고도 바뀌므로 이외에도 여러 가지 기업 브랜딩을 통합할 수 있는 좋은 기회가 된다.

새로운 로고를 만드는 일부터 시작하면 기업 색상에 의미를 부여할 수 있고 어울리는 색도 선택할 수 있다. 기업 색상 변경에 관한 보도 자료를 내보내기도 하고, '자사 기업 색상' 등의 웹 페이지를 만들어 기업이념 등을 알릴 수 있다.

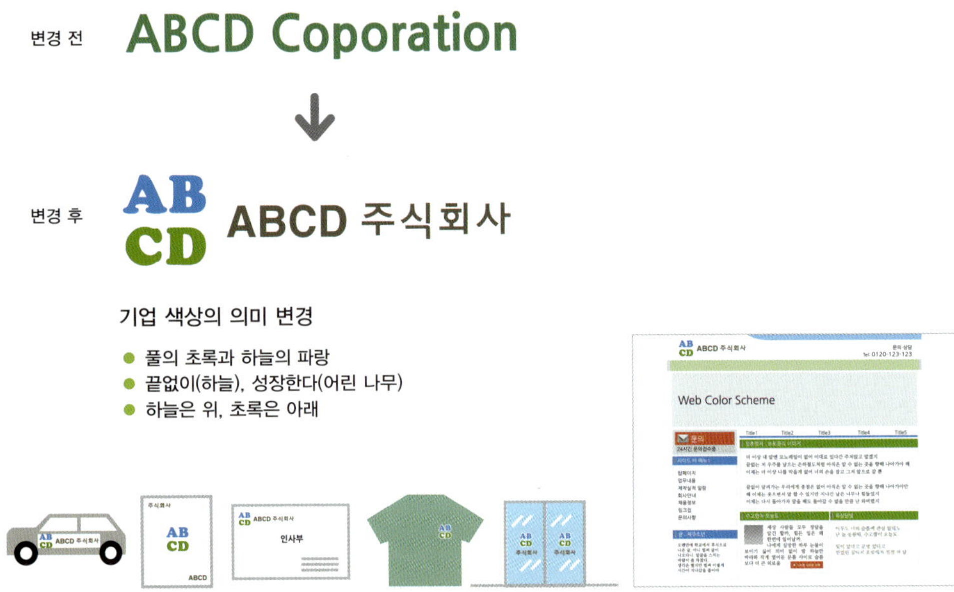

기업 색상 변경은 기업 브랜딩의 또 다른 기회다. 색을 바꾼다는 것은 사업 등의 컨셉 자체가 바뀐다는 의미이기도 하며, 영업 도구로서도 활용할 수 있다.

CHECK POINT

- 기본적으로 명함, 회사 안내 책자, 상표 등과 웹 사이트 색을 통일한다.
- 직접 고객의 눈에 접하는 것을 우선으로 배색 통일 계획을 세운다.

응용편 _ Apply 2

장면별 색 선정

배색이 확실히 정해지지 않았거나 컴퓨터 외의 모바일 기기, 외부 웹 서비스 배색이 아직 미흡한 경우가 있다. 실무에서 발생하는 다양한 사례를 토대로 해결 방법에 대해 알아본다.

APPLY 2/01

깔끔한 배색이 힘든 경우

잘못된 배색 문제를 제대로 파악하지 못하면 석연찮은 느낌을 가지고 수차례 색을 수정해도 좀처럼 완성도를 높이기 힘들다. 배색에 관한 문제는 저마다 다르지만 전체 배색이나 각 파트의 수정, 인접한 파트끼리의 비교 등을 통해 확인할 수 있다.

색상 견본 참고

목표하는 이미지에 어울리는 배색인지 확인하는 경우 색상 견본의 도움을 받는다. 색상 견본에는 단어에 관한 이미지나 어울리는 배색이 실려 있어 직접 만든 배색과 일치하는지 비교할 수 있다. 바탕색과 주요색의 색이나 톤이 전혀 다르면 잘못된 배색으로 완성되므로 색상 견본에 가깝게 수정하는 것만으로도 안정된 배색이 가능하다.

■ **전통적인 느낌**

색상 견본의 '전통적인 이미지'

웹 사이트 배색

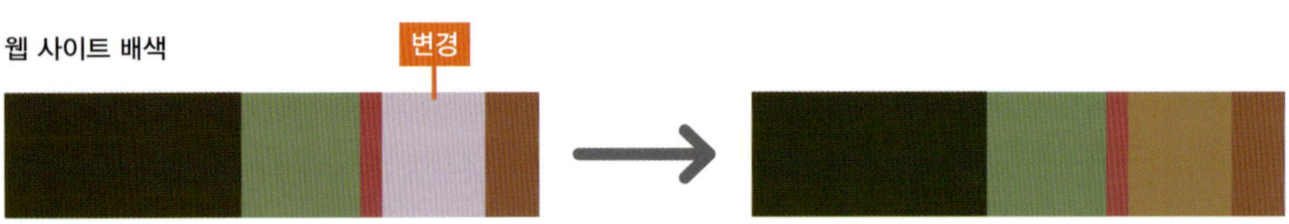

디자인 초기 단계부터 색상 견본을 참고하면 오히려 색 이미지에 얽매인다. 어느 정도 이미지가 정해진 후 색상 견본을 참고해서 이미지 차이를 확인한다.

인접 파트에 강약 적용

확실한 배색을 위해서는 강약이 필요하다. 배색의 강약은 주로 명암차에 의한 강도이며, 웹 페이지의 경우 스크롤하여 위에서 아래로 읽기 때문에 주로 위아래에 강도를 적용하는 것이 중요하다.

강약을 주는 요령은 제목이나 본문, 버튼 등의 각 파트를 블록처럼 다루어 색의 강약을 교대로 나타내는 것이다. 제목을 '강'이라고 하면 본문은 '약'으로 한다. 사진이 함께 있다면 사진을 '강'으로 해도 상관없다. 웹 페이지 안의 모든 요소가 이 원칙에 따를 수는 없지만 주요 파트를 '강'으로 하고 그 사이에 '약'을 끼워 넣는다. 문장이나 콘텐츠를 보여주기 위해서라도 '강'만 연속되거나 '약'만 반복되는 연출은 피한다.

■ 인접한 파트의 강약

파트 안에서의 색의 강약

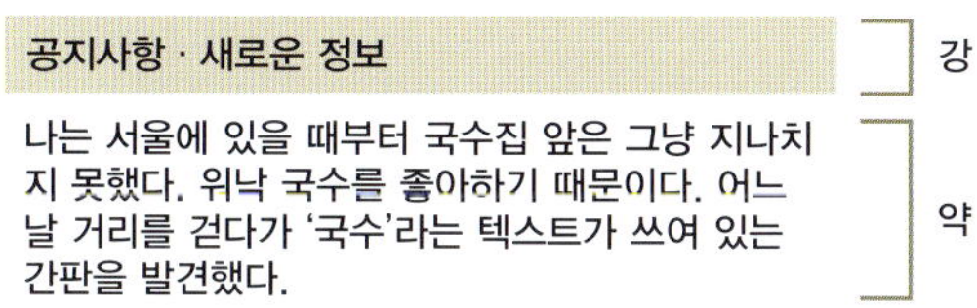

레이아웃에서의 색의 강약

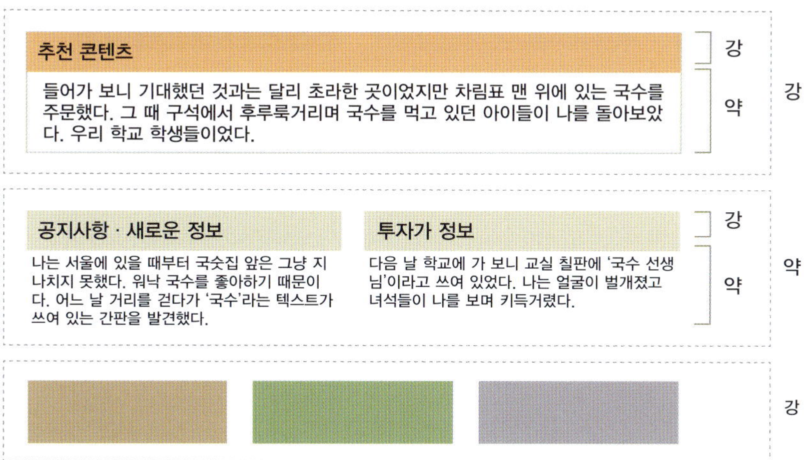

색의 강약을 생각할 때 파트 단위에서의 색의 강약과 위아래에 인접한 파트의 강약을 생각한다. 강약이 교대로 나타나듯이 한쪽으로 치우치면 이상해진다.

이미지 배너에 저채도 색 사용

인터넷 쇼핑몰 사이트 등은 대체로 선명한 색을 사용한 이미지 배너가 밀집된다. 고채도 색이 밀집되면 커다란 덩어리 형태로 보여 다른 색이 눈에 잘 들어오지 않고, 배너끼리 서로 방해가 되기도 한다.

각 파트의 배너나 이미지 배경색에서 채도를 조금씩 낮추는 것만으로도 상당히 안정된다. '넓은 영역의 색은 채도를 약간 낮추면 배색이 안정된다'는 원칙을 잊지 않도록 한다.

■ 파트의 채도 낮추기

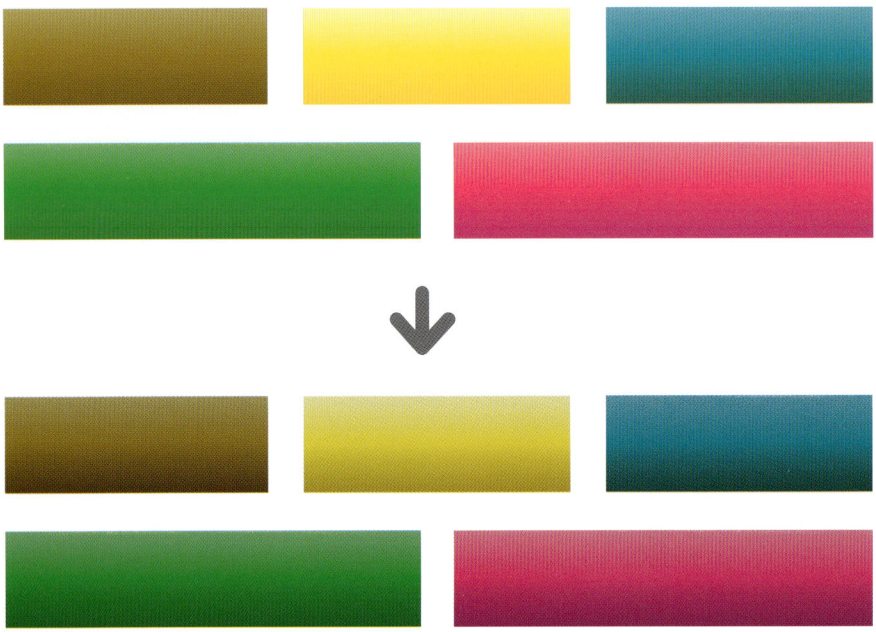

각 색의 채도와 명도를 살짝 낮추면 안정된 색으로 통일하기 쉽다. 눈에 띄는 배너를 사용하면 화려해지므로 채도가 약간 낮은 색을 사용해도 배색이 안정된다.

강조색 통합

강조색(강하게 나타내고 싶은 경우에 사용하는 색)은 사용하면 할수록 화면에 분산된 강한 색에 의해 실제로 강조하고 싶은 색이 묻히기도 하므로 바탕색, 보조색과 차이가 큰 색을 사용할 수 없다. 원본 이미지를 살리면서 강조색을 많이 사용하고 싶다면 가능한 강한 색을 통합해서 사용한다. 웹 사이트 이미지를 담당할 부분과 강조색을 집중적으로 배치할 부분을 나눠 생각하면 배색이 유지된다.

■ 강조색의 위치

✕

화면 전체에 강한 색이 분산되어 시선이 모이지 않는다.

○

강한 색을 가운데에 통합하여 시선이 모인다.

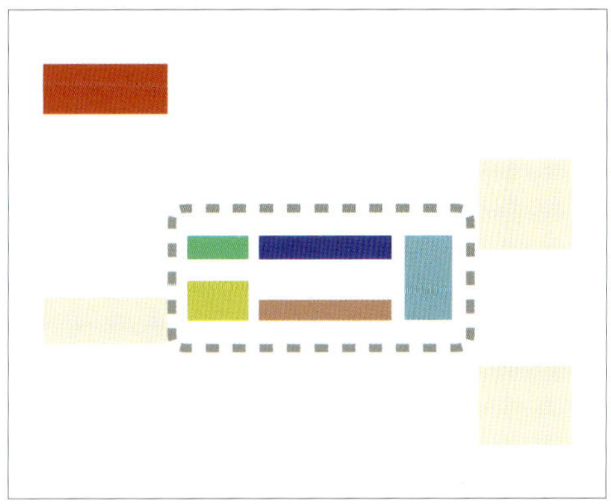

광고 사이트의 경우에는 다르지만 강조색이 화면에 분산되지 않도록 위치를 고려해서 디자인한다.

CHECK POINT

- 배색 이미지를 어느 정도 구성한 후 색상 견본에서 방향성을 확인한다.
- 각 파트를 블록으로 생각하여 색의 강약을 교대로 나타낸다.

2/ APPLY **02**

SNS에서 색으로 어필하는 경우

페이스북 페이지(기업이나 브랜드, 유명인의 홍보나 마케팅을 위한 기능) 커버 사진이나 프로필 사진, 트위터의 프로필 이미지처럼 웹 사이트가 아닌 소셜 네트워크 서비스(SNS)에서 기업이나 개인을 나타내는 사진을 자주 볼 수 있다. 다양한 정보 속에서 프로필 사진을 강조하기 위해서는 어떤 색을 사용하면 쉽게 인상에 남길 수 있는지 브랜딩의 관점에서 생각할 필요가 있다. 색을 이용하여 사진을 보다 강하게 어필하기 위한 방법을 페이스북과 트위터를 중심으로 알아본다.

페이스북 페이지 사진

페이스북에서는 커버와 프로필 사진이 중요하며, 실제로 페이지를 방문했을 때 처음 나타나는 커버 사진보다 타인의 게시물에도 자동으로 보여지는 프로필 사진이 더욱 중요하다. 기업의 페이스북 페이지에는 주로 로고를 사용하며 자주 변경하지 않는다. 개인의 프로필 사진을 바꿨을 때에는 지인에게만 어필할 수 있으므로, 개인이나 비즈니스를 어필하고 싶다면 가능한 사진은 바꾸지 않은 채 다른 SNS 프로필 사진과 일치시킨다.

■ **프로필 사진의 일치**

기본적으로 컬러 브랜딩에서는 같은 색을 반복하여 사용하는 것이 중요하므로 화려하거나 수수한 이미지에 관계없이 일관성 있는 프로필 이미지를 만든다.

프로필 사진의 배경색

프로필 사진으로 인물사진을 선택하는 경우 배경색을 바꾸면 시선을 끌 수 있다. 분홍이나 선명한 줄무늬 패턴 등 흔히 배경색으로 사용하지 않는 색을 선택하면 타임라인(트위터 접속 시 제일 먼저 나타나는 텍스트 화면으로, 팔로우한 사람들의 댓글을 모두 모아둔 공간)이나 담벼락(월)에서 시선을 끌 수 있다. 이때 사람의 피부보다 선명한 색을 사용한 캐릭터나 캐리커처 형태의 일러스트 등도 좋다.

타인이 흥미를 가질만한 이야기도 주목시킬 수 있는 가능성이 높다. 일반적으로 지명도가 높지 않은 사람은 조금이라도 많은 사람에게 알려지기 위해 배경색 등으로 시선을 끄는 전략을 사용한다.

■ 인물사진에 임팩트 있는 배경색 적용

타임라인이나 담벼락에 눈에 띄는 색을 사용하면 효율적이다. 인물사진에 선명한 배경색을 사용하면 임팩트를 줄 수 있다.

프로필 사진과 커버 사진 색

프로필 사진에 적극적인 색을 사용하는 경우 커버 사진에는 소극적인 색을 사용하여 강약을 준다. 커버 사진이 압도적으로 커서 선명한 색을 많이 사용하면 프로필 사진이 눈에 띄지 않으므로 같은 색을 사용하고 싶다면 큰 면적에 사용한다.

색에 강약을 주기 위해서는 명도차가 중요하지만 다행히 프로필 사진 주위에는 흰색 테두리가 적용되어 커버 사진과 색을 분리해서 명도차가 거의 없는 사진에서도 각각의 사진을 제대로 보여준다.

■ 커버 사진과 프로필 사진의 균형

✕

○

프로필과 커버 사진 모두 화려하면 프로필 사진의 색 효과가 떨어진다. 커버 사진에 임팩트를 주기 위해서는 프로필 사진에 소극적인 색을 사용하자.

통일감 있는 웹 페이지 배색

직접 웹 사이트를 디자인할 수 있는 페이스북, 트위터 등의 SNS에서는 기업 사이트와 페이스북 페이지의 배색을 통일하는 것이 바람직하다. 트위터는 모바일 기기 전용 앱으로 보는 경우가 많지만, 웹 브라우저로 개별 페이지에 접속하는 경우도 많기 때문이다.
강조하고 싶은 색이 없는 경우 약간 어두운 배경을 설정하여 콘텐츠의 흰색 배경과 대비가 생기도록 하면 콘텐츠에 시선을 모으기 쉽다. 유명인이 아닌 이상 업그레이드된 내용을 평가 받기 쉬우므로 정보를 읽는 데 방해가 되도록 변경해서는 안 된다.

■ 웹 서비스 디자인의 일치

FIAT

기업 사이트
http://www.fiat.com/

페이스북 페이지
http://www.facebook.com/fiat/

트위터 페이지
https://twitter.com/fiatontheweb/

Burberry

쇼핑 사이트
http://uk.burberry.com/store/

페이스북 페이지
http://www.facebook.com/burberry/

트위터 페이지
https://twitter.com/Burberry/

페이스북에서는 프로필 사진과 커버 사진이 매우 중요하다. SNS 페이지에서는 다양한 이미지들을 통합하여 일치시키도록 한다.

APPLY 2/03 모바일 웹 사이트 배색

컴퓨터용 웹 사이트에 비해 스마트폰용 모바일 웹 사이트 화면의 레이아웃 영역은 매우 좁다. 여러 개의 단으로 인해 레이아웃이 어렵고, 배치할 수 있는 색상 수나 면적도 제한된다. 좁은 화면에서는 레이아웃을 간소화할 수밖에 없지만 여기서도 색 이미지를 잘 전달하고 콘텐츠를 읽기 쉽게 할 수 있다. 작은 모니터 안에서 색 이미지를 전하는 방법과 보기 편하도록 사용성 측면에서의 배색을 알아본다.

상단 메뉴에는 주요색 적용

스마트폰의 화면 크기는 기기에 따라 다르지만, 아이폰 5(640×1136px)를 기준으로 위아래 내비게이션의 높이 70px 정도를 제외한 세로 길이의 절반에 해당하는 약 483px 안에 주요색을 배치한다.

웹 사이트 로고만으로도 전하고 싶은 세계관을 표현할 수 있다면 충분히 색 이미지가 전달되지만, 그렇지 않은 경우 주요색을 상단 메뉴에 사용하여 배색 이미지를 보충한다. 화면 맨 위에 내비게이션이 있다면 그곳에 주요색을 사용하거나 선을 긋는 것도 좋다.

■ 주요색 배치

스마트 기기의 화면 크기는 다양하지만, 아이폰5 기준 화면 상단에서 533px 이내에 주요색을 배치하면 가로 형태의 기기에서도 문제없다.

■ 로고 색과 주요색이 다른 경우

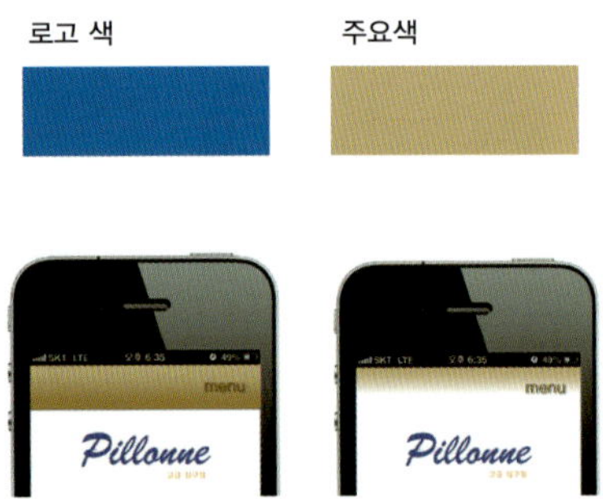

로고 색과 주요색이 다르더라도 가능한 보이는 위치에 주요색을 배치한다. 내비게이션이 없다면 단순한 선도 상관없다.

제목이나 아이콘 강조

스마트폰용 모바일 웹 사이트의 경우 기본적으로 콘텐츠 부분은 1단에 사진과 이미지가 세로로 이어져 문장을 읽기 시작하면 색 이미지는 거의 기억나지 않는다.

이때 문장 제목이나 아이콘 등에 주요색을 사용하면 하나의 강조색이 여러 번 반복되므로 쉽게 색 이미지를 전달할 수 있다. 많은 색을 사용하지 않고도 단순하게 같은 색을 반복해서 사용하면 기억에 남길 수 있다. 적절한 간격으로 색을 확인할 수 있도록 텍스트는 문장의 구조를 갖추고 내용 파악이 쉬운 제목을 붙인다.

■ 반복적인 색 사용

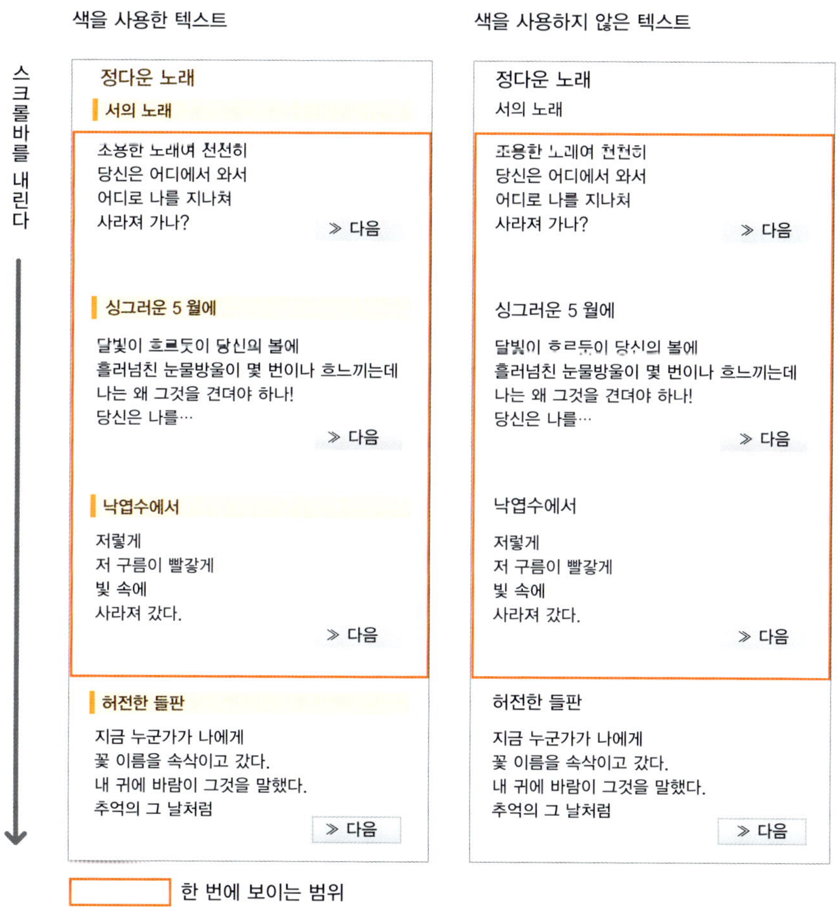

스크롤바를 내릴 때 같은 색을 반복적으로 나타내면 강한 인상을 줄 수 있다. 스마트폰용 모바일 웹 사이트의 텍스트 장식은 단조롭지만 약간의 색을 사용하는 것만으로도 이미지가 달라진다.

배색으로 시선 고정

세로로 스크롤하는 스마트폰용 모바일 웹 사이트 콘텐츠에서 사용자는 필요한 정보만을 얻기 위해 주로 내용을 제대로 읽지 않은 채 빠르게 아래로 스크롤한다. 이러한 사용자 습관을 고려해서 시선을 고정시킬 수 있도록 작은 아이콘보다 배경색을 사용하여 화면의 시작에서 끝까지 가로지르는 띠나 선 장식을 이용한다. 그러데이션을 적용한 배경색에 사용하면 커다란 버튼으로 인식할 수 있으므로 버튼과 제목 배경에는 차이를 둔다.

■ 색 띠로 시선 고정

제목만 색을 넣은 띠 / 제목과 버튼에 색을 넣은 띠

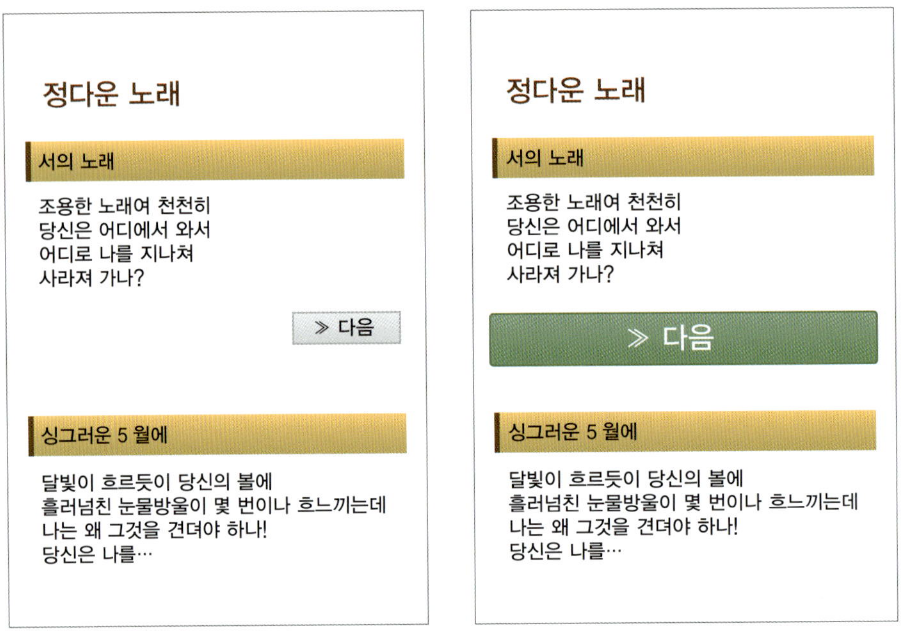

사용자의 시선을 멈추게 하기 위해서는 왼쪽의 예와 같이 색 띠를 사용하면 좋다. 단, 폭이 넓은 버튼을 사용하는 스마트폰용 모바일 웹 사이트는 제목과 버튼을 착각하기 쉬우므로 색으로 차이를 나타낸다.

실외에서도 보기 쉬운 제목 사용

스마트폰용 모바일 웹 사이트는 주로 실외에서 본다. 실내조명과 비교해서 훨씬 밝은 햇빛이 비추는 곳에서는 색을 구별하기 어렵고 텍스트를 읽기도 힘들다. 컴퓨터용 웹 사이트에서 검정(#000000) 텍스트와 흰색(#FFFFFF) 배경의 조합은 대비가 너무 강하므로 피한다. 모바일 웹 사이트는 백라이트 빛도 컴퓨터처럼 큰 모니터에 비해 약하기 때문에 검정과 흰색의 2가지 조합만으로도 가독성에 문제가 없다.

실외의 자연광에 의해 대비가 떨어져도 제목으로 짧은 시간 안에 정보를 이해시킬 필요가 있기 때문에 제목 색을 주의하여 사용한다. 화면이 잘 보이지 않을 정도로 강한 빛이 비추는 환경에서 사용자는 대부분 장문을 읽지 않으므로 주로 실외에서 보는 스마트폰용 모바일 웹 사이트는 제목 색에 각별히 주의한다.

■ 실외에서도 보기 쉬운 제목

기본적인 대비가 부족한 예

점포 주소
서울특별시 용산구 이태원 2동 190-1

기본적인 대비가 확보된 예

점포 주소
서울특별시 용산구 이태원 2동 190-1

부기는 편한데 배경의 대비가 부족해서
실외에서는 효과가 적다.

점포 주소
서울특별시 용산구 이태원 2동 190-1

흰색과 제목 배경의 대비는 강해졌지만
그만큼 텍스트 대비는 떨어진다.

점포 주소
서울특별시 용산구 이태원 2동 190-1

텍스트의 대비를 바꾸지 않고
장식으로 색을 추가했다.

점포 주소
서울특별시 용산구 이태원 2동 190-1

제목 텍스트를 확대하고
굵은 글꼴을 적용했다.

점포 주소
서울특별시 용산구 이태원 2동 190-1

자연광으로 인해 대비가 떨어져도 짧은 시간 안에 정보를 파악할 수 있도록 특히 제목에 신경 쓴다.

CHECK POINT

- 상단 메뉴에 주요색을 사용하여 강한 인상을 준다.
- 색 띠(선)로 제목을 읽기 쉽게 나타내어 시선을 고정시킨다.

COLUMN 5

웹 포맷 외의 색 변환

실무 디자인에서는 웹뿐만 아니라 인쇄물이나 상품 등 오프라인 결과물로써 나타나는 색을 다룰 기회가 많아진다. RGB나 CMYK 색상 모드로 변환하기 위해서는 그래픽 프로그램인 포토샵이나 일러스트레이터만으로도 충분히 작업할 수 있다. 먼셀 표색계의 색 지정에서 RGB로 변환하는 경우에는 변환식이 있지만 매우 복잡하다.

이때 간단하고 쉽게 색상 모드를 변환하는 도구를 이용하면 편리하다. 유료인 고기능 프로그램으로는 윈도우와 맥에서 '바벨컬러 컬러 트랜스레이터 & 애널라이저(Babelcolor Color Translator&Analyzer)'를 사용할 수 있다.

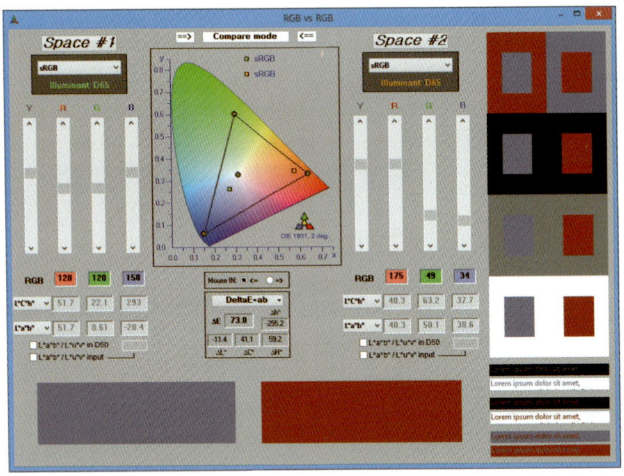

BabelColor Color Translator & Analyzer
http://www.babelcolor.com/#CTandA

응용편 _ Apply 3

다양한 색 문제의 해결 방법

'색이 다르다', '바꾸고 싶다'와 같은 색 문제는 디자이너에게 가장 큰 어려움 중 하나이다. 합리적인 기준이나 협의를 위한 현명한 대처방법에 대해 알아본다.

APPLY 3/ 01

같은 색, 다른 결과물 확인

'생각했던 것과 색이 다르다'는 문제로 클라이언트와 갈등이 생기는 경우가 많다. 대부분 서로 다른 모니터 환경에 의한 시각 차이가 원인이지만, 배색으로 생기는 대비 현상이 원인인 경우도 있다. 전자는 물리적인 문제, 후자는 심리적인 문제이므로 어느 쪽도 근본적인 해결책을 얻기란 상당히 어렵다. 클라이언트에게 문제의 원인을 잘 설명해서 이해시키는 것이 중요하므로 위의 2가지 원인을 정확하게 설명할 수 있도록 한다.

모니터에 의한 시각 차이

물리적인 색에 관한 시각 차이에는 모니터 기기, 설정, 노화, 조명 차이 등이 있다. 의외로 사용자는 기기 차이에 의해 모니터 설정이 바뀌거나 노화로 인한 시각 차이를 잘 모른다. 최신 모니터에는 실내 밝기 등을 감지하여 자동으로 표시 색을 조정하기도 한다.
모니터에 의한 시각 차이에 관해 도저히 클라이언트를 이해시킬 수 없는 경우 그래픽 프로그램에서 사용하는 'Color Picker' 대화상자 등을 이용하여 직접 원하는 색의 수치를 확인한다. 위와 같은 모니터 확인 과정을 거치지 않고 무작정 배색을 조정하면 불필요한 수정 작업이 늘어난다.

■ 색에 관한 시각 차이의 이해

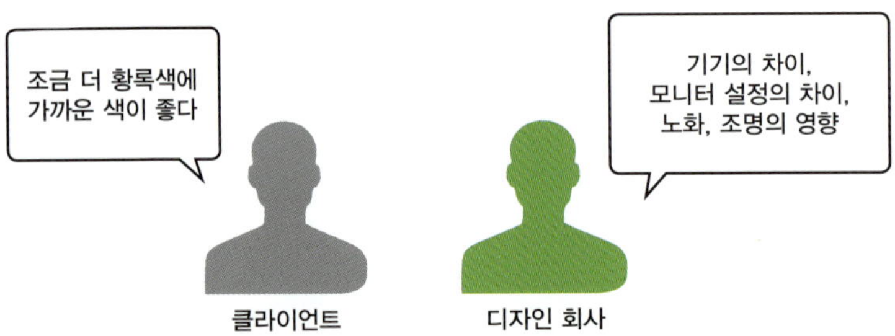

클라이언트가 시각차에 관해 이해하지 못하면 직접 16진수의 색 수치를 지정하게 한다. 이때 디자이너는 다른 의견을 표시하지 않는 것이 중요하다.

심리적인 부분에 의한 시각 차이

색은 넓은 면적에서 보다 선명하고 밝게 보인다. 같은 수치의 색을 사용해도 로고의 크기에 따라 다르게 보인다. 스크롤이 필요한 페이지에서 위아래에 로고가 있는 경우에는 문제없지만, 같은 화면에 다른 크기의 로고가 있는 경우에는 주의가 필요하다.

인접 색에 따라 색이 다르게 보이는 대비 현상도 문제가 된다. 배경색의 유무에 따라 시각 차이는 커지므로 같은 색으로 보이고 싶은 부분의 배경색을 일치시킨다. 이미지의 경우 안티 에일리어스(그래픽 프로그램에서 영상을 매끄럽게 표현하는 화면 처리 기법)에 의해 생기는 색 번짐 현상도 시각 차이에 영향을 준다.

심리적인 시각 차이로 생기는 문제를 해결하기 위해서는 클라이언트에게 원인을 설명하고 시각 차이를 인식시킨다.

■ 심리적인 시각의 차이

색 면적 효과

하늘정형외과 하늘정형외과

색의 대비 현상

하늘정형외과 하늘정형외과

안티 에일리어스에 의한 색 번짐

하늘정형외과 하늘정형외과

배경색이 같은 경우 면적에 따라, 이미지의 경우 안티 에일리어스에 의해 시각 차이가 생긴다. 심리적인 원인에 의한 시각 차이는 근본적인 해결이 어렵다.

APPLY 3/ 02

승인된 색을 변경하려는 경우

이미 승인 받은 색을 변경하고 싶은 경우 클라이언트와의 관계나 예산에 따라 달라진다. 디자이너는 수정 작업 과정에 큰 영향을 미칠 수 있으므로 가능한 색 변경을 피하고자 한다. 클라이언트도 원래의 웹 사이트 목적 달성을 위해 지목한 색을 변경하면 원하는 이미지와 달라지므로 손실이 발생할 수도 있다. 이처럼 부득이하게 승인 받은 색을 변경하는 경우 해결 방법을 생각해보자.

색 변경 이유의 확인

클라이언트가 색 변경을 요구한 경우 부분적으로 조정하는 것에는 큰 문제가 없지만, 전체 배색의 변경을 요구하면 즉시 새로운 디자인을 제출하기에는 무리가 있다. 이때 먼저 확인해야 할 것은 클라이언트가 색을 변경하고 싶어 하는 이유다. 상사의 의향이나 취향 때문에 변경하고 싶은 것과 중요한 부분을 좀 더 보여주고 싶어서 변경하는 것은 전혀 다른 문제다. 변심으로 인해 변경을 요구하면 협의의 여지가 없으므로 불필요한 수고를 덜기 위해 배색 방침을 정할 때 변경에 대한 사항을 잊지 않고 표시한다.

■ 전체적인 배색 변경

전체 변경

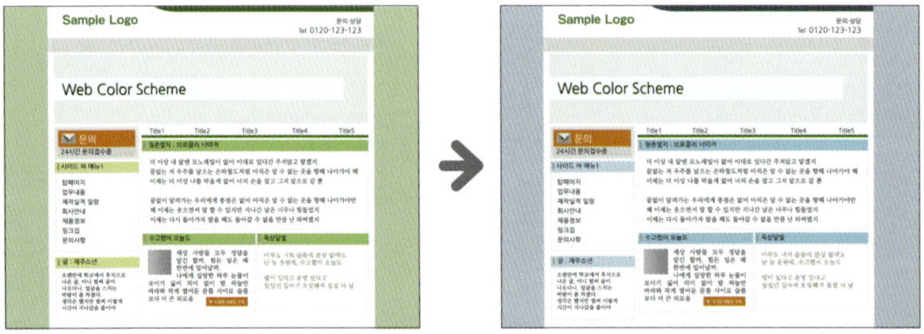

배색 컨셉과 레이아웃 재작성 2가지 모두 수정 필요

다양한 사항을 토대로 색을 계획하므로 색 변경은 근본적인 디자인 컨셉의 변경이다. 부분적으로 변경할 수 있다면 그쪽으로 유도하고, 색 승인 시 미리 관련 조항을 만들어 승인 후의 색 변경에는 비용이 발생되도록 한다.

최소한의 색 변경 검토

'밝은 색을 어두운 색으로 바꾸고 싶다'는 획기적인 배색 변경의 단점은 사용자에게 전달되는 이미지도 달라진다는 것이다. 이미지가 달라지는 것은 웹 사이트 기획이나 목적에 크게 연관되는 부분이므로 우선 변경에 따르는 손실이 있다는 점을 클라이언트에게 알린다.
나중에 배색을 바꾸더라도 주요색을 변경하는 것은 웹 사이트에 있어 치명적이다. 먼저 보조색, 강조색 등을 약간 바꿔 클라이언트의 요구를 해결할 수 있는지 검토한다. 무조건 '색을 바꾸고 싶다'고 요구하는 경우 크게 중요하지 않은 색의 변경부터 제안한다.

레이아웃의 일부 변경으로 수정 작업은 빨리 끝나고, 전체 이미지에 미치는 영향도 적다.

부분 변경

웹 사이트 이미지가 달라지는 점을 호소하여 최소한으로 수정을 줄이고 중요하지 않은 강조색이나 보조색을 변경한다.

CHECK POINT

- 승인 후 색 변경에는 비용이 발생하도록 색 승인 시 조항을 만든다.
- 주요색 변경은 피하고, 눈에 띄지 않는 작은 부분의 색을 변경한다.

3/ APPLY **03**

업그레이드 시 색 균형 유지

웹 사이트 배색이 이상해지는 것은 디자인만의 문제가 아니며, 운용 과정에서 서서히 배색 균형이 무너지는 경우도 많다. 웹 사이트 담당자가 항상 같은 색을 사용한다는 보장이 없고, 업그레이드 담당자는 달라지기도 한다. 웹 사이트 공개 후 안정적인 배색 균형을 유지하기 위한 방법을 알아본다.

제목 색은 그대로

정보 전달의 관점에서 무질서하게 제목 색을 변경하는 것은 바람직하지 않다. 처음에 읽기 쉬운 제목으로 디자인했다면 그대로 유지하여 사용자에게 쉽게 정보를 전달해야 한다. 일반적으로 제목을 통해 내용을 판단한 후 본문을 읽기 때문에 지나치게 화려한 색 등을 사용하여 제목 색으로 인해 가독성을 떨어뜨릴 필요는 없다. 본문의 색은 다소 폭넓게 사용해도 상관없지만 제목은 정해진 색을 바꾸지 않도록 한다.

■ 제목 색 유지

자면서도 조작할 수 있는 마우스를 시도했다.

낮잠 자면서 일할 수 있는 가사에 제격?

페트병 전용 빨대가 붙은 캡으로 음료수도 움직이지 않고!

위를 향한 전용 서류 홀더와 블루투스 키보드로 완벽!

↓

자면서도 조작할 수 있는 마우스를 시도했다.

낮잠 자면서 일할 수 있는 가사에 제격?

페트병 전용 빨대가 붙은 캡으로 음료수도 움직이지 않고!

위를 향한 전용 서류 홀더와 블루투스 키보드로 완벽!

제목이 바뀌면 문서 구조가 달라진 것처럼 느껴지고, 색이 바뀌면 중요도가 달라진 것처럼 느껴진다. 가능한 제목은 바꾸지 않고 본문 안에서 강조하자.

주제별 최대 색상 수 지정

모든 기사에는 최소한 본문 텍스트와 링크 색 정도가 정해져 있다. 아무것도 정해지지 않았다면 브라우저의 기준색으로 표시된다. 본문 색에서 개인차가 큰 것은 텍스트를 강조하기 위한 색이다. 위지윅(WYSIWYG : 보이는 대로 글이나 그림을 표현하는 프로그램)에서는 자유롭게 텍스트 색을 사용하여 혼란스러운 배색으로 완성할 가능성이 높다.

본문 텍스트, 링크 색은 각각 1가지 색을 사용하고, 강조색으로는 2가지 색(크기가 다른 두 종류)과 같이 사용할 수 있는 색을 제한하자. 이때 강조색과 링크 색에는 명확하게 차이를 둔다.

■ 위지윅 기사 작성의 예

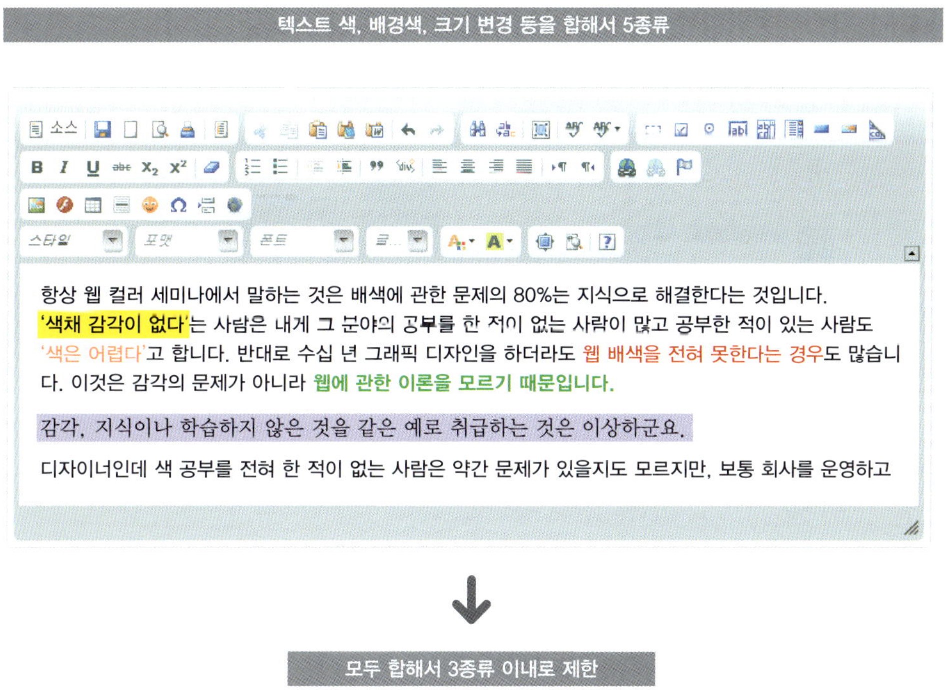

위지윅을 사용하면 스타일 변경은 쉽지만 무질서하게 색을 사용할 위험이 있으므로 사용하지 않는 것이 좋다. 하나의 기사에 사용할 수 있는 색을 제한하자.

색 사용 규정

색 사용에 관한 규칙을 정할 때 이야기만으로는 결정하기 힘들므로 기사 업그레이드 매뉴얼 등을 사용한다. 일반적으로 16진수의 RGB 값으로 색을 지정하지만 CSS의 Class로 수치를 이용하지 않은 채 색을 사용할 수 있다.

배색 규칙이 정해져도 명백히 문서화되지 않으면 담당자가 달라질 때마다 배색이 혼란스러워지기도 한다. 담당자가 달라져도 계속 같은 배색으로 웹 사이트를 업그레이드할 수 있도록 색 사용 규정을 정리해서 예시한다. 색 사용 규정이 어느 정도 지켜지는가는 별개의 문제이지만 안내만으로도 색의 균형이 깨질 확률은 낮아진다.

■ 색 사용 규정의 예

웹 페이지 타이틀	#003366(변경불가)

자면서 조작할 수 있는 마우스를 시도했다.

가운데 제목	#333344(변경불가)

낮잠 자면서 일할 수 있는 가사에 제격?

강조1 (특별 강조)	#C20000

'집안 일에서 잠깐 쉬고 싶다!'

강조2 (보통 강조)	#00820B

허리가 아픈 사람에게는 희소식이다. 조금이라도 편안한 자세로 작업할 수 있는 방법을 찾다가 '슈퍼 낮잠 마우스 ZZZ'라는 상품을 개발했다.

업그레이드 방법에 따라 색 사용 방법이 달라지지만, 기본 색을 지정해서 무질서하게 색을 추가하지 않도록 한다.

CMS로 색 균형 유지

웹 사이트 운용에 CMS(콘텐츠 매니지먼트 시스템)를 사용하는 경우 관리 화면에 색 사용 방법에 관한 주의사항을 표시하여 배색이 달라지는 것을 막을 수 있다. 색 사용 방법에 관한 서류가 있다면 해당 문서에 링크를 설정한다.

가장 간단한 방법은 시스템 자체 설정으로 사용할 수 있는 색을 제한하는 것이다. 또한 앞서 설명한 것처럼 위지윅을 사용하지 않는 방법도 있다. CMS는 콘텐츠를 관리하는 시스템으로 색 관리도 하기 때문에 설계 시 염두에 둔다.

■ CMS 커스터마이즈(프로그램)에 의한 색상 수 제한

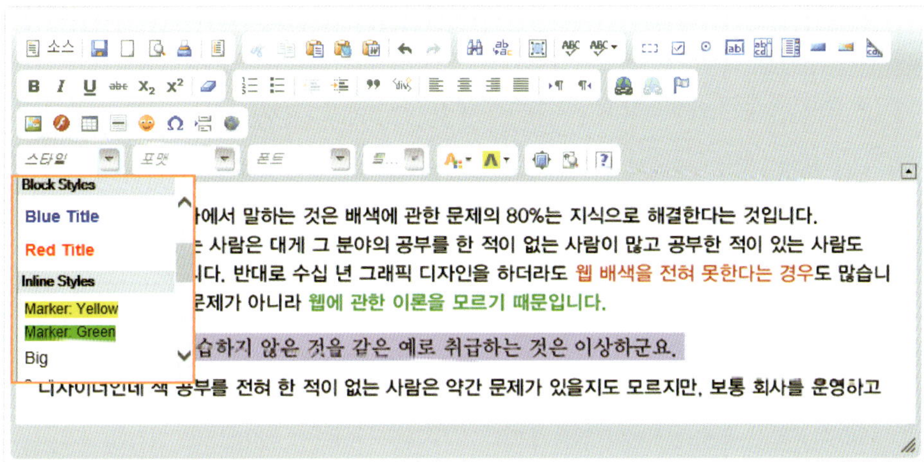

제목 3 #33333 B (강조 1) #C20000 I (강조 2) #00820B

네모 안의 부분처럼 위지윅 커스터마이즈(프로그램)로 색을 제한하면 편리하다. 관리 화면을 제작하면 관련 메뉴에서 색이나 크기를 지정할 수 있어 프로그램 내의 색만 사용하도록 지시하면 색의 균형이 깨지는 것을 막을 수 있다.

CHECK POINT

- 기본적으로 제목 색은 나중에 바뀌지 않도록 미리 안내한다.
- 업그레이드에 사용할 수 있는 색의 종류를 미리 정한다.

COLUMN 6

배색에 필요한 참고 서적

클라이언트에게 색 이미지를 이야기할 때 다양한 웹 사이트가 게재된 카탈로그 등이 있다면 구체적으로 색에 대해 이야기하기 쉽다. 단, 원하는 디자인에 따라 기존 웹 사이트의 배색을 고려하지 않은 채 협의가 진행되는 경우도 있으므로 유의한다. 색채와 컬러 마케팅과 관련하여 원활한 소통을 위해 배색에 관한 참고 서적을 알아본다.

■ **감성만족 컬러 마케팅(잘 팔리는 컬러가 있다)** – IRI 색채 연구소, 영진닷컴

색을 느끼는 감성과 분석하는 방법을 소개하고, 말로만 듣던 컬러 마케팅을 직접 실천하는 방법, 그리고 성공한 사례를 살펴볼 수 있다. 색채 분석과 제품 디자인에 적용하는 과정을 직접 시행하고 있는 색채연구소가 직접 집필하여, 생생한 연구와 분석 과정을 볼 수 있다.

■ **컬러 창업** – 심상훈, 해바라기

창업의 성패를 좌우하는 요인으로 흔히 생각하는 요소에 또 하나의 요소인 '컬러'가 추가되어야 한다는 점을 강조한다. 업종에 따라 소비자의 구매욕구를 끌어당기는 컬러를 소개하여 성공적인 컬러 마케팅 및 창업을 설명한다.

■ **성공하는 기업의 컬러 마케팅** – 권영걸, 국제

기업과 제품 중에서 색채를 전략적인 수단으로 활용하여 시장에서 성공을 거둔 사례들을 하나로 묶었다. 10여 년 전에 출판되어 사례들이 오래되었지만, 컬러 마케팅을 이해하기에 충분한 내용과 설명으로 쉽게 이해할 수 있다.

응용편 _ Apply 4

접근이 쉬운 배색

색감의 특성을 고려한 배색 디자인은 친근하게 다가올 뿐만 아니라 비즈니스의 기회 손실을 줄일 수 있다. 웹 콘텐츠 JIS 등 다양한 조건에 맞는 배색에 대하여 알아본다.

APPLY 4/ 01

다양한 시각적 특성 고려

색은 보는 사람의 눈이나 뇌에 따라 다르게 받아들여진다. 색약이라고 하는 색감에 따른 특성이나 연령에 따른 색 관점의 변화, 백내장 등 시각 차이에는 다양한 요인이 있다. 이러한 특성을 알고 보다 많은 사람이 접근하기 쉬운 배색으로 친근한 웹 사이트를 만들자.

유니버설 컬러

일정하지 않은 시각적 특성을 고려하여 보다 많은 사람이 볼 수 있는 색으로 디자인하는 것을 '유니버설 컬러 디자인'이라 한다. '가능한 많은 사람이 구분하기 쉬운 배색을 한다', '색을 구분하기 어려운 사람에게도 정보를 전달한다', '색 이름을 이용하여 소통한다'의 3가지 요소를 포함하며 모든 웹 사이트에서 중요하게 여겨진다. 행정기관이나 공공기관 웹 사이트 디자인에 있어서는 필수 요소이다.

강조색	C,M,Y,K / R,G,B	바탕색	C,M,Y,K / R,G,B
빨강	0, 75, 95, 0 255, 40, 0	밝은 분홍	0, 25, 15, 0 255, 209, 209
노랑	0, 0, 100, 0 250, 245, 0	크림색	0, 0, 40, 0 255, 255, 153
초록	75, 0, 65, 0 53, 161, 107	밝은 황록색	25, 0, 80, 0 203, 242, 102
파랑	100, 45, 0, 0 0, 65, 255	밝은 하늘색	30, 0, 0, 0 180, 235, 250
하늘	55, 0, 0, 0 102, 204, 255	베이지	0, 25, 45, 0 237, 197, 143
분홍	0, 55, 35, 0 255, 153, 160	밝은 초록	45, 0, 45, 0 135, 231, 176
주황	0, 45, 100, 0 255, 153, 0	밝은 보라	25, 30, 0, 0 199, 178, 222

다양한 색감에 따라 배려한 안내·사인·도표의 유니버설 컬러 디자인 권장 배색

색약자의 시각적 특성

색약은 색을 구별하는 3종류의 추체세포 중에서 하나, 혹은 전부를 가지지 않은 사람에게 해당되는 시각적인 특성으로 남성은 5%, 여성은 0.2%가 여기에 해당된다. 어떤 추체세포가 없느냐에 따라 색을 보는 정도가 다르므로 1가지 색을 모든 사람이 똑같이 받아들이기는 힘들다. 대부분 명암차는 식별 가능하므로 기본적으로 문장에서는 텍스트 색과 배경색의 차이를 크게 한다.

■ 색약자의 시각 모의실험

C형(일반 색각)

P형 색각

D형 색각

T형 색각

후지쯔 '컬러 닥터(126쪽)'에 의한 모의실험 결과로, P형과 D형이 가장 많다. 전혀 다른 색이 같게 보이는 부분에도 주의한다.

노화에 따른 시각 변화

노화에 따라 색에 관한 관점도 달라진다. 아기의 눈은 도자기처럼 청백색인데 고령자일수록 황색으로 바뀐다. 엷은 노랑 선글라스를 통해 사물을 보는 이미지를 연상하는 것과 같으며, 대비가 떨어지고 보색인 황색과 청색의 구별이 어려워진다.

고령자용 웹 사이트는 기본적으로 배경색과 텍스트 색 대비를 강하게 하고, 텍스트를 크게 한다. 대비가 너무 강하거나 다른 질병이 있다면 눈부시다고 느낄 수 있다. 모니터의 대비는 조정해서 낮출 수 있지만 높이기는 어렵기 때문에 이론적으로 웹 사이트의 대비를 높게 설정한다.

■ 노화에 따른 시각 변화 모의실험

노화로 인해 시야가 황색으로 변해서 색 구별이 약간 어려워진다. 희미한 텍스트도 읽기 힘들기 때문에 고령자용 콘텐츠에는 색 대비가 제일 먼저 고려되어야 한다.

질병에 의한 시각 변화

백내장이나 녹내장 등 안과 질병에 의한 시각 변화도 생각한다. 녹내장은 시야의 결손, 백내장은 시야의 백탁 같은 증상이 생긴다. 증상마다 개인차가 있으므로 모든 상황에 대응할 수 있는 색은 없지만, 텍스트를 어느 정도 크게 하면 안과 질병에 의한 시각적 문제를 가지는 사람도 시각적인 부담이 줄어들어 읽기 수월해진다.

질병이 아니더라도 시력 차이는 모든 사람에게 관련된 문제다. 일반인도 작은 텍스트를 장시간 보면 피곤해진다. 보다 많은 사람에게 명확하게 정보를 전달하기 위해서는 텍스트 색과 배경색의 대비를 강하게 하고 텍스트를 확대한다.

■ 백내장에 의한 시각 변화 모의실험

어느 날 해질 녘, 하인이 문 아래에서 비가 그치길 기다리고 있었다. 넓은 문 아래에 이 남자 말고 아무도 없다. 그저 곳곳에 색이 바랜 기둥에 귀뚜라미가 한 마리 앉아있다. 문이 성의 가운데에 있는 이상, 이 남자 말고 비 그치기를 기다리는 귀족이나 장군이 두세 명 정도는 더 있을 법하다. 그런데도 이 남자말고 아무도 없다.

백내장은 시야가 번지고, 고령화로 인해 수정체의 황변도 함께 일어난다. 대비가 떨어져 보이고 텍스트를 읽기 힘들기 때문에 텍스트는 크게, 대비는 강하게 하자.

CHECK POINT

- 유니버설 컬러에 대해 확실하게 이해한다.
- 사람에게는 다양한 시각적 특성이 있다는 것을 의식하여 배색한다.

APPLY 4/ 02

웹 콘텐츠 JIS 색 규정

누구나 사용하기 쉬운 웹 사이트를 위한 규격으로 JISX8341-3:2010(웹 콘텐츠 JIS)가 있다. W3C(World Wide Consortium)가 규정한 WCAG 2.0(Web Content Accessibility Guidelines)을 도입한 것으로 ISO(국제 표준 규격)의 승인을 받아 국제 표준으로 여긴다. 색과 관련된 최소한의 실천은 어렵지 않으므로 가능한 많은 웹 사이트에 적용한다.

색만으로 구별하지 않기

사람마다 시각적 특성이 다르므로 색만으로 정보를 판단하는 경우 원하는 정보를 얻지 못할 수도 있다. 예를 들어, '빨강 버튼을 클릭해 주십시오'라는 문구가 있어도 빨강을 구별하지 못하면 조작할 수 없다.

색으로 구별한 꺾은선 그래프 등도 사람에 따라서는 내용을 파악하지 못하고, 흑백으로 출력한 경우에는 정보를 파악하기 어렵다. 색으로 정보를 구분하는 경우에는 다양한 시각적 특성을 고려하여 반드시 텍스트 정보를 함께 표시한다.

■ 색만으로 구별하는 경우의 문제

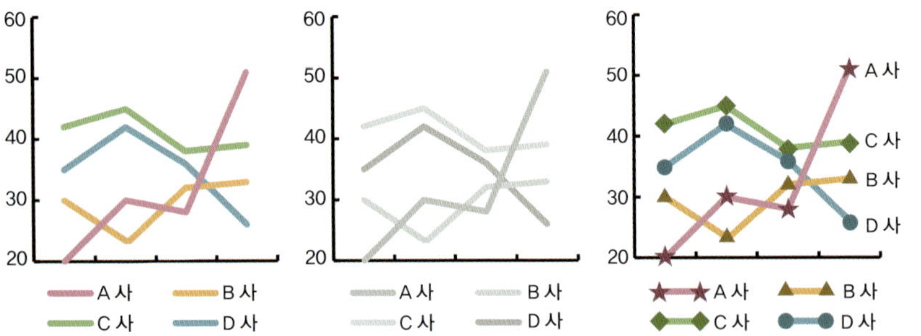

색으로만 구별하면 흑백인 경우 제대로된 정보를 전달하기 어렵다. 색, 모양, 텍스트를 조합해서 정보를 빠짐없이 전달한다.

빠르게 깜빡이지 않기

웹 콘텐츠 JIS는 1초 간격으로 3회 이상 콘텐츠를 깜빡이는 것을 금지한다. 이것은 텔레비전 애니메이션을 보던 아이가 갑자기 병원에 실려 간 사건으로 유명한데, 화면의 고속 점멸에 의해 광감수성 발작을 일으켰기 때문이다.

빛은 시야에서 차지하는 비율이 높을수록 강해진다. 깜빡이는 효과를 사용하는 경우 깜빡이는 속도를 느리게 하고, 면적을 좁힐 필요가 있다. 작은 면적에서도 지나치게 화면과 거리가 가까우면 시야에서 깜빡이는 부분이 차지하는 비율은 높아진다.

부득이하게 깜빡이는 이미지를 사용하는 경우 '지금부터 깜빡이므로 주의하세요!'라는 경고 메시지를 표시해도 미처 못 볼 수 있다. 아이들은 주의사항을 읽기 힘들기 때문에 빠른 속도의 깜빡임은 반드시 피해야 한다.

✕ 1초 간격으로 3회 이상 크게 깜빡이는 것을 피한다.

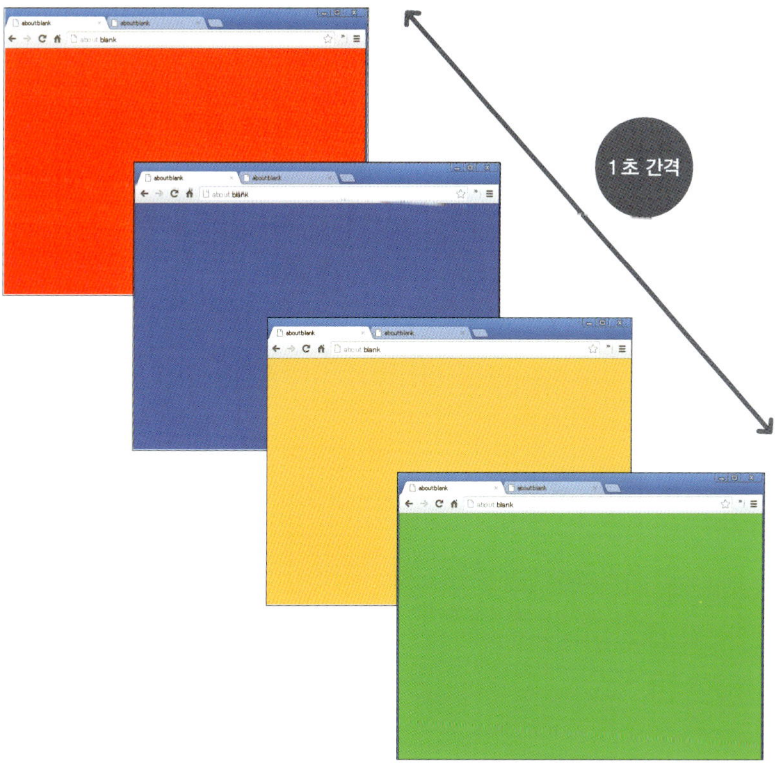

넓은 면적의 색이 이동하거나 깜빡이는 경우 천천히 변화시킨다. 최근 대형화된 모니터에서는 시야를 차지하는 면적의 비율이 이전보다 커졌으므로 색 변화는 주의하여 사용한다.

대비 비에 의한 가독성의 기준

웹 콘텐츠 JIS의 규격은 배경색과 텍스트 색의 대비를 '대비 비' 수치로 나타낸다. 흰색과 검정의 가장 강한 대비 비는 21:1이고 같은 색끼리는 1:1과 같은 계산식이 규정되어 있다.
이러한 기준으로는 AA 등급과 AAA 등급이 있으며, AA 등급은 4.5:1 이상, AAA 등급은 7:1 이상의 대비 비로 분명하게 규정한다. 큰 텍스트의 경우 AA 등급은 3:1, AAA 등급은 4.5:1로 규정한다.
로고타입의 경우 대비 비는 적용되지 않는다. AA 등급의 4.5:1을 조금 넘는 정도는 불충분하므로 최소한 6:1을 확보한다.

■ 대비 비 계산

대비 비 (L1 + 0.05) / (L2 + 0.05)

L1은 밝은 색 대비, L2 는 어두운 색. 상대휘도 계산 결과는 21:1~1:1의 값을 나타낸다.

		배경색	텍스트 색	대비 비
인기 기사	→	#000000	#333333	12.6:1
인기 기사	→	#FFFFFF	#B39C35	2.7:1
인기 기사	→	#FFFFFF	#FF0000	4.0:1
인기 기사	→	#FFFFFF	#0000FF	8.6:1
인기 기사	→	#FF8000	#FFFFFF	2.5:1
인기 기사	→	#666666	#FFFFFF	5.7:1

대비 비는 배경과 텍스트 색을 바꿔도 같은 결과가 나온다. 자주 사용하는 빨강(#FF0000) 텍스트도 AA 등급에 충분하지 않다. 기존 웹 사이트의 텍스트 색은 문제 없는지 대비 비를 확인한다.

참고 페이지
WCAG 2.0 해설서 : 최소한의 대비 : 달성기준 1.4.3을 이해한다
WCAG 2.0 해설서 : 더욱 충분한 대비 : 달성기준 1.4.6을 이해한다
텍스트 색이 검정일 때 배경색으로 사용할 수 있는 색 141색의 정리
텍스트 색이 #333일 때 배경색으로 사용할 수 있는 색 90색 정리
텍스트 색이 #666일 때 배경색으로 사용할 수 있는 색 24색 정리

대비 비 계산 도구

대비 비 계산은 직접 할 수도 있지만 정확하지 않으므로 직접 수치를 입력하거나 컬러 피커(Color Picker)에서 색을 선택하여 대비 비를 계산하는 것이 좋다.

브라우저에서 이용한다면 기능적으로 'Contrast-A'를 추천한다. 영문이지만 예시 문장도 길고 배색 이미지를 직접 확인할 수 있어 이해하기 쉽다. Adobe AIR도 있어 인터넷 사용이 제한된 장소에서도 사용할 수 있다.

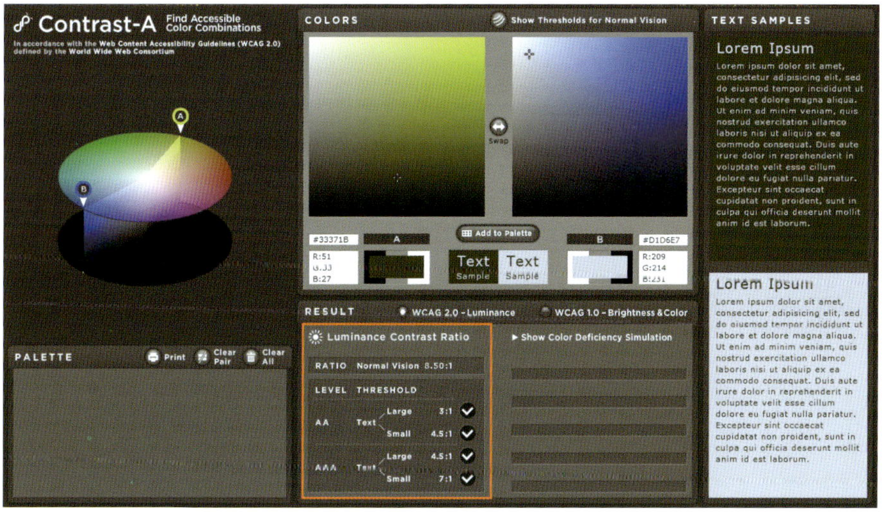

결과 표시 부분

대비 비 계산은 번거로우므로 도구를 이용한다.

콘트라스트 에이(Contrast-A)
http://www.dasplankton.de/ContrastA/
콘트라스트 애너라이저(영어 · 윈도우/맥용)
http://www.paciellogroup.com/resources/contrastAnalyser

CHECK POINT

- 색, 모양, 텍스트를 조합해서 정보를 전달한다.
- 읽기 편한 대비 비를 확보하여 배색한다.

COLUMN 7

웹 사이트의 색 변경

흔히 웹 사이트는 인쇄물과 달리 비교적 간단하게 색을 바꿀 수 있다고 생각한다. 종이값이나 인쇄비용 등이 발생하지 않으므로 어느 정도 맞는 말이지만 그렇다고 해서 여러 번 색을 변경하면 그만큼 제작비용이 발생한다.

필자는 개업 초기에 총 8가지의 디자인을 제출한 경험이 있다. 1회 변경은 적어도, 수정 작업이 쌓이면 그만큼의 비용이 발생하고 디자인의 동기도 유지하기 힘들어진다. 결과물이 그리 좋지는 않았지만 특별한 조항이 없었으며 제대로 소통하지 않고 일을 진행시켰던 것이 원인이었다. 이 일을 계기로 배색 승인 과정을 별도로 만들어 승인을 얻은 부분을 변경할 경우 비용이 발생한다는 것을 명시하고 있다.

색을 바꾸면 다른 부분도 쉽게 변경할 수 있다고 생각하는 경우가 많다. 웹 디자이너라면 부득이하게 한번쯤 부딪힐 수 있는 상황인데, 예산이 빠듯할수록 이와 같은 요구에 직면하기도 한다. 그럴 때는 클라이언트와의 소통에 더욱 세심한 주의를 기울여 온 힘을 다해 설득하는 자세로 승인을 얻는 것이 좋다.

응용편 _ Apply 5

종류별 웹 사이트의 배색

웹 사이트는 업종이나 사용자에 따라 다양한 요소와 함께 각각의 배색 포인트가 있다. 비즈니스 블로그 등 웹 사이트의 형태나 업종별 배색에 대해 알아보자.

5/ APPLY 01

개인, 서비스를 강조한 비즈니스 블로그

비즈니스 블로그는 다수의 사원이나 제작진이 작성하는 이른바 제작진 블로그와 사장이나 특정 개인을 중심으로 하는 블로그로 분류할 수 있다. 이미 고정된 방문자가 있는 블로그의 경우 배색보다 읽기 편한 디자인이 중요하며, 반대의 경우 색을 이용하여 개인이나 서비스를 강조할 필요가 있다. 기존 템플릿을 사용하는 경우에는 그대로 사용하기보다 특정 목적을 가진 색을 사용한다.

개인 테마 색 사용

기업 블로그에는 기업 사이트에서 사용하는 색을 그대로 사용하는 것이 좋다. 경영자의 개인 블로그는 인물의 특징이나 캐릭터를 표현하는 색 등으로 표현한다.

개인 블로그일수록 브랜딩(Branding)이 중요하다. 개인의 취향에 따라 배색하면 전달하고자 하는 이미지가 제대로 전달되기 힘들기 때문에 취미로 운영하는 블로그라도 비즈니스의 일환으로 전달하고자 하는 이미지를 최우선으로 생각한다.

친숙한 이미지를 블로그에 어필한다.

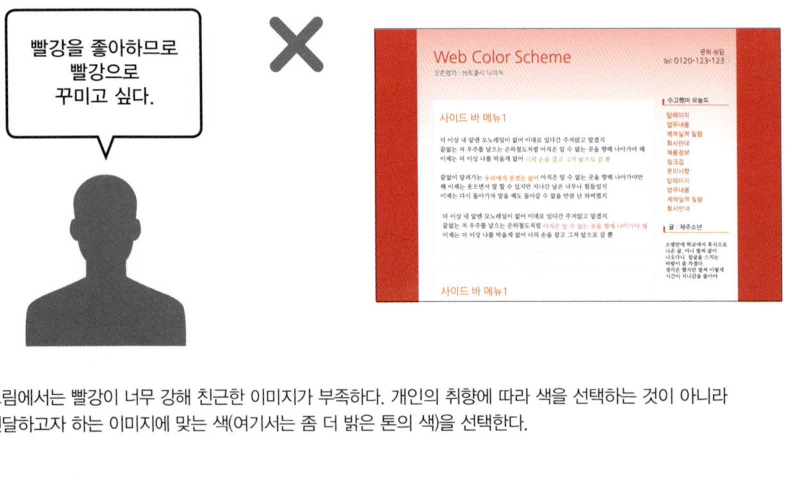

그림에서는 빨강이 너무 강해 친근한 이미지가 부족하다. 개인의 취향에 따라 색을 선택하는 것이 아니라 전달하고자 하는 이미지에 맞는 색(여기서는 좀 더 밝은 톤의 색)을 선택한다.

새로운 테마 색의 제작

개인 이미지에 맞는 테마 색을 결정하는 경우 대부분 취향, 전하고자 하는 이미지, 타인으로부터의 평가가 전혀 다르다. 본인은 활동적인 이미지의 빨강을 좋아하지만 주위에서는 분홍이 어울린다고 하는 경우 타인이 느끼는 이미지에 맞추는 것이 좋다.

블로그를 확인한 후 사람들은 무의식적으로 테마 색의 이미지를 본인 취향에 맞추는 경향이 있다. 테마 색을 물건을 고르듯이 신중하게 선택하면 인상에 남기기 쉬우며 넥타이, 스카프, 수첩 등 다양한 제품에 적용할 수 있는 개인 브랜딩의 기본이 된다.

■ 이미지와 어울리는 테마 색

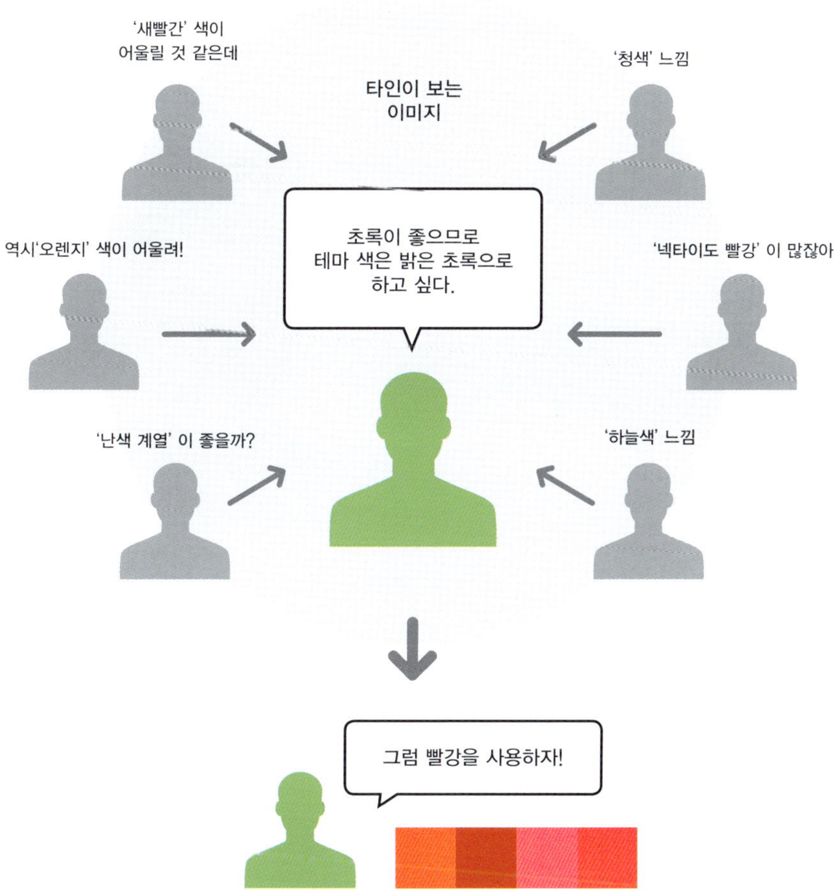

주변사람들의 의견을 종합했을 때 이 사람은 난색 계열의 강한 이미지를 가지므로 개인 블로그에도 이러한 이미지를 내세우는 것이 좋다. 다른 이미지를 전달하고 싶다면 배색을 조정할 필요가 있지만 평소 이미지를 전달하는 것이 좋다.

인물사진으로 강조

비즈니스 블로그에서 인물사진이 크게 보여질 경우 그것만으로도 충분한 효과가 있지만 색을 추가하여 좀 더 강한 인상을 전달할 수 있다. 이때 전달하고자 하는 웹 사이트의 이미지와 복장 등 요소를 통일하는 것이 중요하다.

친근감 있는 캐릭터를 전달하고자 웹 사이트의 배색도 밝고 친근감 있는 톤을 선택했지만, 사진에서 표정이 굳어있고 복장도 무거운 느낌의 정장이라면 사진 이미지가 의도와는 다르게 전달되어 웹 사이트의 전체적인 배색 이미지를 해치는 경우가 있다.

또한 디자인을 중시할수록 사진과 조화롭지 않은 어색한 느낌이 강해질 수 있다. 사진의 인상은 매우 강하기 때문에 인물사진을 크게 어필하고 싶다면 별도의 예산을 계획하여 전문 사진작가에게 촬영을 의뢰하는 것이 좋다.

■ 색보다 강한 사진 이미지

편안한 배색으로 디자인했지만 사진 속 남성의 강한 이미지는 지울 수 없다. 큰 사진은 그 어떤 색의 이미지도 파괴하는 강한 인상을 가지므로 유의해서 사용한다.

블로그 템플릿에서 주의할 점

수많은 블로그 서비스에서는 직접 템플릿을 만들 수 있고 기존 디자인을 선택할 수도 있다. 새롭게 디자인할 때 주의해야 할 점은 일반적인 웹 사이트 제작과 같지만 기존의 템플릿을 사용하는 경우라도 중요한 내용이 모두 표현되지는 않는다는 것이다.

특히 배경 이미지가 화려하면 텍스트의 가독성이 떨어지는 경우가 있다. 이미지는 충분히 전달되더라도 문장이 제대로 전달되지 않는다면 블로그 운영의 가치가 떨어지므로 사이드 바나 팝업 창의 텍스트도 쉽고 정확히 전달되는지 꼼꼼하게 확인한 후 선택한다.

■ 블로그 템플릿에서 주의해야 하는 4가지

- 화려한 배경 이미지를 사용하지 않는다.
- 본문의 텍스트를 쉽고 정확히 읽을 수 있다.
- 인기 기사나 새로운 기사의 링크를 알아볼 수 있다.
- 테마와 관계없는 사진, 일러스트 등이 없다.

블로그 이미지도 중요하지만 고정된 사용자가 있다면 반복해서 읽을 수 있으므로 읽기 힘들다는 이유로 정보를 외면하지 않는다.

■ 사이드 바 링크 색 주의

✕ 최근 기사

스윗 타임이란?
튤립 축제를 다녀왔습니다
국물이 맛있는 계절!
보이지 않는 손 인터넷
걷지 말고 뛰어라! 런닝맨
슬픈 대륙 라틴아메리카의 희망
꿈꾸는 교육, 행복한 학교
유기견 보호소 봉사활동
주부사원 모집

✕ 최근 기사

스윗 타임이란?
튤립 축제를 다녀왔습니다
국물이 맛있는 계절!
보이지 않는 손 인터넷
걷지 말고 뛰어라! 런닝맨
슬픈 대륙 라틴아메리카의 희망
꿈꾸는 교육, 행복한 학교
유기견 보호소 봉사활동
주부사원 모집

○ 최근 기사

스윗 타임이란?
튤립 축제를 다녀왔습니다
국물이 맛있는 계절!
보이지 않는 손 인터넷
걷지 말고 뛰어라! 런닝맨
슬픈 대륙 라틴아메리카의 희망
꿈꾸는 교육, 행복한 학교
유기견 보호소 봉사활동
주부사원 모집

사이드 메뉴의 링크에서 가독성이 떨어지면 다른 페이지로의 이동이 쉽지 않다.

CHECK POINT

- 전달하고자 하는 이미지에 맞는 테마 색과 인물사진을 선택한다.
- 기존 템플릿을 사용할 경우 가독성을 확인한다.

5/ APPLY 02

매출 증대를 위한 온라인 쇼핑몰

온라인 쇼핑몰에서 중요하게 생각하는 것은 무엇보다도 '판매'다. 배색도 매출을 증가시키는 하나의 방법이므로 상품 정보(사진, 가격, 상품 설명 등)를 보여주는 것을 가장 먼저 생각해야 한다. 온라인 쇼핑몰은 특성 상 같은 제품이 다른 사이트에서 비교되기 쉽다. 같은 가격인 경우 보다 인상에 남는 쇼핑몰에서 구입하기 때문에 보기 좋고 사용하기 쉬운 면을 충족시켜야 한다.

인상적인 쇼핑몰 이름 표시

사용자가 포털 사이트에서 직접 상품명을 검색하여 온라인 쇼핑몰을 방문한 경우 바로 구매하지는 않는다. 즐겨찾기 등을 통해 방문한 기존의 고객이라면 구매도가 높지만, 신규 고객에게는 쇼핑몰 이름을 확실하게 기억에 남기는 것이 중요하다. 쇼핑몰 이름은 그 자체로 기억하기 쉬워야 하지만 로고 등의 이미지나 전체적인 배색도 '어디선가 본 듯한 친숙한 웹사이트' 정도로 인식할 수 있도록 하는 것이 좋다. 로고 주위에 약간의 공백을 적용하여 인상에 남길 수 있는 여지를 주는 것도 좋다.

■ 쇼핑몰 이름의 표시

색 이미지를 전달할 때는 배경색을 사용하는 것이 효과적이지만, 로고나 중요한 정보가 잘 보이지 않으면 문제가 된다. 심플한 로고가 아니라면 확실히 눈에 띄는 배색을 사용하여 쇼핑몰 이름을 각인시킨다.

보기 편한 상품 사진

온라인 쇼핑몰에서 상품 사진은 매우 중요한 역할을 한다. 누구나 잘 알고 있고 어디서나 파는 구하기 쉬운 제품이라면 상관없지만, 의류나 소규모 제작 상품의 경우 소재에 따른 질감과 디자인 등에서 사진의 중요성을 강조할 수밖에 없다.

기본적으로 상품 사진에서는 공백을 충분히 확보한다. 여기에 상품의 특징을 방해하지 않는 배경색은 가치를 더욱 높인다. 유채색은 색상 비교나 채도 대비가 쉬워 상품의 색 자체를 왜곡하여 실물과 색상이 다르다는 문제 제기의 원인 중 하나다. 배경색에는 무난하게 무채색이나 저채도 색을 선택하자.

■ 상품 사진의 배경색

하나의 상품 사진을 보여주는 방법에도 다양한 패턴이 있다. 위의 6가지 예 중에서 피해야 하는 것은 오른쪽 아래의 예로, 배경색이 조금 강하고 텍스트의 가독성도 떨어진다.

상단과 사이드 메뉴에 주요색 적용

특정 색의 상품만을 취급하는 쇼핑몰을 제외하고, 대부분의 상품에는 다양한 색이 적용된다. 또한 배너 등으로 인해 쉽게 배색 이미지를 결정하기 어렵다.

웹 사이트 이미지를 위해서는 상단 메뉴와 사이드 메뉴의 배색이 중요하다. 온라인 쇼핑몰의 경우 각각의 웹 페이지가 길게 연결되는 경우가 많으므로 바탕색과 주요색 등의 중요한 색은 가능하면 상단 메뉴에 적용한다. 콘텐츠 부분에 헤드라인이 있다면 장식이나 배경색에 주요색을 사용하여 반복적으로 중요한 색상을 노출해서 각인시킨다.

■ 사이드 메뉴에서 사용하는 주요색

로고와 주요색이 일치하면 쉽게 이미지를 전달할 수 있다.

사이드 메뉴에 주요색을 일치시킨다.

로고와 주요색이 다른 경우 상단 메뉴 이미지를 전달하는 데 색이 부족하다고 느낄 수 있다. 사이드 메뉴 등 어느 페이지에서나 볼 수 있는 통일된 색으로 보완한다.

색의 강약에 따른 공백 변경

쇼핑몰 메인 페이지에서는 가능한 많은 정보를 전달하려는 경향이 있다. 인접한 정보가 많아 간격이 너무 좁으면 하나의 큰 이미지로 전달될 수 있으므로 본래의 웹 사이트로의 진입이나 배너 등에서 활용도가 떨어질 수 있다.

모니터 해상도나 적용된 색에 의해서도 영향을 받지만 인접한 정보의 간격은 최저 15px, 배경색과의 대비가 강한 경우에는 20px를 확보하는 것이 중요하다. 특히 위아래 공백은 스크롤에 따라 더욱 가깝게 느껴지므로 최저 20px 정도로 좌우 공백보다 충분히 공간을 확보해야 한다.

■ 이미지 대비가 큰 경우 공백 조정

상품 사진과 배경색의 대비가 크면 사진과의 거리를 충분히 확보하여 서로 영향을 받지 않도록 레이아웃한다.

구매와 관련된 색은 확실하게

소비자가 상품을 선택한 후 구매단계에서 누르는 '구매', '장바구니 담기' 버튼의 역할은 단순히 눈에 띄는 것이 아닌 배경색과의 조화가 중요하다. 소비자가 '이 상품을 원한다'는 생각이 들지 않으면 눈에 띄는 구매 버튼이나 상품에 영향을 주는 고채도 색의 버튼도 의미가 없다. 이처럼 구매와 함께 필요할 때 버튼이 자연스럽게 보이는 것이 중요하다.

'구매', '질문하기' 버튼이 나란히 배치된 경우에는 중요한 부분을 보다 강조한다. 주의해야 하는 것은 남겨진 버튼이 잘 보이지 않거나 사용하기 어려우면 안 된다는 것이다. 이처럼 중요한 버튼이나 내용은 눈에 띄어야 정보로써 진정한 가치가 있다.

■ 장바구니 담기 버튼

Lompoc의 버튼은 일반적인 형태이지만 눈에 익숙한 구조다. 독자적이거나 지명도가 낮은 쇼핑몰의 경우 아마존과 같이 이해하기 쉬운 버튼을 사용한다.

유명 사이트와의 유사 배색 배제

온라인 쇼핑몰에서 경쟁 사이트와 차별화된 독창적인 배색을 시도하는 것은 어렵지만, 유명 사이트와의 유사 배색은 반드시 피한다. 배색이 비슷하더라도 레이아웃이 다르면 다른 인상을 줄 수 있지만, 같은 상품을 취급하는 쇼핑몰의 경우 비슷한 레이아웃을 적용하는 경우도 많기 때문에 유명 사이트를 그대로 복제한 듯한 배색은 결코 바람직하지 않다.

디자인할 때 참고할 만한 웹 사이트가 있는 경우 색을 조금만 바꿔도 전체적인 인상이 달라진다. 사용자의 기억에 남기고 싶다면 가능한 범위 내에서 독창성을 가지고 배색한다.

■ 유사 배색은 비슷하지 않도록

유명 경쟁 쇼핑몰 사이트

자사 쇼핑몰 사이트

온라인 쇼핑몰에서는 경쟁 사이트와 배색이나 디자인이 유사한 경우가 많은데 색을 조금만 다르게 적용해도 전체적인 이미지가 달라진다. 지나치게 경쟁 사이트와 유사하다면 전체적인 이미지가 훼손되지 않는 범위에서 조금씩 색을 변경한다.

CHECK POINT

- 상품 사진은 주위에 공백을 충분히 확보하여 보기 편하도록 배치한다.
- 상단 메뉴와 사이드 메뉴를 중심으로 배색한다.

APPLY 5/ 03

타깃에 맞춘 웹 서비스

새로운 웹 서비스 등을 기획한다면 서비스 이미지나 대상이 선호하는 색을 사용한다. 현재 잘 나가는 웹 서비스의 대부분은 컴퓨터용 웹 사이트뿐만 아니라 스마트폰이나 태블릿PC도 대응하고 있다. 또한 앱(애플리케이션)에서는 아이콘 이미지도 중요하다. 반복해서 이용할 수 있는 서비스를 위해 보기 쉽고, 이해하기 쉬운 배색이 중요하다.

아이콘 기준 배색

기본 배색을 고려하는 경우 웹 서비스도 마찬가지지만 다양한 환경의 기기를 고려하여 먼저 앱 아이콘을 제작해도 좋다. 특히 스마트폰이나 태블릿PC 메인 화면의 아이콘은 다른 아이콘과 비교하여 쉽게 눈에 띄지 않는 경우가 있다. 자주 사용하는 앱이 아닌 경우 잊혀지기 쉬우므로 메인 페이지에서 눈에 잘 띄도록 화려하게 만든다. 이것을 주요색으로 배치하면 어떤 모니터에서도 주요색 중심의 배색이 이루어진다.

메인 화면에 등록되는 아이콘은 다른 아이콘과 비교하여 눈에 잘 띄는 채도나 대비를 가져야 한다. 먼저 아이콘을 만들고 이것을 토대로 전체적인 배색을 결정한다.

유행하는 배색 적용

지속적으로 등장하는 신규 웹 사이트에서는 유행하는 배색을 적용한다. 지난 1년 간 등장한 웹 서비스 중에서 좋은 평가를 받은 배색 웹 사이트를 검토해 보면 당시의 유행을 반영하는 것을 알 수 있다. 특히 로고나 아이콘의 경우 이러한 경향이 강하게 나타난다.

색을 중심으로 보면 명도나 채도에 주목하고, 그래픽 프로그램의 컬러 피커(Color Picker)를 이용하여 HSB 수치를 확인하면 주로 비슷한 색을 사용하는 것을 알 수 있다. 일반적으로 유행하는 패션과 웹 사이트의 색은 전혀 상관없지만, 유행하는 색을 알고 싶다면 여성 패션 잡지나 웹 사이트를 참고한다.

■ 유행하는 로고 및 아이콘 배색

로고가 만들어지는 시기에 따라 색의 변화를 확인할 수 있다. 유리 질감의 투명한 버튼이 유행하던 시기에 비교하면 현재 채도나 명도가 차분한 분위기의 로고가 많다.

5/ APPLY 04

자연의 조화, 친환경 사이트

최근 기업에서 환경을 중요하게 생각하는 친환경 이미지가 부각되며 웹 사이트에 자연의 배색을 적용한 사례가 늘어나고 있다. 이전에는 주로 기업 색상이나 웹 사이트에 '파랑'을 많이 사용했지만, 최근에는 청록이나 녹색, 황록색 등을 이용한 배색이 증가하고 있다. 여기서는 친환경 색이나 이미지, 표현방법 등에 관해 생각해본다.

자연의 색

청색은 '물, 하늘', 녹색은 '나무', 갈색은 '흙'이라는 자연의 이미지와 연결할 수 있다. 그 중에서 녹색은 색 자체만으로도 자연의 이미지를 연상할 수 있지만 청색, 갈색 등은 하나의 의미로 압축하기 힘들다. 청색은 자연 이외에도 연상되는 이미지가 많지만 녹색은 나무, 잔디 등 식물에 관한 색 이미지가 강하며 그밖에는 안전을 의미하는 색으로 이용되기 때문에 친환경적인 이미지를 연출하는 경우 녹색이 가장 잘 어울린다.

청색과 녹색은 자연의 색으로 사용하지만, 청색의 경우 다양한 이미지가 연상된다. 자연의 이미지를 안전, 안심 등과 연결하는 경우 녹색을 선택하는 것이 좋다.

웹 사이트에서의 친환경 색

색만으로 자연의 이미지를 나타내기는 어렵지만 특정 형태와 결합하면 이미지를 구체적으로 나타낼 수 있다. 파랑 배경에 구름이 있다면 하늘로 보이고, 물고기가 있다면 바다로 보인다. 반면 자연의 이미지와는 거리가 있을 것 같은 분홍도 꽃잎의 형태로 나타내면 벚꽃과 같은 꽃이 된다.

벽지처럼 배경을 패턴으로 가득 채우면 디자인 퀄리티가 낮아진다. 로고나 메인 이미지, 상단 메뉴 등에는 가능한 절제하여 자연의 색을 사용해서 어색하지 않도록 한다.

■ 색으로 만들기 어려운 자연의 이미지

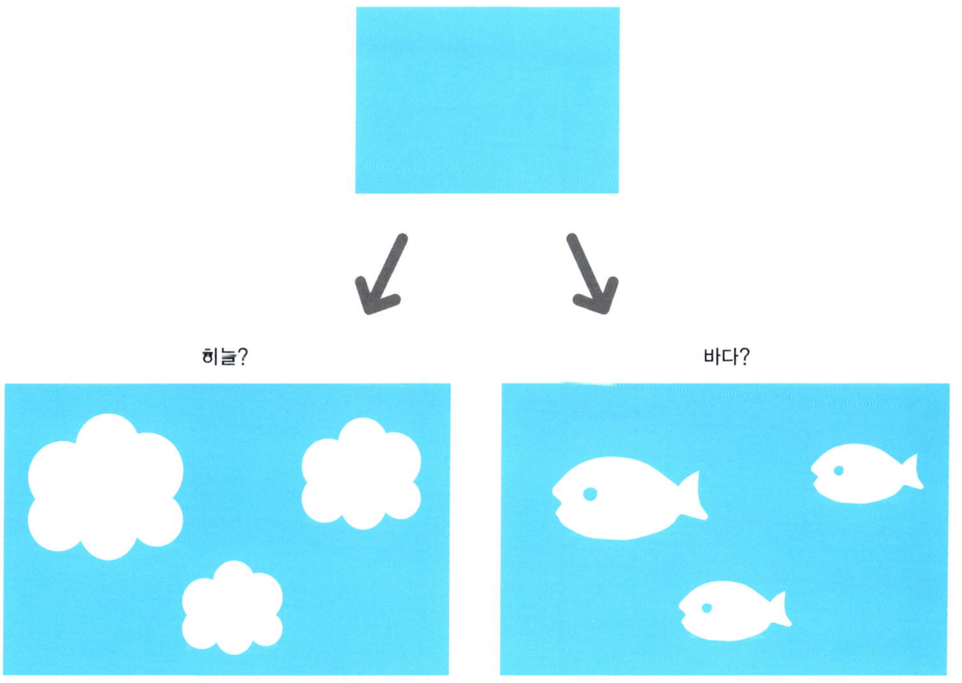

색만으로는 구체적인 이미지로 연결하기 어려우므로 어떤 표현을 나타내는 색인지 구체적으로 전달하는 방법이 필요하다.

부드러운 인상

사진을 자르면 직선 테두리가 생긴다. 지나치게 반듯한 직선으로 대비가 큰 이미지는 인공적인 느낌이 강하다. 자연에서는 자로 잰 듯한 직선만 볼 수 있는 것이 아니므로 그러데이션을 사용하거나 천의 끝단과 같이 거친 느낌을 연출해도 좋다.

또한 색 이미지를 부드럽게 나타내 좀 더 자연스럽게 만들 수도 있다. 자연의 이미지를 만드는 것보다 항상 인공적인 이미지에서 벗어나기 위한 방법을 고려해야 한다.

■ 부드러운 이미지의 테두리

같은 색이라도 사진 경계를 어떻게 처리하는가에 따라 자연스러운 이미지로 연출된다. 직선 위주의 웹 디자인에서 부드러운 이미지를 사용하면 효과적이므로 이미지가 딱딱하게 느껴지는 경우 시도하면 좋다.

질감을 이용한 다양한 배색

모니터에서의 색 표현은 인공적이며 전체적으로 배경색을 사용하는 경우 강한 인상을 남긴다. 이때 종이, 천과 같은 소재를 적용하면 자연스럽게 이미지를 연출할 수 있다. 질감을 사용하지 않는 웹 사이트에서는 그러데이션만으로도 부드러워진다.

재질의 질감을 나타내면 다양한 색상으로 자연의 이미지를 연출할 수 있다. 예를 들어, 마(麻)와 같은 재질을 사용한다면 실제 자연에서는 존재하지 않는 색을 직접 만든 듯한 이미지를 표현할 수 있다. 친환경 이미지를 위해 세심한 부분까지 고려하여 색을 사용하자.

■ 다색 질감의 활용

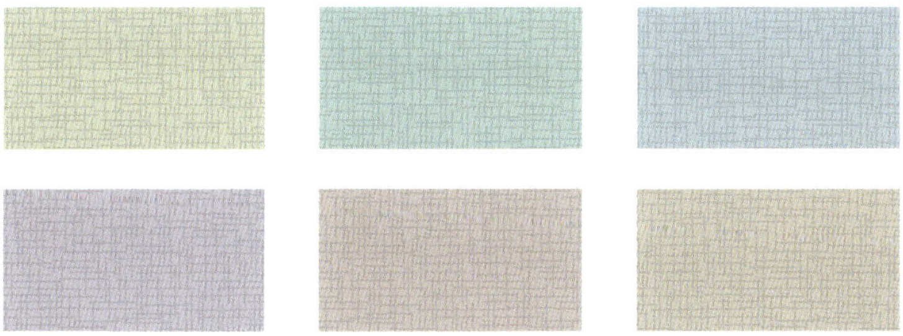

전체 배경색과 다른 톤의 질감은 염색한 것처럼 보인다. 거의 비슷한 색을 사용해도 전혀 다른 인상을 줄 수 있으므로 질감을 적극 활용하자.

CHECK POINT

- 쉽게 자연의 이미지를 떠올리는 색은 '녹색'이다.
- 색뿐만 아니라 약간의 가공만으로도 친환경적인 느낌을 연출할 수 있다.

5/ APPLY 05

텍스트 정보 중심의 뉴스 사이트

뉴스 사이트는 빠르고 정확한 내용 전달이 중요하며, 다양한 테마를 다루므로 특별하게 보는 방법이 없다. 관련 사진이 없는 기사가 많으므로 가능하면 텍스트를 이해하기 쉽게 전달하는 것이 중요하다. 사용자는 뉴스를 연속해서 살펴보기 때문에 관련 링크를 금방 확인할 수 있도록 안내하는 것이 중요하다. 이때 색 이미지를 통해 뉴스에 관한 이미지가 바뀌어 혼란스럽지 않도록 특별한 색은 사용하지 않는다.

명확한 헤드라인

뉴스 사이트의 기사 제목은 링크할 수 있도록 웹 사이트의 링크 색을 사용하는 경우가 많다. 일반적으로 많이 사용하는 색은 청색으로 헤드라인 색이 본문 색과 같다. 개별 기사의 헤드라인은 링크가 없으므로 본문 색을 자주 사용하지만 해외 뉴스 사이트에서는 링크 색과 같은 헤드라인도 많다.

중요한 헤드라인은 크고 굵게 나타내어 텍스트 색의 면적을 넓히고 배경색과의 대비를 크게 연출한다. 사용자는 먼저 헤드라인에서 내용을 파악한 후 뉴스 사이트에 방문하므로 특별히 강한 색을 사용하지 않아도 쉽게 내용을 전달할 수 있다.

■ 단순하고 큰 텍스트의 헤드라인 사용

상위 페이지 기사 일람

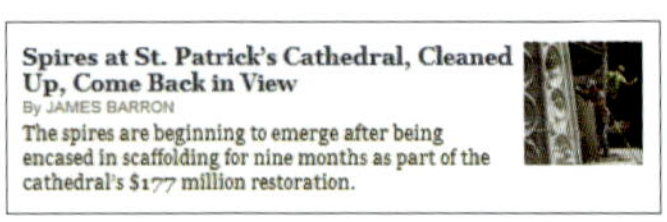
Spires at St. Patrick's Cathedral, Cleaned Up, Come Back in View
By JAMES BARRON
The spires are beginning to emerge after being encased in scaffolding for nine months as part of the cathedral's $177 million restoration.

개별 기사 페이지

Spires at St. Patrick's Cathedral, Cleaned Up, Come Back in View
Damon Winter/The New York Times
After months of work, the scaffolding on the spires of St. Patrick's Cathedral is being removed.
By JAMES BARRON
Published: June 18, 2013

일반적으로 뉴스 사이트에서는 링크 부분을 알기 쉽다. 헤드라인에 특별한 배색을 적용하지 않아도 충분히 내용을 전달할 수 있다.

읽기 쉬운 본문 구성

일반적으로 뉴스 사이트의 텍스트는 다른 사이트와 비교하여 크게 나타낸다. 각 단락이 넓은 공백과 함께 구별되어 긴 문장에서도 읽기 쉽게 레이아웃한다. 행간의 폭이 너무 넓으면 단락의 연결이 모호해지며 행간이 좁은 경우도 적지 않다. 한정된 공간에 많은 내용을 담는 경우 행간이 너무 좁으면 가독성과 이해도가 떨어진다.
같은 뉴스 사이트도 스마트폰의 작은 화면에서 표시하는 것처럼 기사의 문장 폭이 좁다면 정보가 많게 느껴진다. 단락 간의 공백을 분명하게 확보하여 문장을 확실하게 이해할 수 있도록 한다.

■ 매끄럽게 이어지는 본문의 흐름

각 단락의 공백이 있는 경우	각 단락의 공백이 없는 경우
성호는 내가 훌륭한 사람이 될 거라고 믿었다. 열심히 공부하는 형은 오히려 쓸모없는 사람이 될 거라고 생각하는 것 같았다. 자기가 좋아하는 사람은 무조건 훌륭한 사람이 되고 좋아하지 않는 사람은 쓸모없는 사람이 될 거라니! 그렇게 굳게 믿고 있는 현재를 당해낼 방법은 없었다. 사실 나는 내가 장차 무엇이 될지 생각해 본 적이 없다. 그저 현재가 훌륭한 사람이 될 거라고 하니 그런가 보다 하고 있었을 뿐. 그 해 4월에 나는 사립 중학교를 졸업했다. 형은 대학교를 졸업하고 취직을 했다. 취직한 형은 집과 재산을 모두 팔아 버렸다. 나는 어차피 형과 함께 살 생각은 없었으므로 상관하지 않았다.	성호는 내가 훌륭한 사람이 될 거라고 믿었다. 열심히 공부하는 형은 오히려 쓸모없는 사람이 될 거라고 생각하는 것 같았다. 자기가 좋아하는 사람은 무조건 훌륭한 사람이 되고 좋아하지 않는 사람은 쓸모없는 사람이 될 거라니! 그렇게 굳게 믿고 있는 현재를 당해낼 방법은 없었다. 사실 나는 내가 장차 무엇이 될지 생각해 본 적이 없다. 그저 현재가 훌륭한 사람이 될 거라고 하니 그런가 보다 하고 있었을 뿐. 그 해 4월에 나는 사립 중학교를 졸업했다. 형은 대학교를 졸업하고 취직을 했다. 취직한 형은 집과 재산을 모두 팔아 버렸다. 나는 어차피 형과 함께 살 생각은 없었으므로 상관하지 않았다.

매끄러운 본문의 흐름을 위해서는 행간도 중요하지만 단락 간의 공백도 중요하다. 행간과 단락 사이의 간격에서 균형이 맞지 않으면 문장을 이해하기 어려우므로 공백을 이용하여 각 단락을 분리한다.

APPLY 5/06

광고 판촉 도구로써의 주택, 부동산 사이트

주택, 부동산은 신문 전단지나 광고, 간판, 현수막 등을 활용하면 광고 효과가 강하다. 고가의 상품이므로 재구매가 쉽지 않아 고객은 신중하게 선택하고, 다른 업종에 비해 '방문하기 쉽지 않다', '공인중개사에게 질문하기 어렵다'는 이미지를 가진다. 이처럼 사실과 다른 이미지를 없애기 위해 광고 판촉 도구로써 웹 사이트를 만드는 경우가 많다.

판촉 도구와 주요색의 일치

판촉 도구로써 전단지나 명함, 회사 카탈로그 등은 매우 효과적이다. 토지나 집을 거래하는 고객은 거리에서 간판이나 현수막광고 등을 유심히 본다. 기업이나 주택 부동산의 이미지를 잘 전달하기 위해서는 웹 사이트를 포함하여 판촉 도구로써 기업 색상과 배색을 고려해야 한다.

지역 밀착형 중소기업에서는 컬러 브랜딩이 효과적이다. 예산이 충분하다면 기업 브랜딩 예산을 계획하고, 최종 제작물이나 배색 효과를 높인다.

■ 다른 매체와의 배색 통일

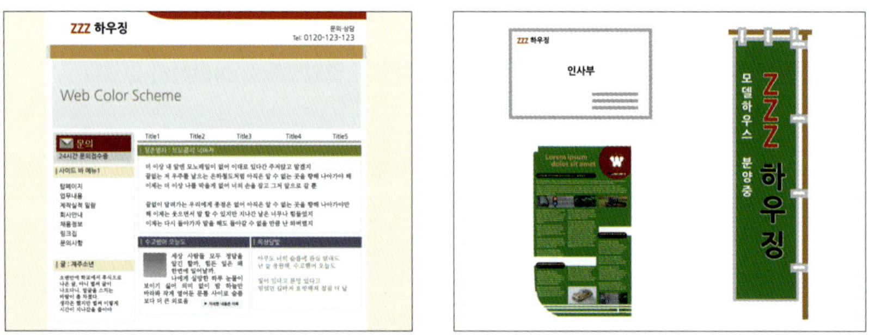

전단지나 현수막에 웹 배색을 사용하면 통일된 배색 이미지가 전달되어 편안한 느낌을 준다. 비즈니스적으로 기회 손실이 발생하지 않도록 가능한 판촉 도구 색은 통일한다.

분양과 임대에 관한 다른 생각

같은 집을 찾는다 해도 분양과 임대는 지불하는 금액과 요구사항이 전혀 다르다. 주로 임대를 전담하는 부동산회사의 경우 상품의 가격이나 이미지는 천차만별이다. 부동산 상품마다 각기 다르게 배색하는 것은 어렵기 때문에 사전에 컨셉을 생각한다.
주로 분양을 전담하는 부동산회사의 경우 소재, 설비 등에서 가격대나 타사와의 순위 등도 어느 정도 정해져 있으므로 이미지를 비교해서 차별화하는 것이 중요하다. 고객이 무엇을 원해 웹 사이트를 방문하는지 충분히 고려하여 알맞게 배색한다.

■ 가격대별 배색

분양과 임대는 전혀 다른 가격대를 형성하고 위치에 따라 다르기 때문에 금액만 본다면 어떤 물건이 싼지 구분하기 힘들다. 부동산회사 규모에 따라 다르지만 분양은 지역 이미지에 맞는 배색을 하는 것이 좋다.

가격 중심의 배색

주택이나 토지 등은 고가의 상품이지만 그 중에서도 비교적 합리적인 것과 그렇지 않은 것이 있다. 합리적인 상품을 '고급스럽게 보여주고 싶다'고 하여 웹 사이트를 만들면 실제 상품을 보는 경우 다를 수 있다. 내장재나 설비 등의 세부 항목은 웹 사이트에서 확인할 수 없으므로 '형편없다'는 불만을 살 수 있다.

대형 마트의 할인광고처럼 지나치게 화려한 색을 사용하면 부동산 상품의 질을 의심할 수 있고, 무리하게 고급스런 느낌이나 화려한 이미지를 연출해도 안 된다. 부동산 상품의 가격은 위치나 토지 가격에 따라 차이가 있고, 형성된 가격에 맞는 배색을 하는 것이 거래 후 발생할 수 있는 문제를 막는다.

■ **고급스러운 분위기 연출**

- '고급스러운' 이미지로 작성
- 2LDK 1,980만 원~
- 도심에서 전철로 20분
- 역세권

위치를 고려한 경우 매우 저렴한 부동산 상품 소개를 고급스럽게 만든 예다. 금액과 관련 이미지를 크게 배치했지만 내장재 등을 자세히 확인할 수 없으므로 무리해서 고급스러운 이미지를 전달하지 않는 것이 좋다.

밝은 이미지 배색에 주의

집이나 토지는 쉽게 구매하지 않으므로 금액을 신중하게 책정한다. 부동산회사 앞에 고급 자동차가 세워져 있으면 '방문하기 어렵다'고 느끼는 사람도 있으므로 편안한 인상을 주기 위해서는 웹 사이트에 무거운 색을 배제하고 밝은 배색을 사용하는 것이 좋다. 살기 좋은 이미지를 주는 사진이 있다면 그 색에 맞추고, 다른 부분에서 색을 줄일 수도 있다. 고소득자를 위한 최고급 주택의 경우와 같이 한정된 대상의 웹 사이트라면 해당 부동산 상품 이미지에 맞는 배색을 한다.

■ 부동산 관련 사이트의 배색 참고

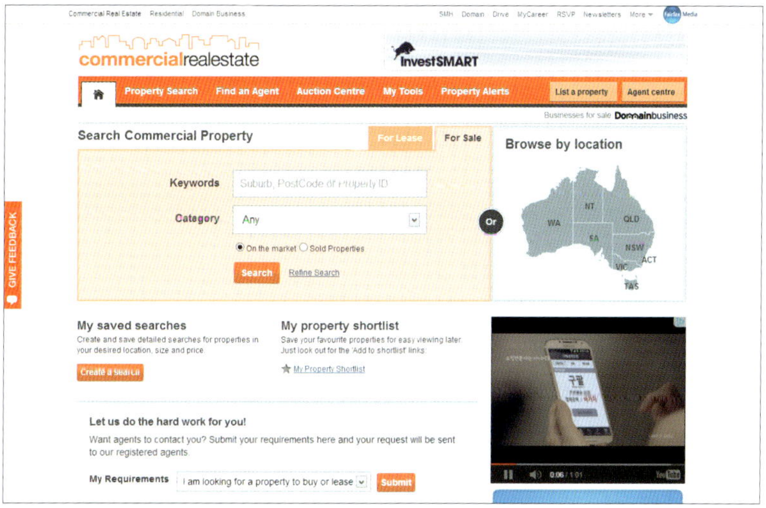

다른 부동산 사이트를 참고하고 싶다면 포털 사이트에서 '부동산'을 검색하여 확인한다.

http://www.commercialrealestate.com.au/

CHECK POINT

- 판촉 도구로 사용하는 웹 사이트와 주요색을 맞춰 이미지를 통일한다.
- 부동산 상품의 가격대와 디자인 및 배색이 차이나지 않도록 주의한다.

APPLY 5/ 07

청결한 이미지의 의료기관, 약국 사이트

의료기관이나 약국 웹 사이트는 환자에게 어두운 느낌을 주지 않는 것이 중요하다. 건강한 사람이 병문안을 가는 것과 아픈 사람이 병원을 찾는 것은 목적 자체가 전혀 다르다. 대학병원과 같이 연구기관을 겸하는 병원이라면 학술적인 분위기도 필요하지만 이 경우에도 배색에 주의해야 한다. 고령자나 환자가 확인할 가능성이 높은 웹 사이트이므로 텍스트 크기를 확대하여 접근성을 높인다.

절제된 색으로 부드러운 분위기 연출

의료기관이나 약국 웹 사이트 사용자는 환자이거나 주변에 환자가 있는 사람으로 불안한 심리 상태인 경우가 많다. 불안을 없애기 위해서는 무겁고 어두운 색이나 혈액, 고통을 떠올리는 붉은색 계열의 이미지는 피한다(적십자는 제외).

고채도 색을 사용하고 싶다면 강조색으로 사용하되 자제하고 중·저채도 색이나 흰색, 밝은 배경색을 조화롭게 사용하여 부드러운 분위기를 연출한다. 배경색과의 강한 대비도 위압감을 주므로 그라데이션 등을 적극 활용한다.

불안한 심리의 사용자는 큰 면적의 고채도 색이나 어두운 색에 의해 기분이 좋지 않을 수 있다. 특히 붉은색은 피를 연상시키므로 피한다.

어린이를 위한 배색

소아과나 치과 등 의료기관 웹 사이트의 실제 사용자는 어린이가 아닌 부모지만 역시 따뜻한 배색으로 안정감을 준다. 어린이용 웹 사이트의 배색은 만화 캐릭터나 로봇 등에 사용하는 친숙한 톤이 일반적이지만, 의료기관의 어린이 대상 배색은 약간 밝은 색을 자제하는 것이 좋다.

■ 어린이가 좋아하는 배색

고채도
공백이 좁다.

중채도
공백이 넓다.

대부분의 어린이는 병원에 가기 싫어하므로 심리적인 부담을 덜어줄 수 있는 밝은 톤과 옅은 배경색, 넉넉한 공백을 이용한다.

청결한 느낌의 배색

의료기관이나 약국 웹 사이트는 불안감을 줄이는 것 외에도 기본적으로 배경색을 흰색으로 사용하는 청결한 이미지를 빼놓을 수 없다. 의료기관의 경우 흰색에 가까운 옅은 톤의 배경색도 좋지만, 회색은 검색엔진 등 다른 흰색 웹 사이트에서 유입된 경우 어두운 느낌을 받을 수 있으므로 주의한다.

검색 결과에서

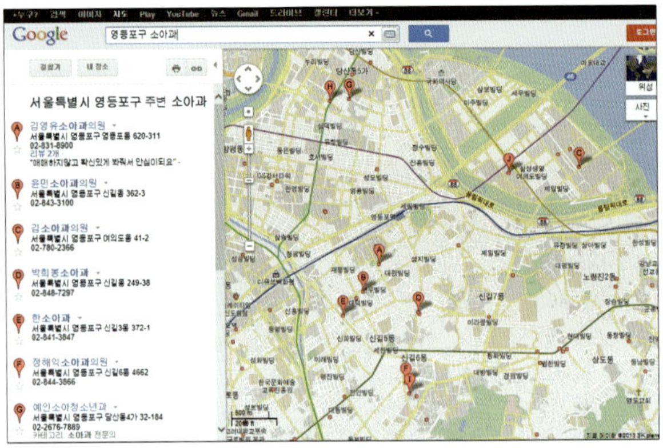

탁한 색

배경색으로 흰색이나 옅은 색을 사용하는 경우 약간 탁한 색을 사용하는 것이 좋다. 배경색으로 넓은 면적의 흰색을 사용한 웹 페이지에서 유입되면 이미지가 반감된다.

가독성이 높은 배색

의료기관의 정보 제공도 중요하다. 고령화에 의한 가독성과 웹 사이트의 접근이 쉬운 점도 특별히 고려해야 한다. 스마트폰이나 태블릿PC 등의 모바일 웹 사이트로 접속하는 경우와 함께 대형 병원 등은 재난 시 거점병원으로써 긴급 정보를 발신하는 경우도 고려해야 한다. 밝은 배색을 목표로 하는 경우 텍스트, 배경의 대비가 낮아지기도 한다. 색 문제만으로는 어떤 환경에서도 읽기 편하도록 큰 텍스트와 함께 대비가 크면 좋다. 현재까지는 긴급 정보의 색 안내는 없지만 지자체 등의 긴급 정보 색에 맞춰 붉은색 계열을 선택하고 병원 단위의 발신 정보는 그 외의 색을 선택하는 것이 무난하다.

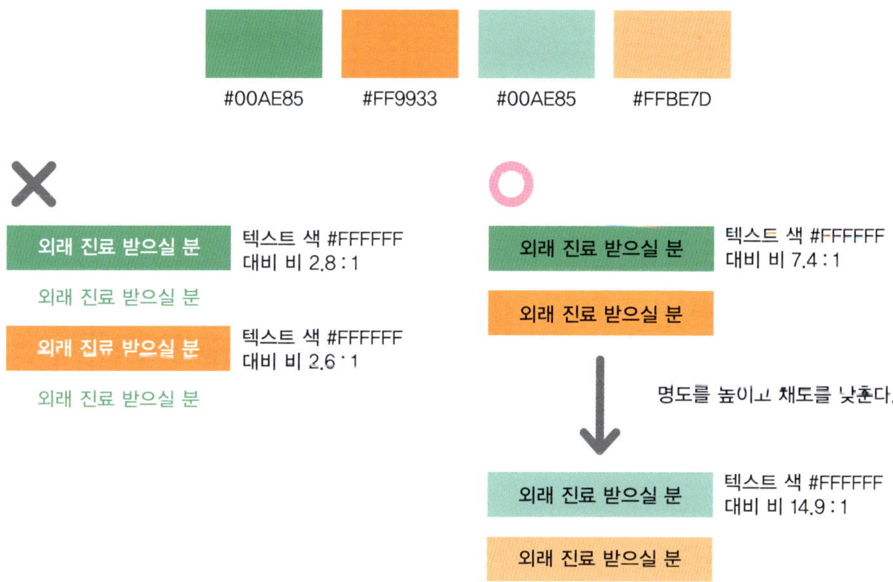

병원 사이트에서 종종 볼 수 있는 배색으로, 텍스트 색이 흰색일 경우 대비가 너무 약하다. 이런 경우에도 고채도의 배경색은 거부감이 있으므로 접근하기 쉬운 배색을 고려한다.

CHECK POINT

- 밝고 절제된 배색으로 부드럽고 깨끗한 이미지를 만든다.
- 접근이 쉽고 가독성이 높은 배색을 고려한다.

5/ APPLY **08**

신뢰감을 주는 전문직, 컨설팅 사이트

전문직 또는 컨설팅과 같이 개인이나 능력 등을 어필하고 싶은 경우 먼저 개인 이미지를 전달할 것인지, 업무내용을 이미지화해 전달할 것인지 결정한다. 업무내용이 한정되어 이미지가 분명하지 않다면 업무적인 이미지를 전달할 수밖에 없다. 광범위한 업무로 이미지가 압축되지 않는다면 가능한 개인 이미지를 어필한다. 2가지 모두 신뢰감을 주기 위해서는 대비(콘트라스트)가 필요하다.

광고 문구의 대비 높이기

요식업 관련 컨설팅의 경우 음식점에서 자주 사용하는 색을 이용한 웹 사이트는 업무내용의 전달이 쉽다. 업무내용이 분명하면 어울리는 색을 사용하고 그렇지 않다면 개인 이미지와 관련된 색을 어필한다.
비즈니스 사이트 배색은 긴장감 있는 것이 좋다. 가장 전달하고 싶은 부분이 분명하지 않으면 신뢰감이 떨어지므로 광고 문구의 대비를 높여 분명하게 전달한다.

유산·상속 문제를 해결해 드립니다!

↓

유산·상속 문제를 해결해 드립니다!

음식점 매출 평균 20% 신장!

↓

음식점 매출 평균 20% 신장!

어떤 문제를 상담 · 해결하는 직종에서 어필하는 부분이 뚜렷하지 않으면 신뢰감을 얻을 수 없다. 광고 문구의 대비를 높여 신뢰감을 주면 무리하게 고채도 색을 사용하지 않아도 된다.

신뢰감을 주는 배색

신뢰감을 주기 위해서는 이미지를 분명하게 전달할 수 있도록 배색한다. 전문직, 컨설팅 업종은 어두운 계열의 청색을 사용하는 경우가 많지만, 신뢰감이나 안도감을 주기 위해 다른 색으로도 표현할 수 있다. 기본적으로 고채도 색은 피하고 명도가 낮은 색을 선택하는 것이 좋다. 이때 각 파트와 배경색의 대비는 강하게 나타내야 한다. 분명한 경계선도 웹 사이트의 인상을 확실하게 보여줄 수 있다. 사용하는 색상 수가 적을수록 통일감이 느껴지고 탄탄해진다.

■ 신뢰감 있는 색의 통일감과 대비

사용하는 색을 줄이고, 명암 대비를 분명하게 나타내면 신뢰감을 줄 수 있다. 명확한 광고 문구와 제목에 분명한 대비를 나타내어 경쟁 사이트와 차별화한다.

APPLY 5/ 09 유니버설 디자인 사이트

현재 70~80대 고령자의 웹 사이트 사용률은 적지만, 사회 전반적으로 고령화가 가속화되면서 점차 늘어날 것이다. 앞으로는 웹 사이트에도 고령자를 위한 유니버설 디자인과 같은 특화된 서비스가 증가할 예정이다. 누구나 사용하기 편하고 정보 전달이 가능한 배색을 고려하면 비즈니스적인 기회의 손실이 줄어들 것이다.

고령자를 타깃으로 한 배색

고령자를 위한 웹 사이트에는 다소 칙칙한 톤이 사용되지만 색에 관한 취향은 연령별로 다양화되고 있다. 실제 조사에서는 점차 수수하고 칙칙한 색을 좋아하는 사람이 늘어나고 있지만 밝은 색을 선호하는 사람이 압도적으로 많다. 칙칙한 색은 '고령자를 위한 웹 사이트'라는 점을 쉽게 알릴 수 있으므로 지나치게 밝은 느낌을 사용하여 가벼워 보이지 않도록 하고 일반 웹 사이트보다 명도나 채도를 약간 낮춘다.

■ 고령자가 선호하는 색

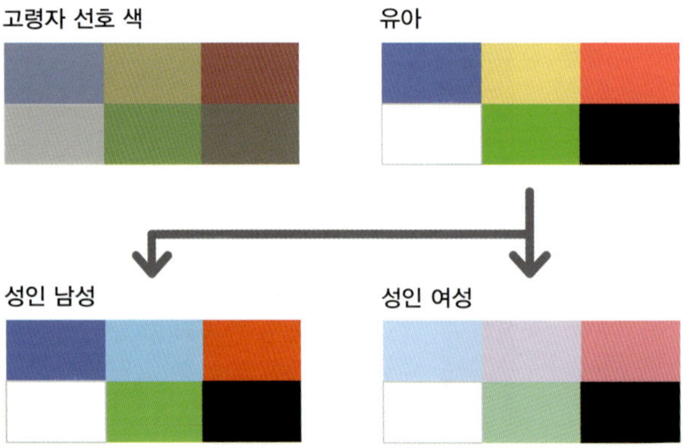

고령자가 선호하는 색은 일반적으로 칙칙하다고 생각하지만, 연령별 색 취향이 다양화되어 밝은 톤의 색을 선호하기도 한다.

보기 편한 텍스트 색

고령화에 따른 가장 큰 시각적 변화는 전체적으로 황색 필터를 통과한 듯한 시야로, 대비가 약해졌기 때문에 좀 더 강한 표현이 필요하다.

대비 비를 생각하면 AAA 등급의 7:1을 확보한다. 배경색이 흰색(#FFFFFF)이라면 '회색(#595959)'까지가 7:1이지만, 특히 주의해야 하는 것은 배경색이 흰색이 아닌 경우로 이미지 텍스트가 번져 읽기 힘들어진다. 대비 비가 7:1이라도 충분하지 않으므로 그림자나 테두리 선 등으로 대비를 높인다.

■ 고령자가 알아보기 힘든 색

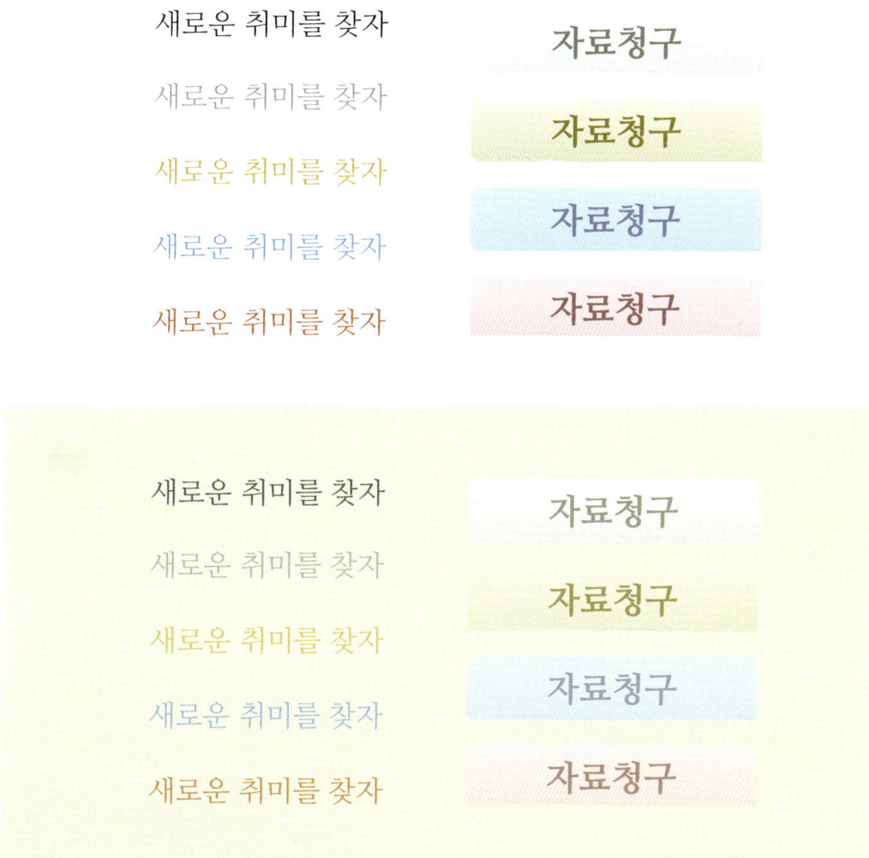

나이가 들수록 시력 저하로 인해 대비가 떨어지고 색상 구별도 어려워져 옅은 색의 버튼은 모양조차 알아보기 힘들다. 중요한 정보나 조작과 관련된 부분은 대비에 신경쓰자.

알아보기 쉽게 강조하는 버튼

고령자는 시력 저하로 인해 대비가 약해져 버튼이나 이미지의 경계선조차 알아보기 힘들다. 사진의 경계선은 문제없지만 중요한 버튼은 제대로 눈에 띄게 배려해야 한다.

특히 배경색과 버튼 색의 대비가 작은 경우 경계선을 또렷하게 나타내는 것만으로도 버튼 모양이 확실해진다. 굳이 검정을 사용한 경계선이 아니더라도 버튼 모양을 명확하게 알 수 있도록 디자인하여 버튼 조작을 편리하게 한다.

■ 알아보기 쉬운 버튼

경계선만으로도 버튼을 알아보기 쉽다. 버튼 자체의 대비를 높이는 것도 좋으며, 텍스트 부분에 그림자를 넣어 대비를 크게 하면 한층 더 알아보기 쉽다.

조작이 쉬운 링크

고령자뿐만 아니라 손을 자유롭게 사용하지 못하는 사람의 경우 클릭이나 터치 등의 조작이 어려우므로 버튼이나 클릭 부분을 크게 만든다. 버튼으로 표시된 부분과 반응하는 부분이 일치하지 않아 반응 부분이 너무 크거나 작아도 잘못된 조작의 가능성이 있다. 실제로 버튼 모양과 링크해서 반응할 부분을 일치시키도록 한다.

텍스트 링크의 경우 밑줄은 가능한 텍스트 밖으로 벗어나지 않도록 한다. 정도에 따라 고령자의 시력 저하로 파랑 텍스트의 채도가 낮게 보여 링크가 아닌 텍스트와 구별이 어려워지는 경우도 있기 때문이다.

■ 링크는 조작하기 쉽게

조작 가능한 부분은 큰 편이 좋다. 윈도우 8이나 태블릿PC로 터치하는 경우가 많아졌기 때문에 조작하기 쉽도록 링크를 배려하자.

■ 텍스트 링크 색

이 다시마는 전남 완도군의 특산품, 수협 등에서도 취급하는 상품이다. 즉, 국물용 다시마로는 최고의 품질이어서 보통 다른 지역의 상품과는 비교할 수 없다.	이 다시마는 전남 완도군의 특산품, 수협 등에서도 취급하는 상품이다. 즉, 국물용 다시마로는 최고의 품질이어서 보통 다른 지역의 상품과는 비교할 수 없다.

텍스트 링크도 밀집되어 있으면 조작이 어렵기 때문에 텍스트를 크게 하는 것이 기본이다. 고령자를 위해서라도 링크 밑줄을 남겨 두자.

CHECK POINT

- 고령자도 다양한 색을 선호한다.
- 접근의 용이성을 고려하여 텍스트 색이나 링크를 설정한다.

APPLY 5/10

편리한 공공기관 사이트

자치단체나 공공기관 웹 사이트는 많은 사람에게 정보를 전달해야 하므로 배색이나 접근의 용이성이 중요하다. 또한 지진, 전쟁과 같은 긴급 정보를 크게 표시하는 색 사용도 고려해야 한다. 최근에는 읽기 쉽고 개성을 살린 색을 고려한 자치단체 웹 사이트가 많아졌다.

자치단체 고유의 이미지 색

자치단체는 각 지역의 특징이나 자연물 등을 은유적으로 표현한 로고마크가 있고 자치단체 예규집이나 조례에 색이 기재되어 있다. 여기에 RGB 값이 정해지지 않았다면 깃발 색을 확인하여 근사 값을 정하는 것도 필요하다.

지역의 색이 있는 경우 그대로 사용하고, 그렇지 않으면 새롭게 주요색을 선정한다. 로고색이 없는 경우의 업데이트는 주로 초록을 사용하는 경향이 있다. 자연 이미지나 빨강도 파랑도 아닌 중간 이미지이기 때문으로 추측된다.

■ 지역 로고마크의 색 유추

제주	색채
	● 바탕색 : 청색 ● 마크 : 흰색 생략 ● 마크의 가운데 색 : 오렌지색 바탕색인 청색은 끝없이 펼쳐지는 하늘과 태평양을 의미하고, 제주도의 약진과 발전을 상징한다. 가운데 오렌지색은 지역 주민들의 정열, 단결 그리고 제주도의 밝은 미래를 나타낸다.

자치단체의 로고마크는 예규집에 기재되어 있다. 색도 지정되어 있으므로 배색의 이유도 함께 체크하자.

잘 알려진 지역의 색

지역 산물을 취급하거나 각 지역의 특징을 설명하는 웹 사이트는 건물이나 꽃 등 지역만의 색과 함께 역사적인 배경 등도 적극적으로 참고한다. 역사적으로 위대한 업적을 남긴 위인이 있다거나 문학작품이나 영화의 무대가 되는 등 지역에 관련된 색 유래를 얻을 수도 있다. 위키피디아 백과사전 등의 자료에서 자치단체 사이트의 지역 개요를 확인해도 다양한 후보 색을 찾을 수 있다.

■ 지역에 알맞은 색

지역적인 특색을 살리고 싶다면 역사를 들여다보거나 식물이나 건물, 먹거리 등을 배색에 참고할 수 있다.

편리성을 중시한 배색

교통이나 가스, 전기 등과 관련된 공기업은 대기업이므로 기업 색상 등도 이미 정해져 있고, 웹 사이트로 전하고 싶은 이미지도 완성되어 있다. 이러한 웹 사이트는 배색의 편리성을 중시하는 자세가 요구된다. 정전의 정보나 노선도 등 급할 때 알고 싶은 정보가 많기 때문에 누구든지 알아보기 쉬운 텍스트나 그림을 준비한다.

■ 정보 전달을 위한 색

역 이름뿐 아니라 노선명과 역 번호를 병기함으로써 노선과 역을 구별할 수 있다. 색에만 의존하지 않고 정보를 제공하는 것이 공공기관 사이트로써는 중요하다.

긴급 정보 등은 확실하게

지자체 사이트의 상위 페이지에 긴급 정보를 나타내는 경우가 많아졌다. 지역의 공지사항과 인명에 관한 정보는 구별해서 표시한다. 현재 가장 중요하고 긴급을 요하는 정보는 빨강이나 오렌지 같은 난색계열로 표시하는 경우가 많지만 구체적인 색 수치는 정해져 있지 않다. 항상 '긴급 정보 없음'으로 표시하거나 긴급 정보가 있는 경우만 표시하는 것 중 어느 쪽이 긴급 정보를 전달하기 쉬운지 판단하기 어렵다. 적어도 중요도가 낮은 정보와 색 차이를 나타내어 한눈에 구별할 수 있도록 한다.

■ 긴급 정보에 사용하는 색

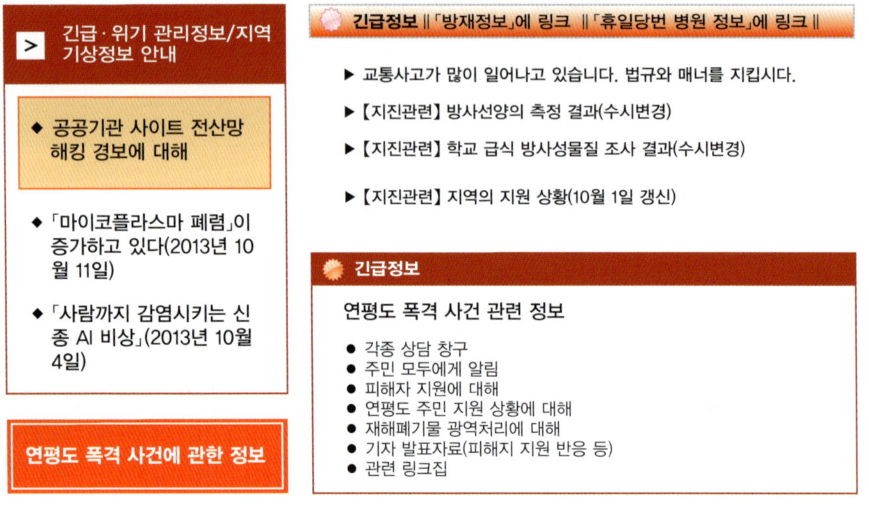

현재 긴급 정보는 난색계열을 사용하는 경우가 많지만 색이 정해져 있는 것은 아니다. 빨강이 아니라도 좋지만 주변 색을 고려해서 한눈에 구별할 수 있는 색을 선택하자.

CHECK POINT

- 지자체 웹 사이트는 지역의 특징을 배색에 참고한다.
- 긴급 정보는 한눈에 구별할 수 있는 배색으로 설정한다.

컬러 차트

본 내용은 한국어판에서만 독자적으로 소개되는 내용입니다.

01 로맨틱하고 천진난만한 배색

소녀, 소년처럼 생기 발랄함과 천진난만한 느낌을 주는 배색이다. 전체적으로 탁색은 피하고, 밝은 파스텔톤의 노랑 , 오렌지 핑크 등을 주로 사용하며 밝은 이미지다.

Main Color

R_248	G_200	B_208	#F8C8D0
R_249	G_198	B_192	#F9C6C0
R_252	G_215	B_184	#FCD7B8
R_255	G_249	B_199	#FFF9C7
R_237	G_241	B_198	#EDF1C6
R_210	G_205	B_232	#D2CDE8
R_229	G_195	B_222	#E5C3DE
R_250	G_193	B_138	#FAC18A
R_255	G_237	B_153	#FFED99
R_197	G_217	B_132	#C5D984
R_140	G_202	B_174	#8CCAAE
R_242	G_158	B_183	#F29EB7
R_215	G_234	B_217	#D7EAD9
R_221	G_107	B_156	#DD6B9C
R_237	G_237	B_237	#EDEDED
R_255	G_255	B_255	#FFFFFF

Match Color

R_248 G_200 B_208	R_215 G_234 B_217	R_249 G_198 B_192
R_252 G_215 B_184	R_215 G_234 B_217	R_255 G_249 B_199
R_255 G_249 B_199	R_242 G_158 B_183	R_237 G_241 B_198
R_248 G_200 B_208	R_140 G_202 B_174	R_252 G_215 B_184
R_248 G_200 B_208	R_237 G_237 B_237	R_249 G_198 B_192
R_252 G_215 B_184	R_229 G_195 B_222	R_255 G_249 B_199
R_255 G_249 B_199	R_237 G_237 B_237	R_237 G_241 B_198
R_237 G_241 B_198	R_255 G_249 B_199	R_215 G_234 B_217
R_210 G_205 B_232	R_237 G_237 B_237	R_229 G_195 B_222
R_229 G_195 B_222	R_255 G_249 B_199	R_237 G_237 B_237
R_215 G_234 B_217	R_229 G_195 B_222	R_210 G_205 B_232
R_237 G_237 B_237	R_229 G_195 B_222	R_248 G_200 B_208

Color Chart

02 여성적이고 엘레강스한 배색

여성스러움을 강조하는 배색으로, 밝은 톤을 사용하여 배색하면 좀 더 젊은 느낌의 배색을 완성할 수 있다. 여성스러움을 강조하기 위해 붉은 적자색이나 보라를 주로 사용하며, 진한 청색은 피하되 밝은 청색 계열을 사용한다.

Main Color

R_240	G_133	B_144	#F08590
R_243	G_154	B_139	#F39A8B
R_250	G_193	B_138	#FAC18A
R_143	G_150	B_203	#8F96CB
R_188	G_144	B_193	#BC90C1
R_242	G_158	B_183	#F29EB7
R_99	G_106	B_175	#636AAF
R_129	G_73	B_151	#814997
R_221	G_108	B_166	#DD6CA6
R_169	G_97	B_107	#A9616B
R_187	G_99	B_93	#BB635D
R_105	G_89	B_143	#69598F
R_213	G_179	B_178	#D5B3B2
R_155	G_161	B_188	#9BA1BC
R_176	G_167	B_190	#B0A7BE
R_248	G_200	B_208	#F8C8D0
R_249	G_198	B_192	#F9C6C0
R_221	G_107	B_156	#DD6B9C
R_189	G_118	B_84	#BD7654
R_150	G_76	B_122	#964C7A
R_195	G_174	B_191	#FFFFFF
R_214	G_177	B_163	#D6B1A3

Match Color

R_240 G_133 B_144	R_155 G_161 B_188	R_250 G_193 B_138
R_243 G_154 B_139	R_213 G_179 B_178	R_255 G_249 B_199
R_250 G_193 B_138	R_242 G_158 B_183	R_237 G_241 B_198
R_248 G_200 B_208	R_213 G_179 B_178	R_242 G_158 B_183
R_248 G_200 B_208	R_188 G_144 B_193	R_240 G_133 B_144
R_188 G_144 B_193	R_214 G_177 B_163	R_221 G_108 B_166
R_221 G_108 B_166	R_99 G_106 B_175	R_243 G_154 B_139
R_214 G_177 B_163	R_242 G_158 B_183	R_143 G_150 B_203
R_249 G_198 B_192	R_221 G_107 B_156	R_243 G_154 B_139
R_240 G_133 B_144	R_213 G_179 B_178	R_143 G_150 B_203
R_243 G_154 B_139	R_249 G_198 B_192	R_188 G_144 B_193
R_143 G_150 B_203	R_248 G_200 B_208	R_242 G_158 B_183

03 부드럽고 온화한 배색

경직된 분위기를 배제한 부드럽고 밝은 느낌의 배색이다. 밝은 탁색과 밝은 청색, 따뜻한 난색 계열을 사용하여 탄력적이면서도 온화한 느낌을 나타내며, 보라 계열을 사용하면 지루한 느낌을 감소시킬 수 있다.

Main Color

R_248 G_200 B_208 #F8C8D0	R_255 G_249 B_199 #FFF9C7	R_215 G_234 B_217 #D7EAD9	R_190 G_226 B_233 #BEE2E9	R_229 G_195 B_222 #E5C3DE
R_213 G_180 B_192 #D5B4C0	R_213 G_179 B_178 #D5B3B2	R_153 G_188 B_206 #99BCCE	R_195 G_174 B_191 #C3AEBF	R_252 G_215 B_184 #FCD7B8
R_242 G_158 B_183 #F29EB7	R_210 G_205 B_232 #D2CDE8	R_237 G_241 B_198 #EDF1C6	R_237 G_237 B_237 #EDEDED	

Match Color

R_248 G_200 B_208 / R_195 G_174 B_191 / R_255 G_249 B_199	R_255 G_249 B_199 / R_248 G_200 B_208 / R_215 G_234 B_217	R_215 G_234 B_217 / R_255 G_249 B_199 / R_190 G_226 B_233
R_190 G_226 B_233 / R_195 G_174 B_191 / R_229 G_195 B_222	R_213 G_180 B_192 / R_255 G_249 B_199 / R_213 G_179 B_178	R_255 G_249 B_199 / R_195 G_174 B_191 / R_237 G_237 B_237
R_248 G_200 B_208 / R_252 G_215 B_184 / R_237 G_241 B_198	R_252 G_215 B_184 / R_255 G_249 B_199 / R_248 G_200 B_208	R_255 G_249 B_199 / R_215 G_234 B_217 / R_252 G_215 B_184
R_215 G_234 B_217 / R_255 G_255 B_255 / R_255 G_249 B_199	R_229 G_195 B_222 / R_255 G_249 B_199 / R_210 G_205 B_232	R_210 G_205 B_232 / R_255 G_249 B_199 / R_237 G_241 B_198

04 평온하고 포근한 배색

모닥불 아래서 여러 사람이 모여 이야기하는 듯한 정겨움을 느낄 수 있다. 밝은 주황 계열의 탁색을 사용하여 포근하고 부드러운 느낌을 표현하며, 적색 계열의 색은 피한다.

Main Color

R_249 G_198 B_192 #F9C6C0	R_252 G_215 B_184 #FCD7B8	R_255 G_249 B_199 #FFF9C7	R_237 G_241 B_198 #EDF1C6	R_250 G_193 B_138 #FAC18A
R_255 G_237 B_153 #FFED99	R_213 G_180 B_192 #D5B4C0	R_214 G_177 B_163 #D6B1A3	R_216 G_194 B_171 #D8C2AB	R_189 G_118 B_84 #BD7654
R_171 G_148 B_95 #AB945F	R_248 G_200 B_208 #F8C8D0	R_295 G_195 B_222 #E5C3DE	R_213 G_179 B_178 #D5B3B2	R_208 G_208 B_208 #D0D0D0

Match Color

R_249 G_198 B_192 / R_255 G_249 B_199 / R_189 G_118 B_84	R_252 G_215 B_184 / R_213 G_180 B_192 / R_171 G_148 B_95	R_255 G_249 B_199 / R_252 G_215 B_184 / R_237 G_237 B_237
R_237 G_241 B_198 / R_255 G_237 B_153 / R_249 G_198 B_192	R_255 G_237 B_153 / R_252 G_215 B_184 / R_255 G_249 B_199	R_213 G_180 B_192 / R_255 G_249 B_199 / R_237 G_241 B_198
R_214 G_177 B_163 / R_250 G_193 B_138 / R_255 G_237 B_153	R_252 G_215 B_184 / R_250 G_193 B_138 / R_255 G_249 B_199	R_255 G_249 B_199 / R_250 G_193 B_138 / R_237 G_241 B_198
R_237 G_241 B_198 / R_255 G_249 B_199 / R_250 G_193 B_138	R_237 G_237 B_237 / R_248 G_200 B_208 / R_252 G_215 B_184	R_250 G_193 B_138 / R_237 G_237 B_237 / R_255 G_237 B_153

05 평화롭고 안락한 배색

평화로운 느낌의 밝은 청색과 녹색을 중심으로 배색하며 대비가 강한 색은 피한다. 배색할 때에는 명도차가 많이 나지 않는 색상을 선택하며, 회색 계열로 배색하여 안정된 분위기를 표시할 수 있다.

Main Color

R_252 G_215 B_184 #FCD7B8	R_255 G_249 B_199 #FFF9C7	R_237 G_241 B_198 #EDF1C6	R_215 G_234 B_217 #D7EAD9	R_190 G_226 B_233 #BEE2E9
R_213 G_179 B_178 #D5B3B2	R_213 G_179 B_178 #D5B3B2	R_214 G_177 B_163 #D6B1A3	R_216 G_194 B_171 #D8C2AB	R_179 G_194 B_175 #B3C2AF
R_154 G_187 B_191 #9ABBBF	R_195 G_174 B_191 #C3AEBF	R_197 G_217 B_132 #C5D984	R_140 G_202 B_174 #8CCAAE	R_136 G_205 B_211 #88CDD3
R_99 G_195 B_209 #63C3D1	R_189 G_197 B_230 #BDC5E6	R_210 G_205 B_232 #D2CDE8	R_104 G_148 B_37 #689425	R_208 G_208 B_208 #D0D0D0
R_213 G_180 B_192 #D5B4C0	R_156 G_185 B_174 #9CB9AE	R_95 G_196 B_225 #5FC4E1	R_237 G_237 B_237 #EDEDED	

Match Color

R_252 R_190 R_189 G_215 G_226 G_194 B_184 B_233 B_175	R_255 R_105 R_156 G_249 G_172 G_185 B_199 B_223 B_174	R_213 R_105 R_237 G_180 G_172 G_241 B_192 B_223 B_198
R_213 R_190 R_136 G_179 G_226 G_205 B_178 B_233 B_211	R_215 R_255 R_195 G_234 G_249 G_174 B_217 B_199 B_191	R_190 R_105 R_197 G_226 G_172 G_217 B_233 B_223 B_132
R_216 R_237 R_105 G_194 G_237 G_172 B_171 B_237 B_223	R_255 R_189 R_179 G_249 G_197 G_194 B_199 B_230 B_175	R_237 R_213 R_156 G_241 G_179 G_185 B_198 B_178 B_174
R_189 R_104 R_197 G_197 G_148 G_217 B_230 B_37 B_132	R_210 R_237 R_140 G_205 G_241 G_202 B_232 B_198 B_174	R_214 R_104 R_189 G_177 G_148 G_197 B_163 B_37 B_230

Color Chart

06 평화롭고 친밀한 배색

따뜻한 느낌과 신뢰감을 준다. 친밀한 분위기를 표현하기 위해 부드러운 난색 계열의 색상을 배치하며, 황색 계열의 색을 사용하여 따뜻한 느낌을 표현한다.

Main Color

R_237 G_105 B_75 #ED694B	R_247 G_168 B_35 #F7A823	R_255 G_232 B_67 #FFE843	R_175 G_203 B_55 #AFCB37	R_213 G_179 B_178 #D5B3B2
R_179 G_194 B_175 #B3C2AF	R_156 G_185 B_174 #9CB9AE	R_154 G_187 B_191 #9ABBBF	R_248 G_200 B_208 #F8C8D0	R_249 G_198 B_192 #F9C6C0
R_255 G_249 B_199 #FFF9C7	R_237 G_241 B_198 #EDF1C6	R_0 G_124 B_94 #007C5E	R_216 G_194 B_171 #D8C2AB	R_171 G_148 B_95 #AB945F
R_214 G_177 B_163 #D6B1A3	R_252 G_215 B_184 #FCD7B8	R_148 G_171 B_104 #94AB68		

Match Color

R_213 R_237 R_247 G_179 G_105 G_168 B_178 B_75 B_35	R_247 R_0 R_214 G_168 G_124 G_177 B_35 B_94 B_163	R_179 R_255 R_213 G_194 G_232 G_179 B_175 B_67 B_178
R_248 R_247 R_156 G_200 G_168 G_185 B_208 B_35 B_174	R_249 R_255 R_154 G_198 G_232 G_187 B_192 B_67 B_191	R_249 R_175 R_221 G_197 G_203 G_108 B_175 B_55 B_166
R_249 R_99 R_255 G_197 G_106 G_232 B_175 B_175 B_67	R_214 R_175 R_249 G_177 G_203 G_197 B_163 B_55 B_175	R_175 R_255 R_179 G_203 G_249 G_194 B_55 B_199 B_175
R_247 R_237 R_171 G_168 G_241 G_148 B_35 B_198 B_95	R_255 R_252 R_148 G_232 G_215 G_171 B_67 B_184 B_104	R_216 R_175 R_255 G_194 G_203 G_249 B_171 B_55 B_199

07 자연주의 배색

자연스러운 느낌을 강조하는 배색이다. 부드럽고 밝은 색에서 한 톤 내린 색을 사용하며, 밝은 청색과 밝은 탁색을 조화시켜 자연스러운 느낌을 증가시킨다.

Main Color

R_249	G_198	B_192	#F9C6C0
R_252	G_215	B_184	#FCD7B8
R_255	G_249	B_199	#FFF9C7
R_237	G_241	B_198	#EDF1C6
R_215	G_234	B_217	#D7EAD9
R_210	G_205	B_232	#D2CDE8
R_213	G_180	B_192	#D5B4C0
R_213	G_179	B_178	#D5B3B2
R_214	G_177	B_163	#D6B1A3
R_216	G_194	B_171	#D8C2AB
R_154	G_187	B_191	#9ABBBF
R_156	G_185	B_174	#9CB9AE
R_195	G_174	B_191	#C3AEBF
R_243	G_154	B_139	#F39A8B
R_250	G_193	B_138	#FAC18A
R_175	G_203	B_55	#AFCB37
R_148	G_171	B_104	#94AB68
R_255	G_255	B_255	#FFFFFF
R_189	G_197	B_230	#BDC5E6
R_179	G_194	B_175	#B3C2AF
R_255	G_237	B_153	#FFED99

Match Color

R_249 G_198 B_192	R_179 G_194 B_175	R_255 G_249 B_199
R_252 G_215 B_184	R_156 G_185 B_174	R_237 G_241 B_198
R_255 G_249 B_199	R_255 G_255 B_255	R_215 G_234 B_217
R_237 G_241 B_198	R_179 G_194 B_175	R_189 G_197 B_230
R_215 G_234 B_217	R_175 G_203 B_55	R_210 G_205 B_232
R_189 G_197 B_230	R_237 G_241 B_198	R_213 G_180 B_192
R_210 G_205 B_232	R_179 G_194 B_175	R_213 G_179 B_178
R_213 G_180 B_192	R_148 G_171 B_104	R_179 G_194 B_175
R_213 G_179 B_178	R_255 G_255 B_255	R_156 G_185 B_174

08 귀여운 배색

어린 아이의 천진난만한 귀여움을 표현하기 위해 파스텔톤을 주로 사용하고, 강한 순색은 피한다. 청소년 이상의 연령대에 관한 귀여움을 표현하기 위해서는 밝은 청색과 순색, 채도가 높은 색을 조합한다.

Main Color

R_248	G_200	B_208	#F8C8D0
R_249	G_198	B_192	#F9C6C0
R_252	G_215	B_184	#FCD7B8
R_255	G_249	B_199	#FFF9C7
R_237	G_241	B_198	#EDF1C6
R_190	G_133	B_28	#BE851C
R_255	G_221	B_0	#FFDD00
R_255	G_232	B_67	#FFE843
R_175	G_203	B_55	#AFCB37
R_169	G_97	B_107	#A9616B
R_240	G_133	B_144	#F08590
R_243	G_154	B_139	#F39A8B
R_188	G_144	B_193	#BC90C1
R_242	G_158	B_183	#F29EB7
R_213	G_180	B_192	#D5B4C0
R_154	G_187	B_191	#9ABBBF
R_237	G_237	B_237	#EDEDED
R_255	G_255	B_255	#FFFFFF
R_199	G_217	B_201	#C7D9C9
R_221	G_107	B_156	#DD6B9C
R_167	G_172	B_202	#A7ACCA

Match Color

R_249 G_198 B_192	R_243 G_154 B_139	R_255 G_221 B_0
R_252 G_215 B_184	R_169 G_97 B_107	R_188 G_144 B_193
R_243 G_146 B_0	R_255 G_249 B_199	R_242 G_158 B_183
R_242 G_158 B_183	R_255 G_221 B_0	R_188 G_144 B_193
R_255 G_249 B_199	R_221 G_107 B_156	R_188 G_228 B_250
R_237 G_241 B_198	R_188 G_144 B_193	R_242 G_158 B_183
R_248 G_200 B_208	R_255 G_255 B_255	R_252 G_215 B_184
R_249 G_198 B_192	R_221 G_107 B_156	R_255 G_249 B_199
R_255 G_249 B_199	R_237 G_237 B_237	R_248 G_200 B_208
R_154 G_187 B_191	R_248 G_200 B_208	R_255 G_249 B_199
R_255 G_232 B_67	R_237 G_237 B_237	R_248 G_200 B_208
R_175 G_203 B_55	R_221 G_107 B_156	R_249 G_198 B_192

Color Chart

09 깨끗하고 순수한 배색

청결하면서도 시원하고 순수한 느낌을 표현한다. 밝은 청색을 사용해 맑고 투명한 분위기를 나타내며, 색상 간 명도차를 크게 적용하거나 밝은 회색과 흰색을 함께 배색한다. 채도가 높은 청색은 피해서 배색한다.

Main Color

R_237 G_241 B_198 #EDF1C6	R_215 G_234 B_217 #D7EAD9	R_190 G_226 B_233 #BEE2E9	R_188 G_228 B_250 #BCE4FA	R_188 G_213 B_240 #BCD5F0
R_136 G_205 B_211 #88CDD3	R_95 G_196 B_225 #5FC4E1	R_105 G_172 B_223 #69ACDF	R_188 G_144 B_193 #BC90C1	R_118 G_184 B_42 #76B82A
R_154 G_187 B_191 #9ABBBF	R_153 G_188 B_206 #99BCCE	R_0 G_146 B_200 #0092C8	R_37 G_129 B_196 #2581C4	R_237 G_237 B_237 #EDEDED
R_175 G_184 B_213 #AFB8D5	R_0 G_150 B_79 #00964F	R_255 G_255 B_255 #FFFFFF		

Match Color

R_237 R_105 R_188 G_241 G_172 G_228 B_198 B_223 B_250	R_190 R_118 R_189 G_226 G_184 G_197 B_233 B_42 B_230	R_188 R_0 R_136 G_228 G_150 G_205 B_250 B_79 B_211
R_188 R_237 R_95 G_213 G_237 G_196 B_240 B_237 B_225	R_189 R_255 R_105 G_197 G_255 G_172 B_230 B_255 B_223	R_105 R_255 R_190 G_172 G_255 G_226 B_223 B_255 B_233
R_190 R_37 R_188 G_226 G_129 G_213 B_233 B_196 B_240	R_188 R_188 R_153 G_213 G_228 G_188 B_240 B_250 B_206	R_154 R_255 R_37 G_187 G_255 G_129 B_191 B_255 B_196
R_0 R_188 R_105 G_146 G_213 G_172 B_200 B_240 B_223	R_37 R_188 R_105 G_129 G_228 G_172 B_196 B_250 B_223	R_105 R_255 R_190 G_172 G_255 G_226 B_223 B_255 B_233

10 동안처럼 귀여운 배색

동안처럼 어리게 느껴지거나 귀엽고 활발한 느낌의 배색이다. 밝은 청색과 고채도 색을 사용하여 배색한다. 적자색을 사용하면 귀여운 느낌을 강조할 수 있다.

Main Color

R_248 G_200 B_208 #F8C8D0	R_249 G_198 B_192 #F9C6C0	R_252 G_215 B_184 #FCD7B8	R_255 G_249 B_199 #FFF9C7	R_237 G_241 B_198 #EDF1C6
R_188 G_213 B_240 #BCD5F0	R_210 G_205 B_232 #D2CDE8	R_229 G_195 B_222 #E5C3DE	R_234 G_81 B_96 #EA5160	R_237 G_105 B_75 #ED694B
R_255 G_232 B_67 #FFE843	R_240 G_133 B_144 #F08590	R_243 G_154 B_139 #F39A8B	R_188 G_144 B_193 #BC90C1	R_242 G_158 B_183 #F29EB7
R_129 G_73 B_151 #814997	R_213 G_180 B_192 #D5B4C0	R_195 G_174 B_191 #C3AEBF	R_215 G_234 B_217 #D7EAD9	R_247 G_168 B_35 #F7A823
R_184 G_21 B_112 #B81570				

Match Color

R_190 R_247 R_237 G_226 G_168 G_241 B_233 B_35 B_198	R_249 R_255 R_215 G_198 G_232 G_234 B_192 B_67 B_217	R_252 R_234 R_188 G_215 G_81 G_213 B_184 B_96 B_240
R_237 R_247 R_229 G_241 G_168 G_195 B_198 B_35 B_222	R_210 R_237 R_252 G_205 G_105 G_215 B_232 B_75 B_184	R_229 R_247 R_255 G_195 G_168 G_249 B_222 B_35 B_199
R_249 R_242 R_255 G_198 G_158 G_249 B_192 B_183 B_199	R_242 R_237 R_243 G_158 G_241 G_154 B_183 B_198 B_139	R_240 R_255 R_188 G_133 G_249 G_144 B_144 B_199 B_193
R_213 R_255 R_242 G_180 G_249 G_158 B_192 B_199 B_183	R_188 R_184 R_248 G_144 G_21 G_200 B_193 B_112 B_208	R_242 R_129 R_249 G_158 G_73 G_198 B_183 B_151 B_192

11 청결하고 상쾌한 배색

깨끗하면서도 상쾌한 기분이 느껴지는 배색이다. 흰색과 청색을 기본으로 배색하며, 평온함을 표현하는 경우에는 밝은 녹색이나 황록색 계열을 사용한다.

Main Color

R_215	G_234	B_217	#D7EAD9
R_190	G_226	B_233	#BEE2E9
R_188	G_228	B_250	#BCE4FA
R_188	G_213	B_240	#BCD5F0
R_105	G_172	B_223	#69ACDF
R_140	G_202	B_174	#8CCAAE
R_136	G_205	B_211	#88CDD3
R_95	G_196	B_225	#5FC4E1
R_0	G_163	B_166	#00A3A6
R_0	G_146	B_200	#0092C8
R_0	G_79	B_159	#004F9F
R_255	G_255	B_255	#FFFFFF
R_197	G_217	B_132	#C5D984

Match Color

R_215 G_234 B_217	R_255 G_255 B_255	R_190 G_226 B_233
R_190 G_226 B_233	R_255 G_255 B_255	R_188 G_228 B_250
R_188 G_213 B_240	R_255 G_255 B_255	R_105 G_172 B_223
R_215 G_234 B_217	R_255 G_255 B_255	R_37 G_129 B_196
R_190 G_226 B_233	R_37 G_129 B_196	R_136 G_205 B_211
R_188 G_213 B_240	R_0 G_79 B_159	R_105 G_172 B_223
R_188 G_228 B_250	R_255 G_255 B_255	R_188 G_213 B_240
R_188 G_213 B_240	R_37 G_129 B_196	R_197 G_217 B_132
R_140 G_202 B_174	R_0 G_163 B_166	R_136 G_205 B_211
R_136 G_205 B_211	R_255 G_255 B_255	R_95 G_196 B_225
R_197 G_217 B_132	R_105 G_172 B_223	R_140 G_202 B_174
R_215 G_234 B_217	R_255 G_255 B_255	R_37 G_129 B_196

12 즐겁고 유쾌한 배색

활발하고 유쾌한 이미지를 표현한다. 주황과 황색 계열을 기본으로 사용하고, 보색을 배치하면 생생한 분위기를 표현할 수 있다. 황색 계열은 명랑한 분위기의 색이므로 유쾌한 이미지를 강조한다.

Main Color

R_243	G_146	B_0	#F39200
R_255	G_221	B_0	#FFDD00
R_118	G_184	B_42	#76B82A
R_0	G_150	B_79	#00964F
R_249	G_198	B_192	#F9C6C0
R_255	G_249	B_199	#FFF9C7
R_237	G_241	B_198	#EDF1C6
R_237	G_105	B_75	#ED694B
R_247	G_168	B_35	#F7A823
R_255	G_232	B_67	#FFE843
R_0	G_146	B_200	#0092C8
R_221	G_107	B_156	#DD6B9C
R_176	G_103	B_17	#B06711
R_0	G_93	B_137	#005D89
R_0	G_168	B_112	#00A870
R_175	G_203	B_55	#AFCB37
R_252	G_215	B_184	#FCD7B8
R_0	G_163	B_166	#00A3A6
R_234	G_81	B_96	#EA5160

Match Color

R_243 G_146 B_0	R_255 G_232 B_67	R_118 G_184 B_42
R_255 G_221 B_0	R_221 G_107 B_156	R_0 G_159 B_79
R_131 G_31 B_130	R_237 G_105 B_75	R_243 G_146 B_0
R_252 G_215 B_184	R_237 G_105 B_75	R_0 G_163 B_166
R_255 G_249 B_199	R_0 G_72 B_107	R_221 G_107 B_156
R_237 G_105 B_75	R_255 G_232 B_67	R_206 G_119 B_23
R_118 G_184 B_42	R_237 G_105 B_75	R_255 G_232 B_67
R_234 G_81 B_96	R_247 G_168 B_35	R_255 G_221 B_0
R_237 G_105 B_75	R_255 G_249 B_199	R_221 G_107 B_156
R_255 G_232 B_67	R_234 G_81 B_96	R_175 G_203 B_55
R_175 G_203 B_55	R_237 G_105 B_75	R_0 G_168 B_112
R_221 G_107 B_156	R_255 G_232 B_67	R_255 G_249 B_199

13 신선하고 싱싱한 배색

싱싱한 야채와 같은 느낌, 먹었을 때 아삭거리는 느낌을 표현하는 배색이다. 명도와 채도가 높은 녹색과 황색 계열 중심으로 배색하며, 흰색을 조합하면 신선함을 강조할 수 있다.

Main Color

R_243 G_146 B_0 #F39200	R_255 G_221 B_0 #FFDD00	R_118 G_184 B_42 #76B82A	R_0 G_150 B_79 #00964F	R_175 G_203 B_55 #AFCB37
R_0 G_163 B_166 #00A3A6	R_0 G_146 B_200 #0092C8	R_140 G_202 B_174 #8CCAAE	R_136 G_205 B_211 #88CDD3	R_95 G_196 B_225 #5FC4E1
R_215 G_234 B_217 #D7EAD9	R_190 G_226 B_233 #BEE2E9	R_37 G_129 B_196 #2581C4	R_255 G_249 B_199 #FFF9C7	R_237 G_241 B_198 #EDF1C6
R_197 G_217 B_132 #C5D984	R_255 G_255 B_255 #FFFFFF	R_0 G_168 B_112 #00A870	R_237 G_241 B_198 #EDF1C6	R_188 G_228 B_250 #BCE4FA

Match Color

R_243 G_146 B_0 / R_255 G_255 B_255 / R_136 G_205 B_211	R_255 G_221 B_0 / R_215 G_234 B_217 / R_95 G_196 B_225	R_0 G_168 B_112 / R_255 G_255 B_255 / R_140 G_202 B_174
R_175 G_203 B_55 / R_190 G_226 B_233 / R_0 G_146 B_200	R_118 G_184 B_42 / R_190 G_226 B_233 / R_0 G_150 B_79	R_0 G_146 B_200 / R_255 G_255 B_255 / R_175 G_203 B_55
R_118 G_184 B_42 / R_255 G_249 B_199 / R_188 G_228 B_250	R_0 G_163 B_166 / R_215 G_234 B_217 / R_118 G_184 B_42	R_0 G_163 B_166 / R_215 G_234 B_217 / R_136 G_205 B_211
R_37 G_129 B_196 / R_188 G_228 B_250 / R_0 G_168 B_112	R_215 G_234 B_217 / R_255 G_255 B_255 / R_37 G_129 B_196	R_237 G_241 B_198 / R_140 G_202 B_174 / R_0 G_146 B_200

Color Chart

14 재미있는 배색

만화적인 재미를 주는 배색이다. 보색이나 대비가 강한 색으로 배색하면 긴장감을 더해 화려해지며, 황색 계열을 중심으로 배색하면 우스꽝스러운 느낌의 배색이 된다.

Main Color

R_228 G_0 B_58 #E4003A	R_228 G_0 B_58 #E4003A	R_243 G_146 B_0 #F39200	R_255 G_221 B_0 #FFDD00	R_234 G_81 B_96 #EA5160
R_247 G_168 B_35 #F7A823	R_255 G_232 B_67 #FFE843	R_240 G_127 B_60 #F07F3C	R_248 G_200 B_208 #F8C8D0	R_249 G_198 B_192 #F9C6C0
R_237 G_241 B_198 #EDF1C6	R_229 G_195 B_222 #E5C3DE	R_48 G_52 B_116 #303474	R_139 G_31 B_97 #8B1F61	R_140 G_202 B_174 #8CCAAE
R_118 G_184 B_42 #76B82A	R_67 G_53 B_139 #43358B	R_184 G_21 B_112 #B81570	R_215 G_234 B_217 #D7EAD9	R_221 G_107 B_156 #DD6B9C
R_237 G_105 B_75 #ED694B	R_255 G_249 B_199 #FFF9C7	R_242 G_158 B_183 #F29EB7	R_150 G_76 B_122 #964C7A	

Match Color

R_228 G_0 B_58 / R_140 G_202 B_174 / R_243 G_146 B_0	R_232 G_78 B_15 / R_229 G_195 B_222 / R_255 G_221 B_0	R_243 G_146 B_0 / R_237 G_241 B_198 / R_139 G_31 B_97
R_255 G_221 B_0 / R_129 G_73 B_151 / R_229 G_195 B_222	R_247 G_168 B_35 / R_48 G_52 B_116 / R_242 G_158 B_183	R_255 G_232 B_67 / R_228 G_0 B_58 / R_255 G_249 B_199
R_255 G_221 B_0 / R_67 G_53 B_139 / R_188 G_228 B_250	R_118 G_184 B_42 / R_184 G_21 B_112 / R_247 G_168 B_35	R_67 G_53 B_139 / R_221 G_107 B_156 / R_255 G_232 B_67
R_237 G_241 B_198 / R_150 G_76 B_122 / R_255 G_221 B_0	R_215 G_234 B_217 / R_247 G_168 B_35 / R_118 G_184 B_42	R_234 G_81 B_96 / R_255 G_232 B_67 / R_221 G_107 B_156

15 전위적이고 혁명적인 배색

추상적인 느낌이나 기존 체제에 반발하는, 또는 급변하는 느낌을 준다. 원색적이면서도 산뜻한 느낌이 필요하므로 채도가 높은 색을 효과적으로 배치하며, 오렌지나 황색을 보조색으로 사용하면 집단적인 느낌을 표현할 수 있다.

Main Color

R_228	R_39	R_0	R_0	R_190
G_0	G_52	G_154	G_79	G_226
B_58	B_139	B_147	B_159	B_233
#E4003A	#27348B	#009A93	#004F9F	#BEE2E9
R_255	R_221	R_166	R_0	R_0
G_232	G_107	G_13	G_124	G_72
B_67	B_156	B_62	B_94	B_132
#FFE843	#DD6B9C	#A60D3E	#007C5E	#004884
R_48	R_243	R_255	R_234	R_237
G_52	G_146	G_221	G_81	G_105
B_116	B_0	B_0	B_96	B_75
#303474	#F39200	#FFDD00	#EA5160	#ED694B
R_0	R_255	R_189	R_87	R_237
G_0	G_255	G_197	G_41	G_237
B_0	B_255	B_230	B_109	B_237
#000000	#FFFFFF	#BDC5E6	#57296D	#EDEDED

Match Color

R_228	R_237	R_0	R_0	R_255	R_166	R_189	R_0	R_190
G_0	G_237	G_124	G_154	G_255	G_13	G_197	G_79	G_226
B_58	B_237	B_94	B_147	B_255	B_62	B_230	B_159	B_233
R_189	R_255	R_0	R_255	R_228	R_0	R_228	R_237	R_0
G_197	G_232	G_79	G_232	G_0	G_79	G_0	G_237	G_73
B_230	B_67	B_159	B_67	B_58	B_159	B_58	B_237	B_148
R_243	R_87	R_234	R_255	R_0	R_228	R_0	R_228	R_221
G_146	G_41	G_81	G_221	G_125	G_0	G_79	G_0	G_107
B_0	B_109	B_96	B_0	B_73	B_58	B_159	B_58	B_156
R_234	R_0	R_255	R_237	R_0	R_255	R_221	R_255	R_0
G_81	G_0	G_221	G_105	G_79	G_221	G_107	G_221	G_0
B_96	B_0	B_0	B_75	B_159	B_0	B_156	B_0	B_0

16 다이내믹하고 강렬한 배색

거대한 에너지와 열기가 느껴지는 배색이다. 빨강을 중심으로, 황색을 보조색으로 배치하면 임팩트가 강해진다. 검정을 적절히 사용하여 중압감을 표시하며, 대비를 높이면 강렬한 느낌이 증가된다.

Main Color

R_228	R_255	R_39	R_184	R_0
G_0	G_221	G_52	G_21	G_124
B_58	B_0	B_139	B_112	B_94
#E4003A	#FFDD00	#27348B	#B81570	#007C5E
R_243	R_234	R_237	R_247	R_255
G_146	G_81	G_105	G_168	G_232
B_0	B_96	B_75	B_35	B_67
#F39200	#EA5160	#ED694B	#F7A823	#FFE843
R_0	R_67	R_48	R_0	R_0
G_79	G_53	G_52	G_115	G_0
B_159	B_139	B_116	B_126	B_0
#004F9F	#43358B	#303474	#00737E	#000000
R_87	R_232	R_255		
G_41	G_78	G_255		
B_109	B_15	B_255		
#57296D	#E84E0F	#FFFFFF		

Match Color

R_228	R_0	R_255	R_255	R_228	R_0	R_184	R_255	R_228
G_0	G_0	G_221	G_221	G_0	G_150	G_21	G_221	G_0
B_58	B_0	B_0	B_0	B_58	B_79	B_112	B_0	B_58
R_87	R_255	R_228	R_228	R_255	R_0	R_0	R_0	R_243
G_41	G_221	G_0	G_0	G_255	G_124	G_150	G_0	G_146
B_109	B_0	B_58	B_58	B_255	B_94	B_79	B_0	B_0
R_232	R_255	R_67	R_255	R_67	R_232	R_0	R_232	R_0
G_78	G_221	G_53	G_221	G_53	G_78	G_79	G_78	G_0
B_15	B_0	B_139	B_0	B_139	B_15	B_159	B_15	B_0
R_67	R_255	R_0	R_87	R_255	R_184	R_0	R_228	R_0
G_53	G_221	G_0	G_41	G_221	G_21	G_79	G_0	G_115
B_139	B_0	B_0	B_109	B_0	B_112	B_159	B_58	B_126

17 희망적이고 낙관적인 배색

밝고 희망적인 느낌을 준다. 채도가 높은 색을 중심으로 황색 계열을 배치하며, 맑고 밝은 색을 사용한다. 약간 회색이 섞인 색이나 밝은 회색을 배치하면 낙관적인 이미지를 증가시킨다.

Main Color

R_228 G_0 B_58 #E4003A	R_232 G_78 B_15 #E84E0F	R_255 G_221 B_0 #FFDD00	R_118 G_184 B_42 #76B82A	R_248 G_200 B_208 #F8C8D0
R_99 G_106 B_175 #636AAF	R_221 G_107 B_156 #DD6B9C	R_215 G_234 B_217 #D7EAD9	R_190 G_226 B_233 #BEE2E9	R_252 G_215 B_184 #FCD7B8
R_240 G_133 B_144 #F08590	R_250 G_193 B_138 #FAC18A	R_255 G_237 B_153 #FFED99	R_237 G_241 B_198 #EDF1C6	R_188 G_144 B_193 #BC90C1
R_54 G_136 B_103 #368867	R_216 G_194 B_171 #D8C2AB	R_0 G_150 B_79 #00964F	R_154 G_187 B_191 #9ABBBF	R_237 G_237 B_237 #EDEDED
R_175 G_203 B_55 #AFCB37	R_255 G_249 B_199 #FFF9C7	R_242 G_158 B_183 #F29EB7	R_255 G_255 B_255 #FFFFFF	

Match Color

R_228 G_0 B_58 / R_255 G_237 B_153 / R_221 G_107 B_156	R_232 G_78 B_15 / R_255 G_221 B_0 / R_188 G_144 B_193	R_255 G_221 B_0 / R_99 G_106 B_175 / R_242 G_158 B_183
R_118 G_184 B_42 / R_215 G_234 B_217 / R_255 G_221 B_0	R_0 G_150 B_79 / R_242 G_158 B_183 / R_255 G_237 B_153	R_175 G_203 B_55 / R_255 G_221 B_0 / R_228 G_0 B_58
R_99 G_106 B_175 / R_255 G_237 B_153 / R_188 G_144 B_193	R_221 G_107 B_156 / R_255 G_255 B_255 / R_250 G_193 B_138	R_228 G_0 B_58 / R_237 G_237 B_237 / R_230 G_186 B_194
R_255 G_221 B_0 / R_216 G_194 B_171 / R_252 G_215 B_184	R_188 G_144 B_193 / R_255 G_249 B_199 / R_216 G_194 B_171	R_242 G_158 B_183 / R_154 G_187 B_191 / R_54 G_136 B_103

Color Chart

18 고급스럽고 호화스러운 배색

화려하면서도 고급스러운 느낌을 주는 배색이다. 보라 계열을 사용하여 고급스러운 느낌을 표현하며, 적색과 자색 계열이나 깊이 있는 황색을 배치하여 중후한 느낌을 준다. 검정이나 밝은 회색을 배치하면 안정적인 느낌을 준다.

Main Color

R_92 G_36 B_131 #5C2483	R_184 G_21 B_112 #B81570	R_166 G_13 B_62 #A60D3E	R_169 G_48 B_21 #A93015	R_176 G_103 B_17 #B06711
R_48 G_52 B_116 #303474	R_139 G_31 B_97 #8B1F61	R_99 G_106 B_175 #636AAF	R_129 G_73 B_151 #814997	R_221 G_107 B_67 #1D1D1B
R_129 G_110 B_78 #816E4E	R_76 G_103 B_77 #4C674D	R_102 G_43 B_88 #662B58	R_49 G_39 B_131 #312783	R_240 G_227 B_145 #F0E391
R_237 G_237 B_237 #EDEDED	R_182 G_149 B_0 #B69500	R_139 G_87 B_75 #8B574B	R_0 G_0 B_0 #000000	

Match Color

R_166 G_13 B_62 / R_176 G_103 B_17 / R_48 G_52 B_116	R_232 G_78 B_15 / R_48 G_52 B_116 / R_184 G_21 B_112	R_176 G_103 B_17 / R_166 G_13 B_62 / R_92 G_36 B_131
R_182 G_149 B_0 / R_139 G_31 B_97 / R_184 G_21 B_112	R_48 G_52 B_116 / R_169 G_48 B_21 / R_76 G_103 B_77	R_92 G_36 B_131 / R_221 G_107 B_156 / R_129 G_110 B_78
R_92 G_36 B_131 / R_182 G_149 B_0 / R_166 G_13 B_62	R_166 G_13 B_62 / R_46 G_42 B_84 / R_182 G_149 B_0	R_182 G_149 B_0 / R_237 G_237 B_237 / R_92 G_36 B_131
R_46 G_42 B_84 / R_237 G_237 B_237 / R_166 G_13 B_62	R_102 G_43 B_88 / R_182 G_149 B_0 / R_0 G_0 B_0	R_166 G_13 B_62 / R_0 G_0 B_0 / R_237 G_237 B_237

19 화려하고 화사한 배색

눈에 띄는 화려함이나 화사한 느낌을 주는 배색으로, 시선을 끌기 위한 디자인에 사용된다. 순색과 채도가 높고 맑은 색을 기본적으로 조합하며, 강렬함을 더하기 위해 명도차가 많이 나는 색상을 배치하기도 한다.

Main Color

R_228 G_0 B_58 #E4003A	R_232 G_78 B_15 #E84E0F	R_243 G_146 B_0 #F39200	R_0 G_154 B_147 #009A93	R_0 G_116 B_166 #0074A6
R_184 G_21 B_112 #B81570	R_237 G_105 B_75 #ED694B	R_247 G_168 B_35 #F7A823	R_255 G_232 B_67 #FFE843	R_0 G_168 B_112 #00A870
R_197 G_217 B_132 #C5D984	R_143 G_150 B_203 #8F96CB	R_234 G_81 B_96 #EA5160	R_0 G_163 B_166 #00A3A6	R_99 G_106 B_175 #636AAF
R_221 G_107 B_156 #DD6B9C	R_182 G_149 B_0 #B69500	R_48 G_52 B_116 #303474	R_67 G_53 B_139 #43358B	R_240 G_133 B_144 #F08590
R_129 G_73 B_151 #814997				

Match Color

R_228 G_0 B_58 / R_197 G_217 B_132 / R_243 G_146 B_0	R_232 G_78 B_15 / R_143 G_150 B_203 / R_0 G_154 B_147	R_243 G_146 B_0 / R_240 G_133 B_144 / R_0 G_116 B_166
R_0 G_116 B_166 / R_247 G_168 B_35 / R_184 G_21 B_112	R_67 G_53 B_139 / R_255 G_232 B_67 / R_237 G_105 B_75	R_237 G_105 B_75 / R_0 G_168 B_112 / R_255 G_232 B_67
R_67 G_53 B_139 / R_182 G_149 B_0 / R_184 G_21 B_112	R_184 G_21 B_112 / R_182 G_149 B_0 / R_129 G_73 B_151	R_237 G_105 B_75 / R_48 G_52 B_116 / R_129 G_73 B_151
R_247 G_168 B_35 / R_48 G_52 B_116 / R_99 G_106 B_175	R_99 G_106 B_175 / R_255 G_232 B_67 / R_221 G_107 B_156	R_129 G_73 B_151 / R_255 G_232 B_67 / R_234 G_81 B_96

20 요염하고 에로틱한 배색

성적 매력을 강조할 때 사용하는 배색이다. 밝고 맑은 난색 계열을 주로 사용하며, 어둡거나 대비가 큰 색을 배치하면 요염한 분위기를 표현할 수 있다. 적색이나 적자색을 배치하면 에로틱한 분위기를 연출할 수 있다.

Main Color

R_129 G_73 B_151 #814997	R_221 G_107 B_156 #DD6B9C	R_240 G_133 B_144 #F08590	R_243 G_154 B_139 #F39A8B	R_143 G_150 B_203 #8F96CB
R_242 G_158 B_183 #F29EB7	R_248 G_200 B_208 #F8C8D0	R_249 G_198 B_192 #F9C6C0	R_255 G_249 B_199 #FFF9C7	R_229 G_195 B_222 #E5C3DE
R_87 G_41 B_109 #57296D	R_169 G_97 B_107 #A9616B	R_105 G_89 B_143 #69598F	R_48 G_52 B_116 #303474	R_139 G_31 B_97 #8B1F61
R_184 G_21 B_112 #B81570	R_71 G_43 B_89 #472B59	R_188 G_144 B_193 #BC90C1	R_166 G_13 B_62 #A60D3E	R_228 G_0 B_58 #E4003A

Match Color

R_129 G_73 B_151 / R_248 G_200 B_208 / R_221 G_107 B_156	R_221 G_107 B_156 / R_255 G_249 B_199 / R_240 G_133 B_144	R_240 G_133 B_144 / R_166 G_13 B_62 / R_188 G_144 B_193
R_248 G_200 B_208 / R_221 G_107 B_156 / R_143 G_150 B_203	R_188 G_144 B_193 / R_221 G_107 B_156 / R_229 G_195 B_222	R_169 G_97 B_107 / R_240 G_133 B_144 / R_139 G_31 B_97
R_105 G_89 B_143 / R_188 G_144 B_193 / R_139 G_31 B_97	R_221 G_107 B_156 / R_71 G_43 B_89 / R_240 G_133 B_144	R_240 G_133 B_144 / R_228 G_0 B_58 / R_229 G_195 B_222
R_188 G_144 B_193 / R_166 G_13 B_62 / R_221 G_107 B_156	R_249 G_198 B_192 / R_139 G_31 B_97 / R_228 G_0 B_58	R_248 G_200 B_208 / R_228 G_0 B_58 / R_105 G_89 B_143

Color Chart

21 봄 느낌의 배색

봄의 화사함이 느껴지며, 황색과 황록색을 주로 사용하여 갓 자란 어린 새싹의 느낌을 표현할 수 있다. 맑은 청색 계열을 효과적으로 사용하며, 어두운 색상은 피해서 배색한다.

Color Formulas

R_255 G_221 B_0 #FFDD00	R_175 G_203 B_55 #AFCB37	R_255 G_249 B_199 #FFF9C7	R_237 G_241 B_198 #EDF1C6	R_215 G_234 B_217 #D7EAD9
R_189 G_197 B_230 #BDC5E6	R_229 G_195 B_222 #E5C3DE	R_105 G_172 B_223 #69ACDF	R_190 G_226 B_233 #BEE2E9	

Application Color

R_255 R_105 R_229 G_221 G_172 G_195 B_0 B_223 B_222	R_175 R_105 R_189 G_203 G_172 G_197 B_55 B_223 B_230	R_255 R_189 R_229 G_249 G_197 G_195 B_199 B_230 B_222
R_189 R_237 R_255 G_197 G_241 G_221 B_230 B_198 B_0	R_237 R_229 R_255 G_241 G_195 G_249 B_198 B_222 B_199	R_215 R_255 R_229 G_234 G_221 G_195 B_217 B_0 B_222
R_190 R_255 R_231 G_226 G_249 G_190 B_233 B_199 B_175	R_229 R_215 R_255 G_195 G_234 G_249 B_222 B_217 B_199	R_255 R_229 R_175 G_221 G_195 G_203 B_0 B_222 B_55

22 여름 느낌의 배색

강렬한 태양과 뜨거운 온도가 느껴지는 배색이다. 적색을 중심으로 강렬함을 표현하며, 탁한 적색을 배치하여 후덥지근한 느낌을 강조할 수 있다.

Color Formulas

R_228 G_0 B_58 #E4003A	R_225 G_221 B_0 #FFDD00	R_169 G_48 B_21 #A93015	R_176 G_103 B_17 #B06711	R_182 G_149 B_0 #B69500
R_121 G_54 B_67 #793643	R_71 G_43 B_89 #472B59	R_169 G_97 B_107 #A9616B	R_72 G_101 B_152 #486598	R_150 G_76 B_122 #964C7A
R_48 G_52 B_116 #303474				

Application Color

R_228 R_121 R_182 G_0 G_54 G_149 B_58 B_67 B_0	R_215 R_71 R_169 G_0 G_43 G_97 B_127 B_89 B_107	R_121 R_72 R_182 G_54 G_101 G_149 B_67 B_152 B_0
R_176 R_150 R_0 G_103 G_76 G_79 B_17 B_122 B_159	R_182 R_169 R_228 G_149 G_97 G_0 B_0 B_107 B_58	R_48 R_176 R_228 G_52 G_103 G_0 B_116 B_17 B_58
R_228 R_169 R_169 G_0 G_48 G_97 B_58 B_21 B_107	R_255 R_182 R_150 G_221 G_149 G_76 B_0 B_0 B_122	R_169 R_228 R_121 G_48 G_0 G_54 B_21 B_58 B_67

23 가을 느낌의 배색

쓸쓸한 가을 햇살과 낙엽이 떨어지는 느낌의 배색이다. 시골 풍경과 전원이 느껴지는 배색으로, 화려함을 배제하고 자연스러운 느낌을 준다. 황록색을 주로 사용하며, 밝은 회색을 배치하여 어두운 느낌을 피한다.

Color Formulas

R_255 G_249 B_199 #FFF9C7	R_189 G_118 B_84 #BD7654	R_171 G_148 B_95 #AB945F	R_214 G_177 B_163 #D6B1A3	R_216 G_194 B_171 #D8C2AB
R_149 G_126 B_128 #957E80	R_149 G_138 B_122 #958A7A	R_132 G_144 B_127 #84907F	R_237 G_237 B_237 #EDEDED	R_178 G_178 B_178 #B2B2B2
R_148 G_112 B_120 #947078	R_135 G_135 B_135 #878787			

Application Color

R_255 G_249 B_199 / R_171 G_148 B_95 / R_214 G_177 B_163	R_189 G_118 B_84 / R_178 G_178 B_178 / R_132 G_144 B_127	R_171 G_148 B_95 / R_216 G_194 B_171 / R_149 G_126 B_128
R_214 G_177 B_163 / R_216 G_194 B_171 / R_149 G_138 B_122	R_216 G_194 B_171 / R_148 G_112 B_120 / R_171 G_148 B_95	R_148 G_112 B_120 / R_171 G_148 B_95 / R_189 G_118 B_84
R_149 G_126 B_128 / R_237 G_237 B_237 / R_171 G_148 B_95	R_149 G_138 B_122 / R_255 G_249 B_199 / R_132 G_144 B_127	R_132 G_144 B_127 / R_189 G_118 B_84 / R_135 G_135 B_135

24 겨울 느낌의 배색

차갑고 서늘한 느낌을 주는 배색이다. 차가운 색인 청색과 녹색 계열을 중심으로 사용하며, 건조한 느낌을 표현하려면 밝은 흰색을 사용한다.

Color Formulas

R_0 G_154 B_147 #009A93	R_0 G_116 B_166 #0074A6	R_0 G_79 B_159 #004F9F	R_0 G_163 B_166 #00A3A6	R_0 G_146 B_200 #0092C8
R_190 G_226 B_233 #BEE2E9	R_188 G_228 B_250 #BCE4FA	R_188 G_213 B_240 #BCD5F0	R_136 G_205 B_211 #88CDD3	R_95 G_196 B_225 #5FC4E1
R_0 G_122 B_155 #007A9B	R_0 G_91 B_139 #005B8B	R_0 G_93 B_137 #005D89	R_0 G_79 B_118 #004F76	R_29 G_67 B_111 #1D436F
R_154 G_175 B_197 #9AAFC5	R_157 G_157 B_156 #9D9D9C	R_100 G_99 B_99 #646363	R_255 G_255 B_255 #FFFFFF	R_37 G_129 B_196 #2581C4
R_105 G_172 B_223 #69ACDF	R_153 G_188 B_206 #99BCCE			

Application Color

R_0 G_154 B_147 / R_188 G_213 B_240 / R_0 G_116 B_166	R_0 G_116 B_166 / R_105 G_172 B_223 / R_0 G_79 B_159	R_0 G_163 B_166 / R_0 G_122 B_155 / R_188 G_228 B_250
R_37 G_129 B_196 / R_188 G_213 B_240 / R_0 G_116 B_166	R_190 G_226 B_233 / R_0 G_146 B_200 / R_188 G_213 B_240	R_188 G_228 B_250 / R_105 G_172 B_223 / R_136 G_205 B_211
R_0 G_116 B_166 / R_188 G_213 B_240 / R_37 G_129 B_196	R_37 G_129 B_196 / R_0 G_79 B_118 / R_105 G_172 B_223	R_105 G_172 B_223 / R_37 G_129 B_196 / R_154 G_175 B_197
R_0 G_91 B_139 / R_105 G_172 B_223 / R_0 G_116 B_166	R_0 G_72 B_132 / R_37 G_129 B_196 / R_0 G_91 B_139	R_0 G_116 B_166 / R_255 G_255 B_255 / R_105 G_172 B_223

25 아이러니한, 풍자적인 배색

풍자적인 느낌을 전달하거나 조소적인 이미지를 사용하는 배색이다. 순색에 밝은 회색 계열의 색을 섞는 배색으로, 채도가 높은 적색과 보색을 적절히 사용하면 조소적인 이미지를 강조할 수 있다.

Color Formulas

R_225	G_221	B_0	#FFDD00
R_118	G_184	B_42	#76B82A
R_0	G_158	B_224	#009EE0
R_234	G_81	B_96	#EA5160
R_247	G_168	B_35	#F7A823
R_221	G_107	B_156	#DD6B9C
R_210	G_205	B_232	#D2CDE8
R_72	G_101	B_152	#486598
R_105	G_89	B_143	#69598F
R_213	G_180	B_192	#D5B4C0
R_155	G_161	B_188	#9BA1BC
R_129	G_73	B_151	#814997
R_153	G_188	B_206	#99BCCE

Application Color

R_255 G_221 B_0	R_155 G_161 B_188	R_67 G_53 B_139
R_118 G_184 B_42	R_72 G_101 B_152	R_129 G_73 B_151
R_67 G_53 B_139	R_153 G_188 B_206	R_234 G_81 B_96
R_234 G_81 B_96	R_105 G_89 B_143	R_118 G_184 B_42
R_247 G_168 B_35	R_213 G_180 B_192	R_67 G_53 B_139
R_129 G_73 B_151	R_155 G_161 B_188	R_247 G_168 B_35
R_221 G_107 B_156	R_105 G_89 B_143	R_247 G_168 B_35
R_255 G_221 B_0	R_215 G_234 B_217	R_153 G_188 B_206
R_118 G_184 B_42	R_105 G_89 B_143	R_255 G_221 B_0

Color Chart

26 밝고 강렬한 배색

아프리카 풍속이나 의상을 표현할 때 사용한다. 밝고 강렬한 태양의 이미지와 건조한 대지가 느껴지는 색상을 주로 사용한다.

Color Formulas

R_232	G_78	B_15	#E84E0F
R_243	G_146	B_0	#F39200
R_255	G_221	B_0	#FFDD00
R_97	G_130	B_98	#618262
R_49	G_39	B_131	#312783
R_166	G_13	B_62	#A60D3E
R_169	G_48	B_21	#A93015
R_182	G_149	B_0	#B69500
R_0	G_72	B_132	#004884
R_48	G_52	B_116	#303474
R_187	G_99	B_93	#BB635D
R_189	G_118	B_84	#BD7654
R_171	G_148	B_95	#AB945F
R_216	G_194	B_171	#D8C2AB
R_155	G_161	B_188	#9BA1BC
R_240	G_227	B_145	#F0E391
R_87	G_41	B_109	#57296D

Application Color

R_232 G_78 B_15	R_0 G_72 B_132	R_182 G_149 B_0
R_243 G_146 B_0	R_46 G_42 B_84	R_232 G_78 B_15
R_255 G_221 B_0	R_171 G_148 B_95	R_187 G_99 B_93
R_76 G_103 B_77	R_232 G_78 B_15	R_171 G_148 B_95
R_46 G_42 B_84	R_255 G_221 B_0	R_166 G_13 B_62
R_166 G_13 B_62	R_155 G_161 B_188	R_0 G_72 B_132
R_169 G_48 B_21	R_87 G_41 B_109	R_171 G_148 B_95
R_182 G_149 B_0	R_187 G_99 B_93	R_232 G_78 B_15
R_232 G_78 B_15	R_0 G_72 B_132	R_255 G_221 B_0

27 군대, 밀리터리룩 느낌의 배색

군대를 나타내는 배색이다. 육군의 이미지인 카키색을 기본으로 사용하고, 어둡고 맑은 녹색 계열이 많이 사용된다.

Color Formulas

R_129 G_110 B_78 #816E4E	R_76 G_103 B_77 #4C674D	R_42 G_82 B_77 #2A524D	R_49 G_39 B_131 #312783	R_240 G_227 B_145 #F0E391
R_156 G_185 B_174 #9CB9AE	R_149 G_138 B_122 #958A7A	R_132 G_144 B_127 #84907F	R_90 G_131 B_125 #5A837D	R_179 G_194 B_175 #B3C2AF

Application Color

R_129 R_132 R_76 G_110 G_144 G_103 B_78 B_127 B_77	R_76 R_42 R_149 G_103 G_82 G_138 B_77 B_77 B_122	R_42 R_179 R_132 G_82 G_194 G_144 B_77 B_175 B_127
R_46 R_149 R_42 G_42 G_138 G_82 B_84 B_122 B_77	R_179 R_90 R_132 G_194 G_131 G_144 B_175 B_125 B_127	R_156 R_42 R_149 G_185 G_82 G_138 B_174 B_77 B_122
R_129 R_46 R_76 G_110 G_42 G_103 B_78 B_84 B_77	R_76 R_149 R_46 G_103 G_138 G_42 B_77 B_122 B_84	R_42 R_149 R_132 G_82 G_138 G_144 B_77 B_122 B_127

28 기품 있고 패셔너블한 느낌의 배색

명품으로 치장하거나 잘 차려입은 듯한 느낌을 주다. 명품 이미지가 느껴지는 청자색 계열을 중심으로 밝고 맑은 색을 주요색으로 사용하며, 밝은 회색을 보조색으로 배치한다.

Color Formulas

R_105 G_172 B_223 #69ACDF	R_188 G_144 B_193 #BC90C1	R_188 G_213 B_240 #BCD5F0	R_189 G_197 B_230 #BDC5E6	R_155 G_161 B_188 #9BA1BC
R_195 G_174 B_191 #C3AEBF	R_143 G_150 B_203 #8F96CB	R_215 G_234 B_217 #D7EAD9	R_190 G_226 B_233 #BEE2E9	R_210 G_205 B_232 #D2CDE8
R_179 G_194 B_175 #B3C2AF	R_153 G_188 B_206 #99BCCE	R_237 G_237 B_237 #EDEDED	R_208 G_208 B_208 #D0D0D0	R_176 G_167 B_190 #B0A7BE
R_229 G_195 B_222 #E5C3DE				

Application Color

R_105 R_188 R_189 G_172 G_144 G_197 B_223 B_193 B_230	R_188 R_208 R_189 G_144 G_208 G_197 B_193 B_208 B_230	R_188 R_237 R_175 G_213 G_237 G_184 B_240 B_237 B_213
R_176 R_188 R_188 G_167 G_213 G_144 B_190 B_240 B_193	R_195 R_237 R_105 G_174 G_237 G_172 B_191 B_237 B_223	R_188 R_208 R_155 G_144 G_208 G_161 B_193 B_208 B_188
R_105 R_208 R_143 G_172 G_208 G_150 B_223 B_208 B_203	R_143 R_215 R_229 G_150 G_234 G_195 B_203 B_217 B_222	R_190 R_195 R_143 G_226 G_174 G_150 B_233 B_191 B_203
R_189 R_153 R_190 G_197 G_188 G_226 B_230 B_206 B_233	R_210 R_143 R_179 G_205 G_150 G_194 B_232 B_203 B_175	R_229 R_105 R_189 G_195 G_172 G_197 B_222 B_223 B_230

29 하이브리드, 복합적인 배색

복합적이거나 혼합적인 배색으로, 청자색을 중심으로 색을 폭넓게 사용한다.

Color Formulas

R_49 G_39 B_131 #312783	R_240 G_227 B_145 #F0E391	R_37 G_129 B_196 #2581C4	R_105 G_172 B_223 #69ACDF	R_188 G_213 B_240 #BCD5F0
R_154 G_175 B_197 #9AAFC5	R_0 G_79 B_159 #004F9F	R_0 G_146 B_200 #0092C8	R_95 G_196 B_225 #5FC4E1	R_188 G_228 B_250 #BCE4FA
R_36 G_96 B_139 #24608B	R_237 G_237 B_237 #EDEDED	R_0 G_72 B_132 #004884	R_0 G_122 B_155 #007A9B	

Application Color

R_67 R_208 R_139 G_53 G_208 G_31 B_139 B_208 B_97	R_54 R_208 R_99 G_136 G_208 G_106 B_103 B_208 B_175	R_3 R_208 R_104 G_151 G_208 G_39 B_157 B_208 B_82
R_72 R_208 R_3 G_101 G_208 G_151 B_152 B_208 B_157	R_99 R_208 R_182 G_106 G_208 G_149 B_175 B_208 B_0	R_182 R_208 R_139 G_149 G_208 G_31 B_0 B_208 B_97
R_104 R_46 R_104 G_148 G_42 G_39 B_37 B_84 B_82	R_0 R_76 R_99 G_91 G_103 G_106 B_139 B_77 B_175	R_0 R_104 R_54 G_72 G_39 G_136 B_132 B_82 B_103

30 조용하고 안정된 배색

조용하고 안정된 느낌이지만 밝은 분위기의 정적인 배색이다. 청색 계열을 주로 사용하고 대비가 약한 색을 사용한다.

Color Formulas

R_215 G_234 B_217 #D7EAD9	R_190 G_226 B_233 #BEE2E9	R_188 G_228 B_250 #BCE4FA	R_188 G_213 B_240 #BCD5F0	R_54 G_136 B_103 #368867
R_36 G_96 B_139 #24608B	R_29 G_67 B_111 #1D436F	R_156 G_185 B_174 #9CB9AE	R_154 G_187 B_191 #9ABBBF	R_153 G_188 B_206 #99BCCE
R_157 G_157 B_156 #9D9D9C	R_0 G_122 B_155 #007A9B	R_155 G_161 B_188 #9BA1BC		

Application Color

R_215 R_153 R_188 G_234 G_188 G_228 B_217 B_206 B_250	R_190 R_156 R_188 G_226 G_185 G_213 B_233 B_174 B_240	R_188 R_154 R_188 G_228 G_187 G_213 B_250 B_191 B_240
R_188 R_155 R_215 G_213 G_161 G_234 B_240 B_188 B_217	R_54 R_153 R_0 G_136 G_188 G_122 B_103 B_206 B_155	R_0 R_188 R_36 G_122 G_213 G_96 B_155 B_240 B_139
R_36 R_157 R_29 G_96 G_157 G_67 B_139 B_156 B_111	R_0 R_215 R_157 G_122 G_234 G_157 B_155 B_217 B_156	R_155 R_190 R_0 G_161 G_226 G_122 B_188 B_233 B_155

31 스타일리쉬한 배색

수수하지만 빛이 나는 느낌, 멋지고 빼어난 듯한 느낌의 배색이다. 밝고 맑은 색을 사용하며, 깊은 색이나 검정, 회색을 조합하여 세련된 이미지를 표현한다.

Color Formulas

R_255	G_237	B_153	#FFED99
R_105	G_172	B_223	#69ACDF
R_188	G_228	B_250	#BCE4FA
R_189	G_197	B_230	#BDC5E6
R_48	G_52	B_116	#303474
R_0	G_0	B_0	#000000
R_237	G_237	B_237	#EDEDED
R_178	G_178	B_178	#B2B2B2
R_179	G_194	B_175	#B3C2AF

Application Color

R_255 G_237 B_153	R_178 G_178 B_178	R_189 G_197 B_230
R_105 G_172 B_223	R_0 G_0 B_0	R_189 G_197 B_230
R_188 G_228 B_250	R_178 G_178 B_178	R_179 G_194 B_175
R_189 G_197 B_230	R_48 G_52 B_116	R_237 G_237 B_237
R_48 G_52 B_116	R_178 G_178 B_178	R_105 G_172 B_223
R_179 G_194 B_175	R_0 G_0 B_0	R_237 G_237 B_237
R_255 G_237 B_153	R_0 G_0 B_0	R_188 G_228 B_250
R_105 G_172 B_223	R_255 G_237 B_153	R_48 G_52 B_116
R_188 G_228 B_250	R_48 G_52 B_116	R_178 G_178 B_178

32 도시적인 배색

속도감이 느껴지고 첨단적이면서 복잡한 도시를 표현한다. 차가운 색의 배합은 속도감을 느끼게 하며, 밝고 맑은 청색 계열을 중심으로 깊이 있는 색이나 밝은 회색를 배치하면 첨단적인 이미지를 표현할 수 있다.

Color Formulas

R_105	G_172	B_223	#69ACDF
R_255	G_249	B_199	#FFF9C7
R_189	G_197	B_230	#BDC5E6
R_0	G_79	B_118	#004F76
R_0	G_122	B_155	#007A9B
R_179	G_194	B_175	#B3C2AF
R_153	G_188	B_206	#99BCCE
R_155	G_161	B_188	#9BA1BC
R_195	G_174	B_191	#C3AEBF
R_0	G_79	B_159	#004F9F
R_95	G_196	B_225	#5FC4E1
R_188	G_228	B_250	#BCE4FA
R_37	G_129	B_196	#2581C4
R_0	G_116	B_166	#0074A6
R_237	G_237	B_237	#EDEDED
R_255	G_255	B_255	#FFFFFF
R_35	G_90	B_129	#235A81
R_0	G_146	B_200	#0092C8
R_157	G_157	B_156	#9D9D9C

Application Color

R_105 G_172 B_223	R_237 G_237 B_237	R_36 G_96 B_139
R_255 G_249 B_199	R_157 G_157 B_156	R_0 G_122 B_155
R_189 G_197 B_230	R_36 G_96 B_139	R_195 G_174 B_191
R_0 G_79 B_118	R_179 G_194 B_175	R_105 G_172 B_223
R_0 G_122 B_155	R_153 G_188 B_206	R_189 G_197 B_230
R_105 G_172 B_223	R_0 G_79 B_118	R_153 G_188 B_206
R_0 G_116 B_166	R_255 G_255 B_255	R_95 G_196 B_225
R_0 G_79 B_159	R_255 G_255 B_255	R_255 G_249 B_199
R_0 G_146 B_200	R_255 G_255 B_255	R_105 G_172 B_223
R_95 G_196 B_225	R_0 G_79 B_159	R_255 G_249 B_199
R_188 G_228 B_250	R_37 G_129 B_196	R_255 G_249 B_199
R_0 G_79 B_159	R_255 G_249 B_199	R_37 G_129 B_196

33 수수하고 검소한 배색

자연 그대로의 꾸미지 않은 순수한 느낌을 주는 배색이다. 지나치게 밝은 색을 피하고, 어두운 색과 회색 계열로 조합한다. 색조가 탁해지는 것을 피하기 위해 깊이 있는 황록색을 배색하기도 한다.

Color Formulas

R_104	G_148	B_37	#689425
R_129	G_110	B_78	#816E4E
R_76	G_103	B_77	#4C674D
R_46	G_42	B_84	#2E2A54
R_71	G_43	B_89	#472B59
R_148	G_112	B_120	#947078
R_149	G_126	B_128	#957E80
R_149	G_139	B_135	#958B87
R_149	G_138	B_122	#958A7A
R_132	G_144	B_127	#84907F
R_80	G_83	B_110	#50536E
R_99	G_86	B_111	#63566F
R_117	G_90	B_111	#755A6F
R_154	G_187	B_191	#9ABBBF
R_154	G_175	B_197	#9AAFC5
R_237	G_237	B_237	#EDEDED
R_255	G_255	B_255	#FFFFFF
R_102	G_43	B_88	#662B58
R_76	G_95	B_118	#4C5F76
R_157	G_157	B_156	#9D9D9C

Application Color

R_104 G_148 B_37	R_149 G_138 B_122	R_76 G_103 B_77
R_129 G_110 B_78	R_132 G_144 B_127	R_65 G_116 B_131
R_76 G_103 B_77	R_157 G_157 B_156	R_148 G_112 B_120
R_46 G_42 B_84	R_149 G_139 B_135	R_102 G_43 B_88
R_71 G_43 B_89	R_132 G_144 B_127	R_99 G_86 B_111
R_148 G_112 B_120	R_76 G_95 B_118	R_149 G_138 B_122
R_149 G_126 B_128	R_117 G_90 B_111	R_90 G_131 B_125
R_149 G_139 B_135	R_46 G_42 B_84	R_99 G_86 B_111
R_129 G_110 B_78	R_80 G_83 B_110	R_132 G_144 B_127
R_76 G_103 B_77	R_237 G_237 B_237	R_154 G_187 B_191
R_46 G_42 B_84	R_154 G_175 B_197	R_65 G_116 B_131
R_102 G_43 B_88	R_132 G_144 B_127	R_71 G_106 B_125

34 전통 의상의 배색

전통 의상 느낌의 배색으로, 단순히 오래되고 낡은 이미지보다는 전통적인 패션을 표현한다. 탁하지만 밝은 보라와 중성 계열의 색을 주로 사용한다.

Color Formulas

R_169	G_97	B_107	#A9616B
R_189	G_118	B_84	#BD7654
R_171	G_148	B_95	#AB945F
R_148	G_171	B_104	#94AB68
R_36	G_96	B_139	#24608B
R_213	G_180	B_192	#D5B4C0
R_214	G_177	B_163	#D6B1A3
R_216	G_194	B_171	#D8C2AB
R_156	G_185	B_174	#9CB9AE
R_153	G_188	B_206	#99BCCE
R_149	G_139	B_135	#958B87
R_149	G_138	B_122	#958A7A
R_90	G_131	B_125	#5A837D
R_71	G_106	B_125	#476A7D
R_208	G_208	B_208	#D0D0D0
R_72	G_101	B_152	#486598
R_155	G_161	B_188	#9BA1BC
R_157	G_157	B_156	#9D9D9C

Application Color

R_169 G_97 B_107	R_36 G_96 B_139	R_155 G_161 B_188
R_214 G_177 B_163	R_171 G_148 B_95	R_156 G_185 B_174
R_216 G_194 B_171	R_71 G_106 B_125	R_153 G_188 B_206
R_156 G_185 B_174	R_157 G_157 B_156	R_148 G_171 B_104
R_153 G_188 B_206	R_208 G_208 B_208	R_90 G_131 B_125
R_155 G_161 B_188	R_208 G_208 B_208	R_71 G_106 B_125
R_149 G_139 B_135	R_90 G_131 B_125	R_216 G_194 B_171
R_149 G_138 B_122	R_213 G_180 B_192	R_155 G_161 B_188
R_90 G_131 B_125	R_155 G_161 B_188	R_149 G_139 B_135

35 클래식하고 전통적인 배색

고전적인 느낌이나 예로부터 전해 내려오는 예술품을 표현하는 배색이다. 깊이 있는 색이나 어두운 탁색, 전통이 느껴지는 갈색 계열, 회색을 사용하며 원숙한 느낌을 주는 색상을 조합한다.

Color Formulas

R_104 G_39 B_82 #682752	R_139 G_87 B_75 #8B574B	R_129 G_110 B_78 #816E4E	R_0 G_79 B_118 #004F76	R_182 G_149 B_0 #B69500
R_139 G_31 B_97 #8B1F61	R_189 G_118 B_84 #BD7654	R_171 G_148 B_95 #AB945F	R_216 G_194 B_171 #D8C2AB	R_148 G_112 B_120 #947078
R_121 G_54 B_67 #793643	R_76 G_103 B_77 #4C674D	R_42 G_82 B_77 #2A524D	R_176 G_103 B_17 #B06711	R_87 G_41 B_109 #57296D
R_178 G_178 B_178 #B2B2B2	R_157 G_157 B_156 #9D9D9C	R_48 G_52 B_116 #303474	R_149 G_139 B_135 #958B87	R_40 G_42 B_84 #2E2A54

Application Color

R_104 R_149 R_87 G_39 G_139 G_41 B_82 B_135 B_109	R_139 R_171 R_48 G_87 G_148 G_52 B_75 B_95 B_116	R_129 R_139 R_189 G_110 G_31 G_118 B_78 B_97 B_84
R_48 R_216 R_129 G_52 G_194 G_110 B_116 B_171 B_78	R_104 R_139 R_76 G_39 G_87 G_103 B_82 B_75 B_77	R_121 R_42 R_176 G_54 G_82 G_103 B_67 B_77 B_17
R_139 R_46 R_178 G_87 G_42 G_178 B_75 B_84 B_178	R_76 R_179 R_189 G_103 G_194 G_118 B_77 B_175 B_84	R_42 R_176 R_139 G_82 G_103 G_87 B_77 B_17 B_75
R_0 R_178 R_104 G_79 G_178 G_39 B_118 B_178 B_82	R_46 R_176 R_76 G_42 G_103 G_103 B_84 B_17 B_77	R_104 R_76 R_178 G_39 G_103 G_178 B_82 B_77 B_178

36 남성적인 배색

남성적인 강한 느낌이 전해지는 배색이다. 따뜻한 색을 주로 사용하는 여성적인 배색에 비해, 주로 남성적인 차갑고도 어두운 색을 사용한다.

Color Formulas

R_129 G_110 B_78 #816E4E	R_76 G_103 B_77 #4C674D	R_42 G_82 B_77 #2A524D	R_0 G_92 B_114 #005C72	R_0 G_79 B_118 #004F76
R_46 G_42 B_84 #2E2A54	R_0 G_91 B_139 #005B8B	R_0 G_72 B_132 #004884	R_149 G_139 B_135 #958B87	R_76 G_95 B_118 #4C5F76
R_100 G_99 B_99 #646363	R_29 G_67 B_111 #1D436F	R_0 G_0 B_0 #000000		

Application Color

R_129 R_149 R_0 G_110 G_139 G_72 B_78 B_135 B_132	R_76 R_76 R_0 G_103 G_95 G_91 B_77 B_118 B_139	R_42 R_0 R_0 G_82 G_91 G_0 B_77 B_139 B_0
R_0 R_76 R_0 G_72 G_103 G_72 B_89 B_77 B_132	R_0 R_100 R_129 G_109 G_99 G_110 B_138 B_99 B_78	R_29 R_0 R_0 G_67 G_72 G_0 B_111 B_132 B_0
R_46 R_0 R_0 G_42 G_91 G_72 B_84 B_139 B_132	R_0 R_0 R_76 G_91 G_0 G_103 B_139 B_0 B_77	R_0 R_76 R_0 G_72 G_95 G_79 B_132 B_118 B_118

37 저렴한 느낌의 배색

값이 싸거나 품질이 좋아 보이지 않는 느낌을 주는 배색으로, 의도적으로 저렴한 느낌을 표현하는 경우 사용한다. 밝은 회색 계열을 주요색으로 사용하며, 어두운 탁색은 더러운 느낌이므로 피해서 배색한다.

Color Formulas

- R_188 G_213 B_240 #BCD5F0
- R_189 G_197 B_230 #BDC5E6
- R_229 G_195 B_222 #E5C3DE
- R_216 G_194 B_171 #D8C2AB
- R_179 G_194 B_175 #B3C2AF
- R_154 G_175 B_197 #9AAFC5
- R_195 G_174 B_191 #C3AEBF
- R_149 G_126 B_128 #957E80
- R_149 G_138 B_122 #958A7A
- R_237 G_237 B_237 #EDEDED
- R_156 G_185 B_174 #9CB9AE

Application Color

- R_216 G_194 B_171 / R_188 G_213 B_240 / R_154 G_175 B_197
- R_179 G_194 B_175 / R_237 G_237 B_237 / R_188 G_213 B_240
- R_156 G_185 B_174 / R_208 G_208 B_208 / R_216 G_194 B_171
- R_154 G_175 B_197 / R_179 G_194 B_175 / R_156 G_185 B_174
- R_195 G_174 B_191 / R_208 G_208 B_208 / R_149 G_126 B_128
- R_149 G_126 B_128 / R_154 G_175 B_197 / R_208 G_208 B_208
- R_149 G_138 B_122 / R_216 G_194 B_171 / R_179 G_194 B_175
- R_216 G_194 B_171 / R_189 G_197 B_230 / R_195 G_174 B_191
- R_179 G_194 B_175 / R_208 G_208 B_208 / R_229 G_195 B_222

Color Chart

38 스마트한 느낌의 배색

군더더기 없이 깔끔한 느낌을 준다. 안정된 느낌을 주는 청색 계열을 주요색으로 사용하고, 스마트한 느낌을 주기 위해 채도가 높고 맑은 색을 사용하기도 한다.

Color Formulas

- R_0 G_163 B_166 #00A3A6
- R_0 G_146 B_200 #0092C8
- R_37 G_129 B_196 #2581C4
- R_0 G_115 B_126 #00737E
- R_0 G_72 B_132 #004884
- R_188 G_228 B_250 #BCE4FA
- R_188 G_213 B_240 #BCD5F0
- R_189 G_197 B_230 #BDC5E6
- R_105 G_172 B_223 #69ACDF
- R_29 G_67 B_111 #1D436F
- R_80 G_83 B_110 #50536E
- R_255 G_255 B_255 #FFFFFF
- R_237 G_237 B_237 #EDEDED
- R_255 G_249 B_199 #FFF9C7
- R_216 G_194 B_171 #D8C2AB

Application Color

- R_0 G_163 B_166 / R_237 G_237 B_237 / R_36 G_120 B_182
- R_0 G_146 B_200 / R_255 G_255 B_255 / R_0 G_72 B_132
- R_36 G_120 B_182 / R_216 G_194 B_171 / R_29 G_67 B_111
- R_0 G_115 B_126 / R_188 G_228 B_250 / R_37 G_129 B_196
- R_0 G_72 B_132 / R_188 G_213 B_240 / R_0 G_163 B_166
- R_255 G_249 B_199 / R_0 G_72 B_132 / R_0 G_146 B_200
- R_188 G_228 B_250 / R_237 G_237 B_237 / R_105 G_172 B_223
- R_188 G_213 B_240 / R_0 G_115 B_126 / R_255 G_249 B_199
- R_189 G_197 B_230 / R_0 G_146 B_200 / R_188 G_228 B_250

INDEX

한글

가독성 103
가산혼합 24
감산혼합 24
강조 18, 153
게시 대비 34
공백 141
그래프 76
글로벌 내비게이션 바 21
기업 색상 60
난색 29
대비 210
대비 비 180, 213
대비 현상 33
동계색 21
동시 대비 34
마이너스 이미지 59
명도 13
무채색 14
바탕색 18
버튼 116
보더 113
보색 13, 20
보조색 18
브랜딩 184
색상 13
색상환 13
색의 3속성 12
색 팔레트 90
수축색 31
스크린샷 69
시인성 107
아이폰 5 158
안티 에일리어스 165
어도비 쿨러 38, 70
연변 대비 33
예비 색 91
와이어프레임 72
윈도우 8 115
유니버설 컬러 174
이텐의 색상환 22
자연의 조화 22
저드의 색채조화 23
주목성 29
주요색 17
진출색 30
질감 85
채도 14
톤 15
톤 온 톤 배색 21
톤 이미지 16
트리밍 102, 122
패턴 103
팽창색 31
페이스북 페이지 154
푸터 32, 99
프레임 102
하만그리드 33, 123
헤드라인 200
후퇴색 30

영문

B to B 62
CI 60
CMS 171
CMYK 24
ColorDoctor 126
Color Picker 164
Color Settings 128
Contrast-A 181
CSS3 24
DIC 디지털 색 가이드 38, 70
HSB 24, 27, 28
HSL 26
HSLA 26
HSV 28
HTML 색상 코드 26
JIS 일반색명 15
PDF 136
RGB 24
RGBA 26
SD법 145
SNS 154

번호

10진수 25
16진수 25

호감이 가는 웹 사이트 색상 만들기

성공하는 쇼핑몰, 블로그, 카페를 위한 웹 디자인 색상 결정의 비밀

인 쇄	2013년 8월 1일 초판 1쇄
발 행	2013년 8월 7일 초판 1쇄
저 자	사카모토 구니오
역 자	박경란
발 행 인	채희만
출판 기획	안성일
영 업	박세현, 박지인
편집 진행	이승훈
관 리	최은정
발 행 처	INFINITYBOOKS
주 소	서울시 마포구 서교동 460-35
대표 전화	02)302-8441
팩 스	02)6085-0777
I S B N	978-89-92649-98-8
등록 번호	제313-2010-241호
판매 정가	30,000원

도서 문의 및 A/S 지원

홈 페 이 지	www.infinitybooks.co.kr
이 메 일	helloworld@infinitybooks.co.kr